Sólo para gigantes

ALFAGUARA

Gabi Martínez

Sólo para gigantes

ALFAGUARA

2011, Santillana Ediciones Generales, S. L.
Torrelaguna, 60. 28043 Madrid
Teléfono 91 744 90 60
Telefax 91 744 92 24
www.alfaguara.com

ISBN: 978-84-204-0765-4
Depósito legal: 29.527-2011
Impreso en España - Printed in Spain

PRISA EDICIONES

Para Gael, aún tan pequeño, ya tan grande.

Veo en ti algo que ofende a lo vulgar.

STENDHAL, *Rojo y negro*

¿Acaso la totalidad de la historia no ha consistido en una búsqueda de falsos monstruos? ¿En una nostalgia por la Bestia que hemos perdido?

BRUCE CHATWIN, *Los trazos de la canción*

Colúmpiate, mi niño, en la copa del árbol,
cuando sople el viento, la cuna oscilará,
cuando se rompa la rama, la cuna caerá,
y al suelo se irá mi niño, con la cuna y lo demás.

Nana

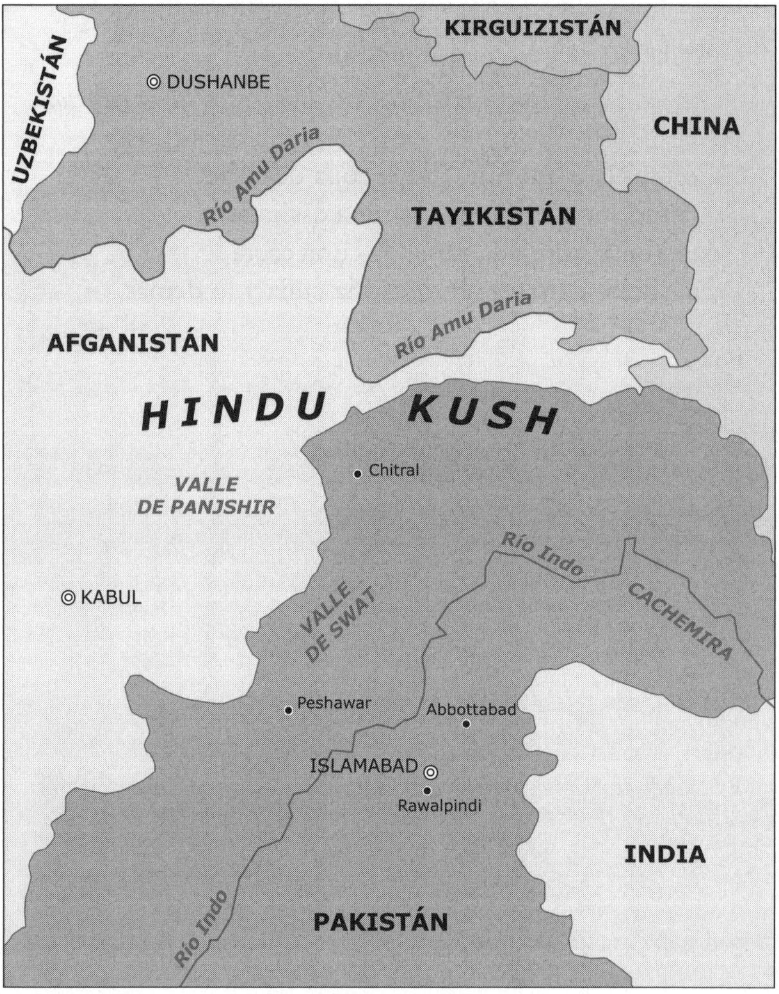

UZBEKISTÁN
DUSHANBE
KIRGUIZISTÁN
CHINA
Río Amu Daria
TAYIKISTÁN
Río Amu Daria
AFGANISTÁN
HINDU KUSH
Chitral
VALLE
DE PANJSHIR
Río Indo
KABUL
VALLE
DE SWAT
CACHEMIRA
Peshawar
Abbottabad
ISLAMABAD
Rawalpindi
INDIA
Río Indo
PAKISTÁN

I

La sombra del Fokker se tiende sobre laderas de montañas gigantes, la mayoría sin nombre. El pequeño avión de hélices avanza entre las anónimas cumbres inmensas que se erizan alrededor. Dicen que en la cordillera del Hindu Kush hay más de cuarenta picos por encima de los seis mil metros, majestuosas cimas que albergan lagos edénicos, glaciares, torrenteras de fábula y bosques vírgenes donde otra vida es posible. Más de cuarenta picos rebosantes de tesoros..., eclipsados para el mundo, sólo atento a la popularidad de «los techos». Noshaq, Istor-o-nal, Saraghrar y el campeón, el único que en realidad se menciona y trasciende, el Tirich Mir.

Los techos.

La altura les hizo merecedores de un nombre y, de esa forma, de un lugar en la memoria.

Es verano, ni una nube. El sol ya quema, pero las nieves continúan perpetuas en las cimas de las moles que se encadenan encajonando la vida ahí al fondo, sugiriendo que, en los valles, todo está a su merced.

Ahí al fondo.

Se habla de talibanes emboscados tras la última ofensiva del ejército pakistaní. Se divisan llanuras imprevistas y hermosas. Se adivinan leyendas de las que nada se sabe al otro lado de esta empalizada geológica que preserva poblados poco más que medievales. Leyendas que hablan de descendientes de Alejandro Magno, de animales en extinción y de seres furtivos que se esconden para huir de los hombres. Dicen que, ahí abajo, a veces es difícil discernir qué significa exactamente «salvaje».

Sí, hace sol.

Siete años antes, Shamsur había salido de casa al filo de las ocho de la mañana. Era 3 de agosto. El sol también campeaba en solitario, pero el último aliento fresco de la noche aún no se había evaporado y Shamsur podía moverse sin sudar. Mientras bajaba el camino del valle se tocó varias veces el pelo rubio bien cortado. Como a Jordi le gustaba verle presentable, había adoptado la costumbre del retoque, aunque últimamente no aceptara demasiadas órdenes del zoólogo —«ya no soy un niño, ¿no?...»— y discutieran a menudo.

Cuando Shamsur entró en el jardín le sorprendió que todo estuviera tal y como lo había dejado dos noches atrás. Los perros no ladraron ni salieron a saludarle, si bien no reparó en ello hasta más tarde. Subió a la terraza, donde se levantaba la pieza que incluía el dormitorio y la oficina. Las dos puertas permanecían cerradas. Vio la ventana del dormitorio entreabierta, y se asomó. Ni Jordi ni Wazir, el niño a cargo de Jordi, se encontraban en sus camas. Shamsur dio cuatro pasos hasta la puerta de la oficina y llamó.

—¡Jordi!

Tres veces.

—¡Jordi!

A gritos.

—¡Jordi!

Vio dos fotografías tiradas en el umbral. Eran los retratos de dos hombres con barba y *pakhol,* el gorro común de las montañas. Sólo pasaban unos minutos de las ocho, el calor no había aumentado especialmente, pero la temperatura corporal de Shamsur se disparó. Con la respiración entrecortada bajó en tres saltos la escalera, corrió unos veinte metros por el terreno hasta la pieza donde dormía Asif, uno de los dos ayudantes de Jordi. Encontró la puerta abierta pero Asif no estaba.

Al lado, en la cuadra, los caballos empezaron a piafar y relinchar con un nerviosismo anómalo. Las axilas de Shamsur ya casi empapaban su *shalwar-kamize, no es normal, no es nor-*

mal, así que saltó del murete al camino y continuó el descenso, esta vez a toda prisa, superando las primeras casas kalash.

—¿Adónde vas tan rápido? —preguntó Abdul, que empuñaba una bolsa.

—Estoy llamando a Jordi y no responde. No hay nadie en casa. ¡Le han secuestrado!

—¿Cómo que le han secuestrado?

—Voy a buscar a la policía. Ven, ven.

—Tengo que llevar estas medicinas a mi mujer. Ha parido esta noche y se encuentra bastante mal. En cuanto se las dé voy para allí.

Abdul tardó media hora en plantarse en la Sharakat House, su propia casa, que alquilaba a Jordi desde hacía cinco años. A las puertas de la pieza ya se encontraba Shamsur junto a un médico del Hospital Civil y un oficial de la comisaría de Bumburet. Abdul pensó que habían llegado muy rápido. Por lo visto, habían aprovechado la ventana entreabierta del dormitorio para entrar en la dependencia.

Los rayos del espléndido día proyectaron haces en la penumbra, haciendo visible el polvo. Jordi estaba sentado en la silla forrada con piel de vaca frente a su escritorio. Tenía la cabeza inclinada hacia la derecha de un modo tan tranquilo que Shamsur quiso pensar que dormía. Al situarse junto a él, vio sus ojos abiertos. Shamsur chorreaba sudor, las gotas recorriéndole las sienes, hormigueándole en el cuello, deslizándose por el interior de la túnica, el organismo en combustión, aunque para entonces había perdido su cuerpo de vista, sólo atento a cómo el médico ladeaba la cabeza de Jordi hasta descubrir el cuello, donde aparecieron un agujero y un corte de los que ya no manaba nada.

—Lleva muchas horas muerto —dijo el doctor intentando no pisar el enorme charco de sangre seca que rodeaba la silla.

Shamsur se agarró la cabeza boqueando y salió a la mañana radiante dando tumbos, ciego, no sólo a causa del sol. Siete años después seguiría sin recordar qué ocurrió hasta un buen rato más tarde.

Los que se quedaron en el interior observaron que la ejecución había salpicado un papel aislado en el escritorio y una fotografía enmarcada donde se veía a Jordi con Shamsur y dos amigos delante de una noria en París. Sobre la otra mesa del cuarto, un pequeño pupitre esquinero, se dispersaba una serie de papelitos, cada uno de los cuales representaba una letra del abecedario, varios estaban también manchados de sangre. Poco antes de su muerte Jordi habría impartido una clase de escritura a su joven discípulo Wazir Ali Sha.

—¿Y el chico? —preguntó Abdul.

Al articular la pregunta sintió un trallazo de ansiedad.

La desaparición de Wazir le preocupaba especialmente: era el primer kalash que convivía con Jordi en quince años. Hasta entonces, el zoólogo había reservado ese nivel de intimidad a los musulmanes.

—Habrá que buscarlo —dijo el policía.

Pero allí todos sabían que Wazir no era la prioridad. Su nombre no llegaría muy lejos. Un niño kalash ¿qué repercusión tiene más allá de las montañas?

Por otra parte, de momento sólo existía la certidumbre de un cadáver. La de Jordi Magraner era una muerte anunciada, de acuerdo. Meses antes las autoridades de Chitral le habían advertido que abandonara los valles porque su vida peligraba, la presión de los integristas resultaba mucho más que asfixiante y costaba entender por qué no se había largado después de los atentados a las Torres Gemelas. Y no sólo eso, sino que ni siquiera se ocultaba: pasaba el tiempo discutiendo, peleándose, perturbado por su maldita idea del honor, de la grandeza.

Orgulloso. Enigmático. Múltiple. Pagano. Apasionado. Una bestia. Son palabras con las que aún le identifican.

—Le dije que se esfumara durante unos meses —masculló Abdul al doctor mientras ojeaba los lomos de los libros ordenados en la estancia, títulos que casi podría recitar de memoria, tantas veces había estado allí. Había algunos sobre el Imperio Romano, sobre las tribus regionales, estudios concernientes a los kalash y varios volúmenes que hablaban de hombres salvajes. Como si fuera una broma. Hombres salvajes. Todos los titulares de los periódicos repetirían el día después idéntica cantinela:

EL HOMBRE QUE BUSCABA AL YETI APARECE ASESINADO

II

Jordi Magraner había crecido en los barrios modestos de Valence. Cuando decidió volar a Pakistán vivía en Fontbarlettes, una *banlieu* de aquella ciudad media situada en el sudeste de Francia. Fontbarlettes es el último barrio de la periferia antes del campo. Un lugar donde los inmigrantes ya se agrupaban en los años ochenta, y que pocos lustros después contribuiría a engrosar la leyenda de coches quemados por una juventud en armas hastiada del no futuro, de la vida anónima, de la sensación, casi la certidumbre, de no existir.

De todas formas, Jordi se iba a enfrentar de otro modo a la opresión.

Desde niño prefirió escapar a la montaña, sus inquietudes le alejaban del asfalto. Se adentraba en los bosques en busca de animales a los que observar, aprendió a capturarlos, se hizo *boy scout*. Luego, empezó a investigar fauna de manera más metódica, sus hallazgos adquirieron relevancia entre los especialistas en invertebrados...

—... y entonces dejó todo: los estudios de zoología, el Museo de Historia Natural, y se fue a Pakistán... a buscar al yeti.

La historia no desentonó con el extraño ambiente creado. Era una noche de invierno tan tibia como de costumbre en Barcelona, yo había salido a vagabundear hasta la hora de mi mensual partida de póquer y entré en aquella cafetería al reconocer a una amiga de la que llevaba meses sin noticias. La acompañaba una editora con la que alguna vez había intercambiado palabras fugaces en cócteles. Cuando las saludé, fue sorprendente percibir auténtico asombro en ambas.

—Estábamos hablando de ti.

Hay historias difíciles de creer, y ésta es una de ellas. El aura que la rodea tiene desde el principio un no sé qué de fábula o maravilla. No importa que después el relato se ensombrezca: está tocado por lo anormal.

—Ya, por eso he venido.

—No, en serio —dijo mi amiga—. Marina tiene una historia y busca a un escritor que la cuente. Es una historia... atípica.

—¿Tienes diez minutos? —preguntó Marina.

Y explicó todo aquello del joven naturalista de *banlieu,* y que Jordi Magraner también había intervenido en convoyes humanitarios en Afganistán, y que terminó convirtiéndose en alguien importante para los kalash, un antiquísimo pueblo del Hindu Kush con particularidades a su vez muy llamativas.

—Imagina: tres mil paganos que viven en valles rodeados de musulmanes integristas.

De todos modos, no hacían falta más incentivos. Desde el momento en que lo mencionó, yo ya estaba enganchado a su anzuelo.

—El yeti —repetí esbozando una sonrisa a la medida de aquella fantasía.

Pedí unas semanas para sondear algo más sobre Jordi y su asesinato sin resolver.

Había alusiones a su colaboración con la Alliance Française de Peshawar. Se afirmaba que llegó a tratar al legendario Massoud, líder de la resistencia antitalibán en la zona. A propósito de su muerte, los periódicos no se ponían de acuerdo, oscilando del crimen político al pasional.

Esta pequeña indagación suscribió una vida vinculada a la naturaleza y la aventura de un modo insólito. Cada nueva página sobre Jordi abría cosmos que escapaban a las convenciones y parecía imposible que tantas y a menudo estrambóticas iniciativas incumbieran a un mismo individuo. Pero así era. Las puertas entreabriéndose, una tras otra, de todas asomando luces, nombres, olores lo bastante inexorables como para impulsarme a hacer algo inédito en mi historial.

Hasta entonces siempre había escrito libros nacidos de una inspiración originalmente mía y no lograba discernir qué animaba a esa gente que dedica varios años de su vida a seguir los pasos de otro. Qué satisfacción hallaban al vampirizar vidas ajenas, porque en esos términos juzgaba sus empresas. Jordi trajo un atisbo de respuesta cuando descubrí que el rastreo superficial de los pasos del buscayetis, lejos de colmarme, disparaba los interrogantes y exigía seguir avanzando, saber más, sellar compromisos, algunos tan serios que obligarían a poner mi vida en peligro.

Escribir la historia de Jordi era una apuesta extrema. Su aventura, su obsesión no podrían transmitirse con una mínima solvencia sin viajar a Pakistán, en concreto a la zona que los analistas políticos y militares aún señalaban en 2009 como la base de operaciones de Al Qaeda. Y al descubrir que estaba planteándome visitar aquella versión occidental del infierno, por primera vez renunciando a mis principios de eludir las situaciones de evidente riesgo, al comprobar ese cambio decisivo y, sobre todo, la necesidad de hacer aquel viaje, me sentí íntimamente unido al hombre que investigaba.

En 1987, Jordi salió de su *banlieu* dispuesto a conseguir algo grande, a dejarse ver.

Nacido en Casablanca, Marruecos, adquirió la nacionalidad española de sus padres. A los cuatro años se mudó con su familia a Valencia, si bien los Magraner optaron por las ventajas económicas que les procuraba la francesa Valence, adonde Jordi llegó con seis años. Allí creció. Hablaba español, francés, bastante inglés, y más tarde aprendería khowar, kalasha, urdu. Pero ¿de dónde era? Al margen de lo que concluyera su pasaporte, en Pakistán su nacionalidad siempre resultó inexplicablemente imprecisa, y quizás esto tuviera algo que ver con las complicaciones surgidas a la hora de repatriar el cadáver.

El origen periférico, la escasez de dinero y la falta de apoyos institucionales me hacían singularmente entrañable a Jordi, si bien fue su idea de volcarse en la persecución de un mito lo que me entusiasmó. La seguridad con la que entregó su vida a una causa sin aparente sentido que, contra pronóstico, iba a abrir impensables brechas en el *establishment* científico francés.

Por otra parte, Jordi rescataba la figura romántica del hombre y la naturaleza, confiriéndole una nueva perspectiva. Superaba la mirada de Walt Whitman, de Henry David Thoreau o Chris McCandless —a quien Jon Krakauer biografió en su estupendo *Hacia rutas salvajes*— aportando la novedad de un vínculo más dinámico: no iba a fundirse con el mito —la naturaleza— sino que iba a buscar, a hurgar en él, con la intención de extraerle un secreto. El ideal de Jordi tenía piernas, era un ser «fugitivo», y el rastreo de sus huellas le había permitido nada menos que llevar la vida que otros tan sólo sueñan. «Es bastante, haber soñado», escribió una vez el premio Nobel Patrick White. No estoy de acuerdo. Y no creo arriesgar afirmando que Jordi tampoco lo estaría.

III

En tibetano, *yeh* significa «bestia salvaje» y *teh,* «lugar rocoso». El yeti es la suma de ambos significados, además de una leyenda. Existen cientos, quizá miles de testimonios que aseguran haber visto a la criatura, algunos incluso tuvieron encuentros con ella, y las descripciones más o menos coinciden. El yeti habitaría en elevadas y recónditas zonas de montaña, y según los testigos se trata de un bípedo corpulento y completamente cubierto de pelo, aunque su aspecto difiere en función del área donde se avistó.

El nombre de la bestia también cambia dependiendo de la zona. Rusos y mongoles llaman *alma* («hombre salvaje») a este ser. En Norteamérica lo conocen por *bigfoot* («pie grande»), mientras que en el Hindu Kush apuntan a otro rasgo físico, y lo llaman *barmanu,* que se puede interpretar como «el robusto», «el gordo» o «el musculoso».

Por supuesto, el barmanu es igualmente peludo y parece que despide un hedor insoportable.

Hay grabaciones borrosas y fotos lejanas de yetis, pero ninguna resulta lo bastante fiable para avalar su existencia, así que la mayor parte del mundo está convencida de que esa criatura pertenece al limbo de la fantasía.

«Si no te duermes, vendrá el yeti y te comerá», dicen a sus hijos los padres de las montañas. Porque para ellos, la bestia es real. Y le conceden el rango de monstruo.

IV

Para entrar en casa de la familia Magraner hay que bajar unas escaleras desde el vestíbulo del edificio. El salón principal está saturado de fotografías, cuadros y figuras que evocan a miembros de la familia, lugares y festejos, aunque la mirada se va hacia la moldura que ocupa el centro de la gran consola. Ese marco está adornado con rosas del jardín y contiene una fotografía de Jordi montando un caballo blanco y tocado con un *pakhol,* el gorro típico de Chitral que hizo fortuna entre los pashtunes. Es una especie de discreto altar al que han adherido un cartelito donde se lee: «La eternidad te acoge y te guarda en su universo de PAZ».

Frente a esa imagen, Esperanza y Dolores hablaron durante dos días y medio bebiendo *kir,* comiendo quesos Saint-Félicien, Saint-Marcellin, cocinando pollo al horno. La primera tarde Esperanza insistió en la desconfianza con la que tanto ella como el resto de la familia me observaban.

—Cuando recibimos tu carta, mi hermano Andrés dijo: «Tírala a la basura». Ha pasado mucha gente pidiéndonos datos, papeles. Nosotros nos dedicamos a juntar información, se la damos, y luego desaparecen. Siempre lo mismo. Estamos cansados.

Había necesitado casi tres meses para convencer a los Magraner de que al menos me permitieran visitarlos, y ahora que por fin me hallaba al otro lado de la puerta, insistí en mis intenciones de ir hasta el final.

—Estoy ordenando los diarios de Jordi, de 1987 a 2002 —dijo entonces Esperanza—. Hasta el año pasado (2008) no encontré fuerza para remover sus papeles... Los clasifico año a año. Lo bueno que tiene es que escribía bastante. Algunos documentos se han perdido, pero aun así hay mucho material. Eso es algo bueno, ¿no?

Un balón golpeó la ventana que da al jardín.

—¡Morangos! —exclamó Esperanza—. Esos musulmanes están por todas partes, siempre fastidiando...

—No —dijo su madre. Una silueta se agachó al otro lado de la cortina, incorporándose con la pelota—. Estos vecinos son buena gente, nunca he tenido queja de ellos. Me saludan muy amables y me tratan muy bien. Una cosa es una cosa y otra es otra.

Después, Dolores sacó todas las cartas de Jordi amontonadas en una caja de bombones y fue leyendo frases al azar. A veces reía. A veces guardaba un prolongado silencio. Por la noche, me permitió dormir en la cama que había pertenecido a su hijo. En el cuarto hay espacio para un pequeño armario, tres estanterías baratas, una mesita, dos sillas y la cama, arrimada junto a la ventana con barrotes que da a la calle. El colchón resultó una tribuna de excepción para aproximarse al mundo de

Jordi. Sólo la limpieza alteraba levemente la impresión de encontrarse en un lugar intocado durante años. Entre los libros y archivadores asomaban sin ningún orden un carcaj lleno de flechas, un arco, trofeos, vasijas, un recipiente kalash de madera para fundir manteca y queso, una piel de nutria, un tirachinas artesano, una crin de caballo, dagas, espadas... La segunda noche, antes de acostarme, Esperanza dijo:

—Si continúas con esto..., tenemos los diarios y un montón de fotos guardados en dos maletas de hierro. Las compramos por si había un incendio o algo así.

La última tarde apareció su hermano Andrés. No es muy alto, se rapa sin llegar al cero y posee unos brazos nervudos que sin duda son fuertes, aunque nada de todo eso intimida. Su rostro amortigua el conjunto hasta imprimirle un aire de casi fragilidad. En una de las fotos del salón aparece él con Jordi, de niños. En otra, Andrés posa subido en el ala de un Yak-11 ruso. Conversamos un rato sobre aviones, Esperanza había dicho que le entusiasmaban.

—Lo serio hay que tomarlo en serio. Eso lo he aprendido de la aviación —dijo Andrés en algún momento. Lo interpreté como una invitación a abordar el asunto.

—Sí..., ya sabes para lo que estoy aquí —dije—. Sé que no te resulta agradable volver sobre el tema, pero pronto me instalaré unas semanas en Valence...

Levantó la mano en señal de stop.

—Mira, te lo voy a decir claro: no te conozco y no voy a hablar contigo porque no confío en ti. Estoy harto de toda esa gente que ha venido para hacernos perder el tiempo. Y lo único que siento es rabia —tensó los brazos y las venas del cuello—. Sólo tengo ganas de coger una escopeta y empezar a disparar. Desde el 4 de agosto estoy en guerra contra nuestras autoridades... tan modernas.

Esperanza intervino. Le habló bien del trabajo que habíamos realizado esos días. Le calmó y le inoculó la confianza justa, no tanta, nos acabábamos de conocer, pero la confianza necesaria para que el propio Andrés se concediera la licencia de volver a intentarlo con un nuevo intruso. El deseo de resarcir la memoria de su hermano y de aclarar el crimen todavía le ganaba. A la mañana siguiente, justo antes de marcharme, Andrés se presentó en casa de su madre con una carpetita.

—Toma, para que te entretengas en el tren.

De vuelta a Barcelona leí veinte folios demoledores que incluían las seis hipótesis barajadas para explicar el asesinato de Jordi.

Se contemplaba el espionaje.

Las deudas.

Una disputa con el delegado del gobierno regional, que habría terminado tomándose la justicia por su mano.

También se comentaba que Jordi podía haber participado en un complot político con Massoud, el cabecilla antitalibán del Panjshir, y que por eso fue eliminado.

O que lo hubiera matado Shamsur, celoso al ver que Wazir ocupaba su antiguo puesto de alumno protegido.

Había una sexta opción, la más polémica, la más dañina, y que Andrés exponía en nueve líneas de una gelidez que a cualquier lector neutral jamás le habría hecho pensar que era hermano del muerto, y que lo amaba como lo amaba.

V

¿Qué es un monstruo?

En su *Systema naturae,* el botánico y médico Carl von Linné observó seis divisiones de *Homo sapiens: ferus, americanus, europeus, asiaticus, asser* y *monstruosus.* El *Homo monstruosus* según Linné se caracterizaba por ser, básicamente, extraordinario, ostentador de una anormalidad radical. Un ser fuera de norma. El único capaz de hacer pensar en formas híbridas improbables, en naturalezas realmente extrañas. En seres remotos, salvajes que, existiendo, quizá nadie haya visto todavía.

Los expertos aseguran que en la Tierra hay miles, quién sabe si millones de seres aún desconocidos por el hombre.

Las especies invisibles.

Contra las apariencias, en el planeta existen enormes territorios de los que se sabe muy poco, desde Papúa Nueva Guinea al Amazonas, la Gran Barrera de Coral, la parte alta de muchas grandes cordilleras y tantas simas oceánicas donde habitan seres que nos sorprenderían, algunos podrían incluso aterrorizarnos, aunque quizá ya alguien los haya imaginado.

¿En qué creemos?

¿En qué no?

¿Qué es un monstruo?

VI

«Sobrevolamos Arabia. El avión vuela bastante bajo para que se puedan avistar las llamas de los pozos de petróleo, una serie de pequeños puntos luminosos sobre un fondo negro», escribió Jordi. Y volvió a mirar la pantalla del Boeing 747 donde proseguía la película sobre Sherlock Holmes que había abandonado por no saber suficiente inglés. *El inglés pakistaní seguro que se me da mejor*. Echó un vistazo a Yannik, que limpiaba la lente de una de sus cámaras. Con esa estupenda cabellera seguro que salía bien en las fotos que les había tomado días atrás el reportero del *Dauphiné Libéré*. *Mañana publican el artículo,* pensó Jordi. Y después: *Mañana es mi cumpleaños*.

El 6 de diciembre de 1987 Jorge Federico Magraner iba a cumplir veintinueve años, y lo haría en Islamabad. Mientras volaba hacia allí, las rotativas del principal periódico de Valence quizá ya estuvieran imprimiendo el artículo sobre el zoólogo y el fotógrafo que viajaban a los valles del norte pakistaní en busca de nuevas especies animales, sobre todo de pájaros, reptiles y batracios, además de pretender estudiar a las cabras de la región, los tigres, osos, lobos y al leopardo de las nieves.

—No iremos armados más que con cuchillos, arcos y flechas que fabricaremos nosotros mismos empleando los materiales del bosque —había dicho Jordi al periodista—. Queremos vivir con absoluta autonomía, sin guía ni intérprete, sólo en compañía de dos caballos asiáticos y perros. Nos alimentaremos con lo que encontremos sobre el terreno cazando y recogiendo plantas y frutos del bosque.

No aludió al principal objetivo de la misión: la posibilidad de encontrar rastros de pies relativamente humanos. Jordi no había querido subrayar esa parte porque en realidad no partía nada convencido de la existencia de hombres salvajes. Tan sólo aspiraba a verificar si había un mínimo de verdad y coherencia biológica a propósito de esos seres o si las historias sobre ellos no eran más que fantasías bien contadas.

Al traspasar la compuerta del avión recibió una oleada de aire denso que, sin ser caliente, le hizo pensar en el verano, estremeciéndose de placer e inquietud porque el calor le trastornaba, le consumía, cuántas veces había llegado a deshidratarse y enfermar por él. Pero qué más daba, estaba lejos, en otro lugar.

Su taxi se sumó a la caravana de vehículos y avanzó lento por la gran avenida que traspasa Rawalpindi. Bajó la ventanilla hasta la mitad. En las callejas se distinguía un constante vaivén de hombres que en ocasiones casi no podían avanzar. Otros se acuclillaban en los umbrales de las tiendas o al borde del desnivel lleno de grietas y socavones que simulaba ser una acera. Desde luego que su *banlieu* de Fontbarlettes tenía mejor aspecto que aquella grumosa concentración de horrendos edificios bajos, no iba a comparar Francia con Pakistán, pero es que el número de sonrisas por la calle tampoco tenía parangón. Los gestos, la manera de moverse, las miradas de los asiáticos..., ni siquiera la cantidad de militares desplegados disminuía aquella sensación de relax. Era obvio que allí se vivía de otra forma.

En el taxi fue aún más consciente de cuánto necesitaba abandonar la opresión de su barrio de toda la vida. Ya bastaba de sentirse un pobretón de la periferia. Un *boy scout* que se contentaba con explorar el Vercors. En su barrio francés era como si todo ocurriera a pequeña escala, y además debiera agradecer el hecho de ocupar el espacio que le habían asignado.

—Un *boy scout* —masculló bajando la ventanilla por completo. Sacó media cabeza al exterior y así fue disfrutando de los dromedarios, del vuelo en V de los pelícanos y del ballet de taxistas alrededor, además de la rudeza de la gente e incluso de las calles tan sucias.

Pasaron los primeros días entre Rawalpindi y la más agradable, civilizada Peshawar, hasta que el 11 de diciembre embarcaron en el Fokker 27 que cubre a diario la ruta aérea a Chitral.

Volaron entre majestuosas montañas cubiertas de nieve. Había estudiado tantas veces la cordillera que casi podía enumerar los nombres de las principales cimas. Desde el aire, el aeropuerto le pareció simple y pequeño. El avión detuvo motores en mitad del valle, junto al río Chitral, que bramaba con la fuerza del invierno. Las casas se dispersaban sobre la gran llanura nevada a los pies de laderas surcadas por formidables estrías, anunciando los caminos que seguirían las aguas cuando llegara el deshielo.

Un jeep los condujo hasta el Gran Bazar, la avenida que articula Chitral, y Jordi se sintió decepcionado. Las barracas de madera se intercalaban con muros de piedras mal puestas, todo estaba asquerosamente sucio y la maldita humedad hacía que la nieve se rebozara de impurezas, ofreciendo en conjunto una impresión de mugre fangosa e inmunda.

Uno de los numerosos chitralíes que llevaban fusiles y carabinas les indicó dónde encontrar a un chófer que los condujera al valle kalash de Bumburet.

—Voy hasta Ayun, allí tendrán que cambiar de jeep —advirtió el chófer.

Compartieron vehículo con otro pasajero.

—Hola, soy el príncipe Hilal Ahmad Khan —se presentó el hombre.

Jordi le estrechó la mano con firmeza. Vaya, un príncipe. Nada menos. No vestía diferente a los demás, una simple túnica larga y una buena chaqueta, pero era príncipe. Y viajaba en un jeep compartido. Había que prepararse para lo imprevisible, aprender nuevos códigos. Al ver cómo observaba Hilal a Yannik, Jordi se preguntó qué impresión causarían ellos en aquella gente.

Pese a su discreción y distinguidos modales, Hilal no había podido evitar detenerse más tiempo del que hubiera sido correcto a escrutar el rostro de Yannik, de quien al principio pensó que era una chica. Nunca había visto a hombres con el pelo tan largo. Cuando percibió indicios de barba en el rostro de Yannik y escuchó su viril voz, bromeó para sus adentros sobre las rarezas occidentales. De todos modos, le seducían aquel atrevimiento y el aspecto de los aventureros, que venían con ganas de charla.

Durante el trayecto, Hilal se divirtió bastante. Le gustaron las bromas y la intensidad de Jordi, su forma de chapurrear idiomas para hacerse entender, así que cuando en Ayun no encontraron ningún vehículo que los subiera hasta el valle de Bumburet, el príncipe los invitó a dormir en su casa.

Hilal parecía un buen tipo y aquélla era la forma de actuar local, ¿no?; la hospitalidad es sagrada en la zona, al menos eso habían leído.

—Muy bien, será un honor. Gracias.

El padre de Hilal los albergó encantado. Hablaba un aceptable inglés y la llegada de extranjeros suponía una forma de practicar y de aprender cosas.

El príncipe Hilal era un musulmán del clan Katour, miembro de la antigua familia real chitralí. Es cierto que cuando el reino de Chitral se convirtió en un distrito más de la provincia fronteriza del noroeste, el Gobierno abolió los viejos títulos nobiliarios. Pero la historia pesa, y allí aún existen príncipes y reyes, hombres libres y campesinos tiránicamente atados a la tierra. Hilal pertenecía a la estirpe de herederos... venidos a mucho menos.

Delgado, de nariz ganchuda y barba poco espesa, se movía grácil. Fruncía exageradamente el ceño cuando mostraba interés, aunque no solía mirar a los ojos. Dijo que un día le gustaría construir una casa con su hijo Ahmed.

—Quizá la levante ahí abajo —y señaló al fondo del terraplén, donde se tendía un lecho pedregoso, una especie de antesala del gran río Chitral donde los buscadores aún encontraban pepitas de oro. El río se perdía tras los resquicios de un pico solitario que emergía límpidamente definido, sublimando la idea que cualquier niño tiene de la palabra «montaña», y cerraba el valle como una compuerta natural.

La propiedad de Hilal comprendía campos de trigo, maíz y arroz, huertos, jardines con arboledas. Trabajaba como jefe de guardas forestales y le apasionaba la zoología, así que huéspedes y anfitriones hablaron de la vida en los bosques.

A la luz de los candiles, cenaron boles de arroz con pollo en salsa, rodajas de cebolla con limón. Como postre se sirvieron frutos secos, granadas y manzanas. Pero la buena acogida no tranquilizó lo suficiente a Jordi y Yannik. A los nativos los precedía su arte para el fingimiento y por todas partes se oía hablar de combatientes que huían de la guerra en Afganistán contra la URSS refugiándose en los valles, gente armada, furiosa y hambrienta que sin duda merodeaba por la zona. Además, los pashtunes y punjabíes no se habían mostrado muy amistosos con ellos. La insultante arrogancia de los pathanes enervaba a Yannik, ¿acaso querían provocarlos?... Y, después de todo, al supuesto príncipe Hilal lo habían conocido horas antes... Pese a que intentaron disimular, saltaba a la vista su titubeo. Pero no iban a despreciar la hospitalidad, sería un gesto feo e ingrato, aparte de que, tan tarde, ¿adónde iban a ir?

—Él dormirá con vosotros —el padre señaló a un niño—. Si queréis cualquier cosa, se la pedís.

El niño los condujo hasta la construcción reservada a los invitados. Desde la ventana se divisaba el Tirich Mir.

—Dicen que en su cumbre reside la reina de las hadas que habitan las montañas —dijo Jordi.

Luego se acostó empuñando su cuchillo Muela de Ciudad Real, que dejó bien a la vista del chico.

—Yannik —murmuró.

—Qué.

—Ten a mano tu cuchillo.

Yannik se limitó a escucharle. Lograron dormir.

En cuanto la tenue luz del alba comenzó a perfilar los objetos del interior de la cabaña, Jordi despertó. Era el primero. Con sigilo, salió de la casa. Las montañas amanecían develando tupidas frondas boscosas. La última humedad nocturna formaba esporádicos bloques de niebla sobre algunas laderas. Escuchó el grito de aves de presa. El espectáculo le sobrecogió. Inspiró hondo y saludó al sol según el rito pagano. Cuántas veces habría saludado al sol..., aunque aquello era sin duda distinto. Como si fuera más... más... de verdad.

Recordó otras primaveras, cuando celebraba la llegada del buen tiempo en la montaña o en la casa de un amigo que disponía de un extenso terreno. Se vio practicando juegos ancestrales, tensando una cuerda en dirección opuesta al equipo rival, jugando al rugby al estilo original. Él mismo había hecho ofrendas de comida y flores, y había cantado y bailado, y al anochecer había encendido hogueras para saltar sobre ellas. Por algo había confeccionado una bandera pagana que consistía en un gran círculo amarillo sobre fondo rojo.

El Sol.

El astro que permite la vida en la Tierra igualando a todos los seres con su luz, con su calor. El símbolo capital del paganismo, que ve en cada forma de vida vegetal, animal, humana, y en cada forma inanimada, fuego, cielo, tierra, agua, un conjunto de veneración y respeto. Y si aquello era el paganismo, Jordi creía en él. Un credo que le permitía sentirse parte de eso que ahora se abría imponentemente ante sus ojos. De los bosques y las montañas, de los otros seres vivos, de la materia alrededor.

Descubrir que en tres valles de Chitral vivía una tribu pagana de origen indoeuropeo capaz de producir vino y cuyas mujeres iban con la cara no sólo destapada sino que también se la pintaban fue lo que había terminado de convencerle de que aquél iba a ser su destino. Por eso debía de sentir esos nervios. Había que reconocerlo, estaba ilusionado. Qué ganas tenía de ver a los kalash.

Al volver al interior de la cabaña procuró hacer un poco de ruido, no mucho, el justo para que Yannik y los otros se despertaran.

Como había previsto, las mujeres kalash de Bumburet acapararon enseguida su atención debido a los soberbios vestidos negros al talle bordados de colores vivos, y a los collares que ornaban sus extremidades y cuellos. Lucían extraordinarios peinados decorados con conchas blancas, coral rojo, botones y diversas piezas metálicas. Sin embargo, los hombres sólo se distinguían de los musulmanes por su falta de barba.

Recorrieron un tramo del camino que atraviesa el estrecho valle de Bumburet a lo largo de varios kilómetros saltando riachuelos, muy despacio, a causa de la nieve. Las casas se escalonaban unas sobre otras por las laderas, amortizando cada metro en aquel cajón natural.

Los kalash tenían la piel más blanca que los musulmanes de Chitral, pero ni mucho menos respondían a la raza de espléndidos rubios que Loude había descrito en su libro sobre los últimos infieles del Hindu Kush. Al menos era cierto que se afeitaban y que adornaban sus gorros con plumas de colores y espigas de maíz. Cuando Jordi vio cómo dos jóvenes kalash bromeaban con un grupo de musulmanes, se enfadó. ¿Ésos eran los paganos resistentes a la presión del islam de los que hablaba Loude? O los kalash habían cambiado mucho en un par de décadas o Loude había inventado una ficción. *Pero por qué. Para qué. Un científico es un científico, qué necesidad tiene de fantasear. Pruebas, pruebas, pruebas. Nuestro trabajo consiste en eso, ¿no?* ¿Es que Loude pensaba que nunca nadie iría a corroborar sus afirmaciones?

De muchas casas salían nubes de humo. Las mujeres cocinaban tiznándose el rostro de hollín. El cementerio, la piedra para el sacrificio ritual de corderos, el santuario dedicado a Mahandeo —gran dios de los caballos— y los altares que honraban a las distintas divinidades estaban descuidados. Nada respondía a la expectativa. Hacía frío.

—Menudos paganos —dijo Jordi—. Vaya fraude.

Antes de viajar a los valles, había recreado tantas veces la vida y la estética de los kalash que ahora se sentía estafado.

Los lugares de culto eran simples, sin pretensiones de ningún tipo, como si se hubieran quedado anclados en un estadio primitivo. La representación de símbolos divinos se le antojó torpe y *naïf.*

Al entrar en el salón del pequeño hotel kalash donde habían elegido hospedarse, encontraron a un grupo de jóvenes de cara al televisor que emitía al máximo volumen una película de guerra estadounidense. Ninguno se percató de su llegada, todos estaban ebrios de droga y alcohol. El aire olía a hachís, podía cortarse. Varios se colocaban mascando *nassouar*. De vez en cuando, alguien escupía al suelo.

—No puede ser que pretendan que durmamos aquí —dijo Yannik.

Después de protestar al dueño, lograron moderar el volumen de la tele.

—No se preocupen, los chicos se retiran enseguida.

—¿Podemos dormir en el piso de arriba?

—Lo siento, las dos habitaciones están ocupadas por unos periodistas franceses.

Jordi quiso subir a saludarlos. Llamó a una de las puertas y, al abrirse, encontró a dos hombres y una mujer semidesnudos. El de la puerta sonreía extáticamente invitándole a pasar mientras los del interior fumaban hachís. Parecían perturbados.

—Ha llegado un nuevo cargamento de opio al pueblo —dijo el de la puerta después de que Jordi rechazara entrar—. ¿Sabes algo? ¿Dónde se puede conseguir material?

—No, no. Aún estamos situándonos.

Jordi se escabulló intentando mantener la compostura, dolido y escandalizado.

Se apresuró a abandonar los valles. En su diario escribió que sólo quería «olvidar la pesadilla». Cómo un pueblo podía llegar a degenerarse tanto. Qué pena, qué desastre, qué horror.

—Los kalash están acabados, no son más que folclore para turistas, han llegado a un punto de no retorno —comentaría más tarde una pareja de italianos que circulaba por la región.

—Estoy de acuerdo —respondió Jordi.

VII

Y se fueron a explorar montañas. El príncipe Hilal los introdujo en los bosques de sauces, abetos y robles verdes, cruzaron imponentes formaciones de enebros, campos de trigo... Fue el mejor guía.

—Mira. Apunta al calvero.

Hilal pasó los prismáticos a Jordi. No tardó en enfocar a una cabra de impresionante cornamenta.

—¿Un markhor?

—Quedan pocos. La entrada de grandes remesas de kaláshnikovs casi acaba con ellos. En poco tiempo han muerto demasiados.

—Efectos colaterales de la guerra, ¿no? El hambre...

—Derribaban unos veinte al día hasta que logramos legislar su caza.

La miseria también había disparado la tala de árboles. Los furtivos se multiplicaban, así que Hilal debía patrullar sin descanso por ese laberinto de catedrales de roca. Qué difícil encontrar cualquier cosa ahí. Y si además sabía esconderse... Los bosques superaban la idea que se había hecho de ellos. Se sentía tan minúsculo, tan de otra escala...; aquella bárbara inmensidad le estaba permitiendo visualizar su irrisorio tamaño. Menuda lección. El paisaje le explicaba mejor que nada anterior lo poco que él era, lo poco que significaba. Durante los días que siguieron fue cobrando la seguridad de que ser tan consciente de su insignificancia le engrandecía.

Resultó una estupenda escuela. Al avistar por primera vez las alas blanquinegras de los buitres barbudos del Himalaya alineados como grandes bombarderos que despegaran de la pista, uno tras otro, se emocionó.

Yannik ascendía riscos apoyado en sus portentosos músculos y se acantonaba en algún lugar bien escogido durante el tiempo necesario, hasta que la foto apareciera. A Jordi le impresionaban su sangre fría y la facilidad para conectar sobre todo con los niños, que siempre le buscaban para jugar.

Al final de la jornada comían un bol de arroz con algo, carne si había suerte, quizá cordero. O maíz frito con grasa de cabra. O legumbres. O vegetales no identificados empapados en dudosas salsas en las que con frecuencia flotaban coleópteros muertos. En las llanuras, pastores tadjiks los invitaron al yogur que producían con la leche de sus yaks.

Compraron caballos, perros, aprendieron a tirar con *tchounjor,* el arco de doble cuerda local, y, cuando salían de caza, el padre de Hilal los ilustraba sobre los buenos tiempos con los colonos ingleses. Yannik combinaba tan bien musculatura y sobriedad que se reveló un tirador formidable.

¿Qué más podía pedir? Era la vida con la que había fantaseado tantas veces al adentrarse en el Vercors. Registraba cada vaguada en la memoria, el estado de cada puente, los enclaves donde se formarían lagos en primavera. Aprendió a distinguir las rutas que permitían el paso de caballos de las que sólo admitían burros o deberían superarse a pie, amortizando la prodigiosa memoria que había impresionado a su familia y sus profesores desde niño. Por más tupidos e ignotos que fueran la maleza o los bosques en los que se adentraba, jamás se había perdido. El instinto y la luz le bastaban para orientarse, y a ellos se confiaba. Como si tuviera un GPS en la cabeza. Como si la naturaleza le guiara.

Durante un alto para reposar se alejó unos metros de Yannik, quería estar solo. Al sentarse en una roca vio que un lagarto le observaba. Así pasaron casi dos minutos. Jordi tendió un brazo y el lagarto se subió a él. *¿Por qué tengo este poder?* Ya de chaval andaba siempre detrás de los gatos para estudiarlos y no era extraño que apareciera por casa con un lagarto al hombro. Era como si los hipnotizara, como si supiera hablarles. Poseía la intuición del cazador, ese sentido del medio. Iba a un sitio, y encontraba algo.

—Qué tío —Yannik había visto la escena—. Llevas los bichos en la sangre.

Con nueve años se enroló en el Club des Mal Aimés, un grupo de chicos del barrio del Calvaire cuya acción más sonada fue salvar a todos los lagartos de una finca que iba a ser derruida. El contacto con la naturaleza es singularmente fácil en Valence. La cordillera del Vercors se levanta frente a la terraza más señera de la ciudad, ocupando el horizonte de una manera que parece una llamada. Jordi la escuchó mejor que nadie. Era habitual ver al pequeño Magraner embocando la calle Franklin para remontar las cuestas que le perdían en el bosque. En los días más acuáticos, variaba la ruta, superaba el pasillo de glicinias que precede al puerto fluvial de l'Épervière y pasaba horas observando peces, capturando ranas. Ahora, pese a acoger una bolera, l'Épervière tampoco es un lugar transitado, pero en los setenta esta parte del río poseía un silvestrismo aún más hechizante.

—No, en la sangre no —respondió Jordi a Yannik. Y pensó en su padre, aunque en realidad ninguno de los Magraner había desarrollado ese instinto.

Su padre jamás había hecho buenas migas con los lagartos ni con casi ninguno de los animales que a él le entusiasmaban. El viejo prefería el mar, quizás el problema entre ellos no había sido más que una cuestión de superficie, el caso es que costaba adaptarse a lo que por entonces él juzgaba como puro autoritarismo. Desde luego que quién le iba a decir que uno de los grandes momentos de su infancia se lo iba a deber a su padre. La comunicación entre ellos no fluía bien del todo, Jordi era el quinto de seis hermanos, los separaban demasiados años y el patriarca no parecía entender esa debilidad suya por escapar al monte, pero por eso al chaval le impresionó especialmente que al desenvolver aquel regalo de Navidad apareciera un maletín de biólogo.

—Es exactamente lo que quería —masculló.

Jordi siguió pensando todo el día en aquel episodio y al oscurecer, sentado frente a la hoguera en la noche helada, intentó recordar cuántos años tenía aquellas Navidades. Catorce, calculó. Sí, catorce, porque uno antes había ingresado en los *boy scouts*. Fue cuando conoció a Erik, el hermano de Yannik. Habían ido al Vercors a observar gamuzas. Erik se fijó en Jordi porque era muy divertido, así que intentó conectar caminando cerca de él. En algún momento pasó un perro y Jordi empezó a hablar de esa especie de perros. Lo sabía todo, lo que comían, su hábitat, la historia genealógica y cómo habían llegado al Vercors. *Es increíble,* pensó Erik. *Lo sabe todo*. Pero es que pronto se dio cuenta de que las exhibiciones de Jordi eran constantes, con cualquier animal. A Erik le impresionaron su conocimiento de la naturaleza y su curiosidad, la capacidad para interesarse por todo, también la historia, la música, la filosofía..., y se acercó ya descaradamente a él. Quería saber más sobre aquel portento enciclopédico. Deseaba aprender.

Jordi apuntaló su amistad con los hermanos L'Homme intentando observar lobos en verano, conversando sobre los grandes espacios que visitarían juntos años más tarde. Viajaron a diversos parques naturales de Francia, España y Córcega, y en las montañas del Cantábrico, Erik, Jordi y un puñado de amigos pasaron un mes sobreviviendo por sus propios medios. Compartían la idea de la *perfección de los comienzos,* estaban dispuestos a buscar juntos el mítico paraíso perdido y a ser fieles a la búsqueda con una devoción religiosa. Buscar, buscar, buscar por encima de todo, para ser mejores, más naturales, su forma de sentirse completamente humanos.

A Jordi le atraían los reptiles y los anfibios más que cualquier otra cosa, los dibujaba sin parar. Aprovechaba para analizarlos y preguntar sobre ellos en las salidas con la FRAPNA (Federación Rhône-Alpes de Protección de la Naturaleza), y así, interrogando, empatizó con Suzanne Marius, la profesora de alemán experta en ornitología que capitaneaba algunas de las excursiones.

Si *monsieur* Aussiette había sido el profesor clave para despertar su ansia de conocimiento al principio de la adolescencia, Marius, motivada por el lúcido entusiasmo del alumno, le propuso en 1977 una lectura decisiva: *L'homme de Néanderthal est toujours vivant* («El hombre de Neandertal sigue vivo»). El libro le trastornó. Lo absorbió casi físicamente. El tiempo que duró su lectura dejó de salir con amigos, no vio la televisión, redujo las expediciones al campo. Mientras leía, atisbaba asombrosas posibilidades científicas y aventureras. Pero ¿qué tenía todo aquello de verdad? ¿El hombre de las cavernas? ¿Le convencía lo bastante como para abrir su propia línea de investigación? Lo más importante era que el libro concluía en la supervivencia de la línea neandertaliana.

La brecha estaba abierta. Hay quien opina que Jordi habría desembocado igualmente en el estudio de homínidos porque su interés por los anfibios se debía a que el hombre proviene originalmente del agua. Es una teoría. Lo cierto es que a Jordi le molestaba profundamente que anfibios y reptiles nunca hubieran sido bien considerados en Europa aunque, por ejemplo, los aborígenes de Australia los veneraban. Leyó que tras el advenimiento del cristianismo, los beatos rechazaron a los reptiles en reacción contra el paganismo, identificándolos con la brujería. Y, siguiendo la pista del cristianismo, observó cómo esta fe había decidido que habría buenos y malos animales. No, concluyó Jordi. No. Los mitos no son más que mitos y las leyendas no más que leyendas. Mitos y leyendas se emplean como instrumentos de discriminación, de lucha, y para tomar partido contra tal o cual categoría de personas o seres vivos. Alguien tiene que cambiar esto. Alguien tenía que cambiarlo.

En la intimidad de los charcos y la maleza, estudiando cómo se las ingenian para sobrevivir las criaturas que muchos desprecian y maravillándose con habilidades de las que pocos saben o hablan, Jordi había forjado su propio sistema de valores, muy distante del que se imponía ahí fuera, en el denominado «mundo real». No le iban a engañar. No sólo el oso, la ballena, el elefante o el león son magníficos. Él también creía en las espinas, las ranas y el lodo, alumbrados todos por el omnipotente gran sol. Defendería la vida, sin excepciones. Se sentía fuerte, seguro, autónomo, joven. Capaz de gritar, de rugir a favor de un nuevo orden.

El 20 de marzo de 1988, celebró en Pakistán con Yannik la llegada de la primavera. Izaron banderas paganas y de Valencia. Sacrificaron un gallo. Qué excelente compañero le parecía Yannik, casi tan audaz como él, y aún más fuerte. Mientras troceaba el gallo observando cómo Yannik ordenaba cazuelas, Jordi se descubrió una sonrisa que le pareció imbécil. Con el machete clavado en el espinazo sanguinolento decidió que debía controlar sus arrebatos, no podía permitir que la camaradería le reblandeciera. Los excesos de cordialidad terminan hundiendo las misiones más grandes. En la tácita jerarquía establecida, él era el jefe y debía demostrarlo.

—¿Cómo va? —preguntó Yannik.

Jordi asestó otro machetazo al gallo sin responder. Yannik arqueó las cejas y siguió manejando cacharros tranquilo. Concentrado en descuartizar al animal, Jordi se convenció de que hacía bien manteniendo esa distancia. No podía contagiarse de la parsimonia y la dulzura de Yannik, tan inocente a la hora de encarar a los nativos. Al fin y al cabo, las decisiones finales siempre quedaban en sus manos, él se sentía responsable de que las cosas salieran bien, totalmente responsable, y el entorno exigía mantener la contundencia con la que hasta entonces se había empleado. O más.

Jordi volcó las partes del gallo en una cazoleta. No, la amistad con Yannik no le suavizaría. Más bien debía ayudarle a ensalzar su propia figura, a convertirse ya sin remilgos en el ejecutor del equipo impulsando cada iniciativa, desconfiando como aquella gente desconfiaba, imponiendo su criterio a la ruda manera local. Sabía cómo actuar, tratarlos de tú a tú. Por eso, al vaciar la cazoleta en la perola se le escapó una nueva sonrisa, pero esta vez al hilo de un pensamiento sobre la ingenuidad de Yannik. *Si es que se cree todo lo que le dicen...*

Para entonces ya habían difundido por Chitral su intención de buscar hombres salvajes.

El 23 de marzo escuchó algo similar a gritos en la noche. El día 26 aparece por primera vez en su diario la mención al yeti mientras conversa con un cazador durante una tormenta de nieve. No se extiende en el instante pero denota que la investigación ha comenzado. El 9 de abril volvió a escuchar esa especie de gritos. «No sé qué pensar», escribió, trastornado por la posibilidad de una pista tan clara, y por haberla hallado tan deprisa.

—No, no puedo tener tanta suerte —dijo en voz alta.

Le traspasó un escalofrío, casi temiendo encontrarse realmente con un espécimen sobre cuya existencia aún dudaba. Y es que habían transcurrido cuatro meses desde su aterrizaje, empezaba a controlar la geografía y los testimonios de los autóctonos le animaban a profundizar..., si bien mantenía el escepticismo.

> Me armo de paciencia. Escucho que, al preguntarles sobre los animales de la región y los habitantes de las montañas, los interrogados hablan por sí mismos de los homínidos reliquia. No les cuestiono nunca sobre eso [...] Ante el interés que mostramos, nos invitan a ir en busca de testimonios visuales. Lo más sorprendente es que la existencia de esos seres es percibida por los habitantes como la de cualquier otro ser vivo. Los inscriben en el registro natural y real, y no en el de la tradición mítica. (Diario.)

Las coincidencias en el relato de los testigos le habían ido despertando cada vez más curiosidad, aunque fueron esos gritos de la segunda noche, sobre todo los de la segunda noche, los que le animaron a conseguir nuevas declaraciones sin escatimar esfuerzos. Había empezado a creer en serio.

Yannik estuvo a punto de matarse al caer por un barranco de cincuenta metros mientras intentaba tomar una foto y las contusiones le obligaron a guardar reposo varios días. Cuando se acababa el alimento, comían los frutos de los árboles, las plantas del camino. Jordi cazaba lagartos con la misma ballesta con la que había intimidado a un grupo de hombres que pretendieron asaltarle. Después los asaban a tiras y se los comían. Logró hacer más entrevistas y gracias a su habilidad con el dibujo esbozó los primeros perfiles de hombres salvajes siguiendo las indicaciones de los lugareños.

Tras regresar de una de las incursiones, enfermó con fiebre y reapareció su periódico dolor de dientes.

—Nada grave, una gripe —diagnosticó el doctor de Chitral.

En Chitral no vendían aspirinas, y como también necesitaba solventar algunos trámites administrativos en Peshawar, Jordi sacó un billete de avión para el día siguiente. Era mayo, el cielo homogéneamente azul. La fiebre en el cuerpo. Sobrevolando Dir, el gigantesco espectáculo de las montañas le anonadó. Tomó un bolígrafo, abrió el diario y escribió: «Me doy cuenta de que nuestra empresa se resume en buscar una aguja en un pajar». Las cumbres no cesaban. Ante aquella concentración de montañas, grutas, acantilados, bosques, gargantas, se preguntó: «¿Cuál de ellos explorar primero? ¿Cuál nos permitirá alcanzar nuestro fin?».

VIII

Un día de 1948, el doctor en Zoología Bernard Heuvelmans despliega el *Saturday Evening Post* y lee un artículo titulado «Podría haber dinosaurios». Le escama que esté firmado por un autor en el que confía. Luego, entre las declaraciones recabadas en el texto lee nombres de investigadores a los que también considera serios y termina necesitando contrastar la información.

Siete años después, publica *Tras la pista de las bestias ignoradas,* presentando en sociedad a una serie de animales descubiertos en lo que va de siglo XX. La mayoría son bastante grandes. Ahí están el okapi, el celacanto, el pecarí paraguayo, el hipopótamo enano, el buey salvaje de Camboya o el dragón de Komodo.

Heuvelmans es científico, se tiene por científico, los animales de los que habla existen «de verdad», pero ha comprobado que muchos de ellos sólo fueron localizados tras conversar con indígenas que dieron fe de su existencia narrando historias, describiéndolos. Antes del hallazgo, esos animales no eran para Occidente más que leyendas o pasto de la extinción. Entonces ¿por qué no dar crédito a otras narraciones sobre seres fugitivos?

Heuvelmans decide que los seres que han anclado poderosamente en un imaginario merecen ser buscados, los considera una posibilidad real porque de algún modo ya existen, y en su nuevo club acepta desde el lobo de Tasmania hasta los calamares gigantes, el Mokele-Mbembe —esa especie de brontosaurio de Camerún— o el monstruo del lago Ness. Así, funda la criptozoología, una disciplina que recurre a métodos científicos para buscar y estudiar seres por definición invisibles.

El yeti es la estrella de las criaturas criptozoológicas.

Además de Edmund Hillary —el héroe del Everest— o el también ilustre alpinista Reinhold Messner, entre los grandes buscadores de yetis sobresale el ruso Boris Porshnev, el filósofo e historiador que a partir de los años cincuenta se zambulló en el estudio de los hombres prehistóricos.

Él fue quien señaló Chitral como «una de las zonas de hábitat permanente más favorable a los hombres salvajes» y quien simpatizó con Heuvelmans hasta el punto de firmar juntos un libro que ha estimulado los sueños de miles de personas: *L'homme de Néanderthal est toujours vivant.*

Mucho antes de partir a Pakistán, Jordi Magraner inició la correspondencia con Heuvelmans, el misántropo que afirmaba preferir los simios a los humanos. Extrañamente, Heuvelmans mantuvo el contacto con su joven admirador. Y no sólo eso.

Años más tarde le escribió: «Si lo encontraras, sería la alegría más grande de mi vida».

IX

Para Julien, hacer fortuna era para empezar salir de Verrières; aborrecía su patria. Todo lo que veía helaba su imaginación.

(Fragmento subrayado en el ejemplar de *Rojo y negro* propiedad de Jordi Magraner)

Al aterrizar en París, sintió ganas de orinar. El primer lavabo que encontró estaba averiado. En el segundo, debió esperar turno haciendo cola. El inmundo olor de los retretes y la dificultad para satisfacer de inmediato una necesidad tan básica le recordaron la facilidad del bosque. Había pasado el vuelo echando de menos los valles que acababa de abandonar, sopesando cómo podría volver para añadir testimonios a los veintisiete que ya atesoraba, elucubrando formas de conseguir dinero.

—Tengo que volver —le dijo a su amigo Jean-Paul Thomas, que le había cuidado sus once lagartos mientras estuvo de viaje.

—Pero si acabas de llegar, relájate —respondió Thomas agarrando una de las dos crías nacidas en ausencia de Jordi—. Ahora tienes dos bocas más que alimentar.

Trece lagartos. Un número y unos especímenes con muy pocos admiradores. Jean-Paul volvió a preguntarse por qué su amigo y él amaban los reptiles, por qué, los anfibios, esos animales de los que casi nadie se ocupaba de forma profesional en l'Ardèche. Allí casi todos los investigadores se decantaban por la ornitología o los mamíferos. El propio Jean-Paul era un naturalista *amateur,* el sueldo lo ganaba como profesor de primaria.

Miró fijamente a Jordi. Quizás había que ser de una determinada manera para sentirse atraído por aquella fauna...

A saber. El caso es que el virus prorreptiliano los había atacado a ambos muy pronto, en la niñez. A los diez años, Jean-Paul había fabricado su propio terrario. Ahí metió tarántulas, serpientes, un lagarto gecko... Progresó varios lustros de manera anárquica, hasta que encontró a Jordi, quien le formó en el rigor científico. Con él aprendió a capturar reptiles atando un pequeño lazo al final de una antena desplegable. Se consideraba su alumno.

Aquella noche, Jordi se expresaba con singular vehemencia. Charlaron de Pakistán, del barmanu, de fauna, de política. Jean-Paul defendió sus ideas de sindicalista afiliado al Partido Comunista Francés y, como de costumbre, discutieron.

—Anda, Jordi, cómo puedes seguir con ese rollo tan de derechas viniendo de donde vienes. En el contexto de la lucha de clases, la izquierda es la que mejor representa a nuestra clase, ¿o es que no lo ves?

—¿La izquierda? Venga, hombre —respondió Jordi agarrando el borde de la mesa con ambas manos—. La izquierda imagina, no enfrenta los problemas reales. No se puede vivir en una fantasía. ¿Crees que la izquierda será la que cree puestos de trabajo en la *banlieu*? ¿Crees que la izquierda va a controlar el flujo de inmigrantes? Deberías ir a alguna reunión de esas que organiza Michel, ahí al menos dicen las cosas claras.

—Noooo. ¿Te estás dejando comer el coco por esa gentuza? Joder, Jordi. Yo no quiero nada con ultraderechistas. Que se vayan a la mierda. Esa gente habla de limpiar Francia, de recuperar valores de hace no sé cuántos siglos. ¿De verdad ves ahí una alternativa? Anda ya.

Las réplicas de Jean-Paul le enardecieron agradablemente. Su amigo le plantaba cara sin complejos obligándole a buscar argumentos sólidos. Los colegas de Michel, que más tarde fundarían Terre et Peuple, defendían buenas razones aunque las de Jean-Paul tampoco eran malas. Cuando Jordi echó un vistazo al reloj, eran las tres de la madrugada. Guardaron varios minutos de silencio derrengados en los sofás.

—Y ahora ¿qué? —preguntó Jean-Paul.

—Tengo que buscar trabajo.

Se afeitó con cuidado, se puso su mejor traje y acudió a la reunión con los funcionarios del Ministerio de Fomento y Vivienda convencido de que le aceptarían. De algo habían servido las decenas de solicitudes de trabajo que había enviado en las últimas semanas.

El seleccionador del ministerio tenía su currículum sobre la mesa.

—Técnico superior de Agricultura por el Liceo Agrícola Le Valentin de Bourg-lès-Valence —leyó el funcionario. Soltando la hoja, añadió—: Bien..., esto no es lo que más importa. Sabemos que se le considera uno de los mayores expertos en invertebrados de la región Rhône-Alpes. Y esta última expedición a... ¿Pakistán?

—Sí, a Chitral, que está en Pakistán.

—Parece que esta expedición ha puesto por las nubes su prestigio profesional.

Jordi no se inmutó.

—Tenemos una oferta para usted. Queremos que estudie el diseño del trazado de la autopista A44 que unirá Balbigny con Lyon. Hay que determinar dónde deberán situarse los puentes para que la fauna local transite de un lado a otro sin perjudicar el ecosistema. Si funciona, también se ocupará del trazado de la A72. ¿Qué le parece?

La primera noche de trabajo, inspiró hondo, dio una palmada, se encasquetó la linterna frontal y salió a cartografiar las inmediaciones de la autopista. Solo, iluminando campos y animales con la luz ultrapotente de su foco, se sentía excepcionalmente bien. Tantear el interior de agujeros y grutas, aspirar el olor húmedo de la tierra y la vegetación, caminar en estado expectante, eso era lo que le gustaba. Volvió al alba tan cansado como feliz y por eso, en adelante, cada noche repitió los pasos de aquella salida inaugural antes de emprender la marcha: inspiraba hondo, daba una palmada y se encasquetaba la linterna frontal. Podía recorrer entre diez y quince kilómetros huroneando en cuevas, comprobando la firmeza de terraplenes, anotando las especies de animales que veía.

—A veces apago la luz y espero a que venga algo —le dijo a su amigo Erik l'Homme una tarde en la cafetería Le Continental de Valence.

—¿Algo? —preguntó Erik.

—Lo que sea. El otro día pillé una serpiente.

—Alguna vez te morderán.

—Ya me han mordido. Para eso utilizo las agujas hipodérmicas, van bien para succionar el veneno. Luego te pones un anticoagulante, un buen antiinflamatorio y listo.

La sonrisa le deformó medio rostro.

—Quiero volver a Chitral —añadió—. Pero tu hermano ya me ha dicho que no puede venir, que tiene que hacer la mili.

Chirriaron sillas al correrse. Un camarero hizo tintinear varios vasos al sacarlos del fregadero.

—Ven conmigo —propuso Jordi—. Aquello te gustará.

No era habitual que a Erik se le arrugara la tersa y pálida frente. Echó un vistazo al reloj de la estación, que se veía desde la mesa. En unos minutos debía tomar el tren hacia el sur de la Drôme. Todavía estudiaba Historia en Lyon y como por entonces vivía al sur de la Drôme, cerca de Montélimar, aprovechaba las dos horas de escala en Valence para charlar con su viejo amigo de cualquier cosa, de su época de *boy scouts,* del mundo, de religiones.

—Ahí estaba Jordi, esperando una respuesta... Entonces, recordé la tarde de 1987, antes de la primera expedición con mi hermano, cuando me contó su teoría sobre los hombres salvajes. El historiador que yo era quedó impresionado, me fascinó. Era extremadamente convincente, tenía carisma. Era tremendo —dice Erik casi veinte años después de aquella conversación. Mantiene la piel tan pulida como entonces, y desprende un aire adolescente aunque ya esté en los cuarenta. Vive en una vieja mansión familiar de más de cuatro siglos al sur de la Drôme. Evita el ruido cuanto puede, aprecia el aislamiento—. ¿Qué le iba a decir? ¡Soy un hombre salvaje! —exclama riendo.

Erik es un escritor superventas de literatura juvenil. En sus *Contes d'un royaume perdu* rescató antiquísimos relatos chitralíes y acaba de terminar otro libro basado en las expediciones vividas con Jordi, *Des pas dans la neige* («Huellas en la nieve»). De aquellos días también se trajo una lesión de espalda que le impide cargar pesos grandes y le obliga a escribir en asientos ergonómicos.

—No pude sentarme a escribir hasta hace unos meses, había demasiada emoción, pasaron demasiadas cosas. Pero el último año me desbloqueé. En ese libro hablo de mis mejores recuerdos. Es una forma de decir que el mundo está aún lleno de sueños y sorpresas. Incluirá unas setenta fotos de Yannik.

—¿Cuánto tardaste en escribirlo? —le pregunto sentado en una elegante silla de madera de Le Continental.

—Daré la respuesta de Picasso: quince años... y tres meses.

Erik, como Esperanza, ha necesitado guardar luto durante más de un lustro para intentar recomponer la memoria de Jordi. Son curiosas esas sincronías, cómo se comparten los períodos de dolor.

—Era tremendo —repite Erik.

¿Cómo de tremendo? A los once o doce años, Jordi se rompió el brazo derecho. No se quejó una sola vez. En cuanto le enyesaron se empeñó en ir al colegio y aprendió a manejar la mano izquierda, no quería que nadie le vistiera. A los veintipocos tuvo un accidente de coche mientras conducía por la montaña. Rompió el volante con la cara. Se partió la mandíbula por tres partes, la nariz y casi pierde un ojo. También se dejó varios dientes, los músculos del rostro perdieron elasticidad y la cara se le quedó con una cierta parálisis. Desde entonces el semblante se le tensaba con según qué gestos, dándole un aspecto falso al reír.

Él mismo se quitó los puntos al final de la recuperación. En adelante recurriría a las aspirinas para aliviar sus ya perennes molestias dentales. Los accidentes no cambiaron en nada su carácter. Desde pequeño, asimiló las adversidades, por grandes que fueran, atento sólo a lograr sus objetivos, dedicando mucho tiempo a ingeniar planes que le permitieran consumarlos.

Jordi reparó pronto en que incluso para desarrollar sus proyectos infantiles iba a necesitar dinero, e inventó una suerte de simpático impuesto que sus hermanos mayores —sólo Andrés era menor que él— pagaron divertidos. Ahora, si quería volver a Chitral, necesitaba una solución de ese tipo.

El primer pensamiento derivó como siempre en Andrés. Su hermano era una garantía. Él le había dado diez mil francos para que pudiera financiar el primer viaje. Pero no, no podía, no debía abusar de la confianza y el afecto del benjamín, tampoco es que a Andrés le sobrara el dinero.

Instalado provisionalmente en casa de su hermana Esperanza en Lyon, envió cartas a diversas entidades y personas pidiendo ayuda material o económica para su proyecto mientras leía los escritos de Pierre Grimal sobre la civilización romana que tanto admiraba. En hojas sueltas fue copiando sentencias literales. Al escribirlas sentía cómo las palabras calaban de una forma aún más honda en él: «Austeridad, disciplina, fidelidad, honestidad. La palabra dada por un romano es su ley». «Quien se abandona al lujo demuestra falta de disciplina. El hombre debe superar ese instinto de la facilidad que descompone las sociedades.»

El barmanu le esperaba. Ya sin duda era su prioridad, pero ni siquiera podía enunciarla porque, si lo hacía, quién iba a tomarle en serio. En algunas cartas enmascaró su verdadero propósito aludiendo exclusivamente a la investigación de los quirópteros y anfibios que pensaba llevar a cabo en el Hindu Kush. Al príncipe Sadruddin Aga Khan sí le explicó claramente su objetivo.

El principal responsable de la Fundación Aga Khan era ismaelita, confesión que se caracteriza por seguir el espíritu del Corán antes que sus frases textuales. Su interpretación del Corán era más laxa y, quizá para contrarrestar el empuje totalitarista de la mayoría suní, la Fundación Aga Khan contaba con el respaldo financiero de varios Estados occidentales. Dado que en Chitral existía una amplia comunidad ismaelita, recibir su apoyo sería importante, y no sólo por motivos económicos.

A la espera de respuestas, Jordi fundó la Association Troglodytes con el objetivo de atraer suscripciones de gente interesada en la investigación que iba a llevar a cabo. A cambio, distribuiría anualmente un informe sobre el progreso de sus estudios. Estableció la sede en la residencia familiar de Valence.

Y funcionó.

Cuando a los tres meses de presentar Troglodytes pulsó el signo «igual» en la calculadora, los números cuadraron. No había recaudado grandes sumas pero los ingresos y aportaciones solidarias de los socios iban a permitirle huir no sólo de Valence sino de la irrespirable Francia. ¿Por qué se sentía tan distante del país que le había acogido, donde creció? El caso es que el instinto no solía traicionarle, y le obligaba a poner tierra de por medio. Lo antes posible.

Mientras esperaba frente a la ventanilla del banco a que le devolvieran la libreta de ahorros donde había ingresado el pago de los últimos suscriptores, consultó el reloj de pared de la oficina. Faltaban varias horas para regresar a sus tareas de prospección en la A44. Buf. El trabajo no estaba mal, de hecho le divertía, pero el simple gesto de consultar el reloj para cumplir un horario le molestó. Atrajo recuerdos, desató asociaciones. Cómo podía rivalizar la A44 con los valles del Hindu Kush. La ciudad, claro, tampoco resistía ninguna comparación con Chitral. Los colores, la opresión espacial, el artificio y, sobre todo, la monotonía, ese cúmulo de situaciones programadas y previsibles, le agobiaban hasta límites cada vez más intolerables. ¿Qué vida debía de llevar la pobre chica que manipulaba su libreta de ahorros tras el cristal blindado? La oficinista le devolvió la cartilla donde constaba una suma pequeña pero mucho más que suficiente. Con qué poco se conformaba. Qué afortunado era.

Pocas semanas después, terminó su estudio para el ministerio. Siguió enviando cartas a posibles mecenas y colaboradores desde Valence, leyendo *La peste* de Camus, una versión reducida de *Rojo y negro* de Stendhal, consultando diccionarios de inglés, libros de historia y ampliando su peregrino conocimiento del kalasha y el khowar, las lenguas más comunes en los valles. Salía a la montaña y por las noches estudiaba hasta casi la madrugada resistiendo a fuerza de cafés. No necesitaba dormir más de tres horas. Una de tantas mañanas en las que volvía a tener los ojos inyectados en sangre a causa del sueño, encontró a su madre en la cocina.

—¿Qué vas a hacer hoy? —preguntó Dolores.

—Me voy al Vercors.

Mientras cortaba las rebanadas de pan que iba a tostar, Dolores sugirió:

—¿Por qué no sales por ahí por las noches, hijo? Trabajas demasiado.

—Mamá, ¿preferirías que fuera a la discoteca a fumar y beber y volviera hecho polvo a casa y me pasara durmiendo la mañana entera? Yo prefiero ir al campo.

La madre no volvería a sacar el tema.

X

Uno de los primeros miembros de la Association Troglodytes fue Jean Roche, que enseguida se encargó de la secretaría. Roche había leído *L'homme de Néanderthal est toujours vivant* a los veintidós años, se entusiasmó, y él mismo ha firmado ya un libro sobre hombres salvajes. También ha viajado a los Estados Unidos para seguir los pasos del bigfoot.

Cuando ingresó en Troglodytes, Roche trabajaba en France Telecom. Es un hombre alto y desgarbado que usa gafas de lupas grandes sobre las que a menudo se columpian los larguísimos pelos de sus cejas. Habla sincopadamente, como a tragos. Sigue trabajando en France Telecom, una empresa que los últimos años ha adquirido una fama distinta al suicidarse veinticinco de sus trabajadores debido, dicen, a la insufrible presión que soportan.

Roche no sabe decir gran cosa sobre Jordi, nunca hablaron demasiado, pero asistió a todas las asambleas anuales de Troglodytes. Ejerció su secretariado de manera modélica y aún visita a la familia Magraner de vez en cuando, para recordar.

XI

Mientras Erik ajustaba la correa de una de las mochilas, vio las piernas de su amigo frente a él, y el folio que agarraba.

—Me gustaría que firmaras esto —dijo Jordi tendiéndole el papel.

Era una declaración por la que el suscriptor aceptaba ceder a Jordi Magraner todo el material acopiado durante la expedición que estaba a punto de empezar. A Jordi no le agradaba este paso pero lo consideraba imprescindible. Invertía mucho tiempo en preparar cada viaje, estaba convencido de que sus averiguaciones podían hacer historia, había oído hablar de traiciones ejemplares en el competitivo mundo de la investigación científica, y no iba a arriesgarse a que por un exceso de confianza otra persona pudiera terminar atribuyéndose hitos que le correspondían a él.

Erik conocía el procedimiento. Al arrancar la primera expedición, su hermano Yannik había rubricado un documento similar por el que cedía a Jordi las fotos que realizara. Estampó la firma.

Durante los primeros días en Chitral, Erik fue presentado a varios colegas musulmanes de Jordi. Los invitaron a veladas musicales, los dos sentados en el suelo entre fumadores de opio y hachís mientras el sitar sonaba de fondo y el tubo, la tabla, el tronco y otras improvisadas percusiones aceleraban el bombeo hasta alcanzar un ritmo frenético que multiplicaba la agitación del único y drogado bailarín. Los brazos, el cuerpo se le proyectaban entonces en un movimiento espasmódicamente anárquico y circular que podía hacer pensar en un derviche bromista o indisciplinado, suspendido de cualquier forma entre el limbo y la realidad.

—Los tiempos cambian. Cada vez se baila más deprisa, se van perdiendo tradiciones —dijo Khalil Rahman mientras miraba girar al bailarín junto a Erik y Jordi. Khalil se había convertido en uno de los hombres de confianza de Jordi en Chitral. Jordi pasó un brazo sobre los hombros de aquel hombre flaco con barba negra y bien cuidada.

—Khalil es un gran, gran amigo —le dijo a Erik.

—Incluso somos pareja en las partidas de cartas —bromeó Khalil con seriedad.

—Salimos a explorar a menudo. Nos ayudó mucho en el primer viaje.

Khalil era un nuristaní, descendiente, por tanto, de guerreros. Poseía un temple raro que fácilmente provocaba zozobra en sus interlocutores. Parecía muy seguro de sus actos, un agudo y callado observador. Tan quieto, casi era instintivo preguntarse qué estaba pasando por su cabeza, cuántas ideas y de qué clase circulaban ahí.

Su familia huyó de las masacres y la indigencia en los territorios que históricamente había ocupado en Afganistán para instalarse en Shekhanandeh, el último pueblo del valle de Bumburet. Eran, son, musulmanes.

Como el príncipe Hilal, Khalil trabajaba para el departamento de bosques y conocía a fondo buena parte del territorio. Llevaba su pelo liso azabache al descubierto, sin las apreturas del *pakhol* ni de otros gorros, y por eso el flequillo le quedó suspendido sobre el mapa de Chitral cuando señaló algunas de las rutas que consideraba más pertinentes para la incursión de Jordi y Erik.

—Si tenéis cualquier problema, mandad a alguien que me avise —dijo Khalil. Agarró los bajos del chaleco que llevaba sobre la *shalwar-kamize* reforzando aún más la distinción de su figura delgada y esbelta, y, mirando a Jordi, añadió—: Aunque pronto vas a conocer esto mejor que yo.

Hoy, en el comedor de la casa de Dolores Magraner hay una foto en la que se ve a Khalil con uno de sus chalecos sonriendo junto a un Jordi que le pasa el brazo por los hombros. Sólo Jordi lleva *pakhol* y, cruzado sobre el pecho, un cinto kalash multicolor de los que dicen atrae la buena suerte.

Si la primera misión había determinado la mejor zona posible para el estudio del barmanu, ésta pretendía recoger pruebas de su existencia. Para eso, Jordi incluyó de nuevo en su equipaje el cuestionario de sesenta y tres preguntas que había empleado sistemáticamente en los primeros interrogatorios.

Junto a Erik, consultó el precio de caballos badakshi y punjabíes, pero terminaron comprando un par de raza mixta, más baratos, además de algunos asnos, y partieron.

En enero de 1990, los bosques de las partes bajas continuaban sufriendo la tala incontrolada de árboles. La escasez de recursos fomentaba el negocio clandestino de la madera, obligando a muchas especies animales a trasladar su hábitat a las regiones altas. Se suponía que entre ellas se contaba el esquivo y solitario barmanu.

Esas zonas son casi ignotas para el hombre. Durante la ascensión saludaron a algunos Chitral Scouts, el cuerpo del ejército pakistaní compuesto por dos mil hombres que vela por la seguridad a lo largo de la frontera noroeste. Más arriba, dejaron atrás garitas de vigilancia abandonadas. A partir de ciertos picos desapareció cualquier indicio de soldados, porque ni siquiera los Chitral Scouts frecuentan las alturas de los gudjars. Estos pastores nómadas de físico y dialecto hindú viven de lo que encuentran recluidos en pastos a menudo sólo accesibles a las pezuñas de las cabras, los ibex, los markhors. Para los chitralíes, los gudjars pertenecen a una clase inferior de hombres, no importa que sean los mejores interpretando los sonidos del monte, ni que hayan desarrollado los sentidos hasta niveles inconcebibles para la mayoría de los humanos. Muchos se rigen por una moral antigua en la que el honor y la verdad resultan capitales.

El honor.

La verdad.

Jordi concedió a los gudjars el valor de testimonios clave. En una alforja de cuero guardaba los nombres de los gudjars que decían haber visto o tenido encuentros con barmanus. En el mapa había señalado los lugares donde podían encontrarlos.

Uno de los primeros amaneceres, Jordi abrió la cremallera de su saco, se levantó y salió al exterior de la tienda colocándose en un ángulo desde el que Erik le podía ver por la rendija de la portezuela. Jordi alzó la mano con la palma abierta y recitó la frase en latín con la que acostumbraba a saludar al sol. Erik había compartido excursiones a infinidad de sitios con Jordi, y muchas fiestas paganas, pero cuando le vio realizar el saludo en medio de aquella naturaleza salvaje, la visión le estremeció. Poseía una fuerza primigenia. Era un gesto que transmitía algo definitivamente auténtico, verdadero.

No tardaron en dar con el primer gudjar, y Jordi le sometió al interrogatorio de rigor. Con el cuestionario en el antebrazo, escuchó concentradísimo; preguntó articulando muy bien cada sílaba; escrutaba el rostro del pastor en busca de emociones que aportaran alguna señal concluyente para creer o no hacerlo.

Luego, sacó la serie de dibujos de posibles barmanus realizados por él mismo siguiendo los relatos de otros testigos.

El gudjar señaló uno de los dibujos.

—¿Estás seguro? —preguntó Jordi.

El gudjar golpeó tres veces el mismo dibujo con varios dedos de la mano. A Jordi se le tensó toda la musculatura en un rapto de euforia: el pastor había señalado exactamente el dibujo que le mostrara años antes. La alegría aumentó a lo largo de las siguientes jornadas, cuando otros testimonios insistieron en descripciones del barmanu casi idénticas a las que había recogido en 1988, y la mayoría señalaba el mismo dibujo.

—Pero ¿cómo pueden ser tan exactos al responder? —preguntó una noche Erik—. ¿Cómo se pueden haber fijado en el color de las manos o el tamaño de los colmillos?

—Es lógico que aporten tantos detalles —respondió Jordi—. Las sociedades de tradición oral suelen depender mucho del medio natural y por eso han conservado una curiosidad y un don de observación muy agudos. De ellos depende su supervivencia.

Tenía sentido. Erik percibió cómo su incredulidad inicial se tambaleaba. Había lógica en cada uno de sus pasos, y en las respuestas. Ante él se abrían puertas que hasta hacía muy poco ni siquiera había contemplado y ahora las entrevistas le afectaban de una forma inesperada. A cada nuevo testimonio incluido en el Carnet Rouge de Jordi, Erik tomaba más conciencia del barmanu. Lo que unos meses antes le parecía un pretexto para la aventura, un objeto de sueños y romanticismo, se estaba convirtiendo en realidad.

El clima empeoró. El invierno paleártico del Hindu Kush descargaba constantes tormentas de nieve. La temperatura alcanzó los veinte grados bajo cero. Jordi y Erik avanzaban lentamente entre cerros y abismos, abrigados con gorros de piel, chaquetones y forros polares comprados en Francia, tejidos que intentaban acercarse al treinta y tres por ciento de algodón y el sesenta y siete por ciento de poliestireno que Jordi consideraba la combinación idónea contra el frío. Algunos interrogatorios se producían de noche, al calor de las hogueras en el interior de las casas de los gudjars. Después, los exploradores solían cobijarse en su propia tienda de campaña.

El 27 de enero, la nieve hundió el techo de la tienda. Habría sido imposible salvar buena parte de los útiles y los víveres de no haber sido por la ayuda de tres campesinos que, en medio de la tempestad, los ayudaron a evacuar los materiales hasta la vecina Kutik. La solidaridad en la montaña era un principio respetado, necesario, reducto de una nobleza ancestral que aquella noche impresionó aún más a los viajeros.

De todos modos, los pastores, los auténticos señores de las montañas, se regían por códigos muy distintos a los de los chitralíes de los valles bajos. El 28, toparon con el guarda forestal de la zona, al que pidieron las llaves del refugio más próximo.

—¿Tenéis autorización del DCO?

—Sí —dijo Jordi.

—A ver, el papel.

—No lo llevamos, pero el DCO dijo que podíamos utilizar los refugios que encontráramos por la zona.

—Si no hay autorización, no hay refugio.

Seguía nevando. Si no conseguían las llaves, deberían descender varios kilómetros para dormir a cubierto. Jordi conocía al guarda. Nunca se habían mostrado amables uno con otro pero aquella situación planteaba un dilema más allá de la simpatía. Jordi tuvo ganas de partirle la cara a aquel imbécil que sólo pretendía incordiar. *Maldito cabrón*. Pero se contuvo. ¿No era él quien aconsejaba a Erik mantener la calma? «Sonríe todo el tiempo y hazte el idiota, es la mejor defensa», le había recomendado más de una vez. Apostaba por mantener la calma, sí. Pero sólo en situaciones que verdaderamente pudieran comportar peligro, peligro de muerte, y por caminar unos kilómetros de tormenta al raso no iban a morir, al menos él no iba a hacerlo, controlaba aquellas montañas, así que comenzó a gritar al guarda con furia.

Erik se frotó los guantes, los palmeó, desvió la mirada al suelo, al techo, a los maderos de la cabaña mientras su amigo vociferaba. Jordi había desarrollado su propio método para relacionarse en Chitral y trataba a alguna gente con una dureza que trastornaba a Erik. Esa discusión estaba acabando de perturbarle, deseaba detenerla, que terminara de una vez, *por favor, Jordi, déjalo ya,* pero no lograba intervenir, impresionado por aquella forma de intimidar, por cómo templaba Jordi los brazos, por cómo cerró los puños hasta congestionar los nudillos, las partículas de saliva disparadas, la oscuridad de su voz.

—Vamos a ir al refugio y vas a romper la cerradura, Erik —ordenó Jordi finalmente.

—¿Qué?

—¡Vamos!

Cuando salieron para dirigirse a la cabaña vecina, el guarda rabiaba farfullando insultos, aunque no les impidió avanzar. Erik se sentía profundamente violento.

—No te pongas así —le dijo a su compañero—. Ese hombre es un funcionario, tiene una responsabilidad, y ya sabes que para esta gente un papel es un papel.

Jordi progresaba muy despacio, pisando fuerte para asegurar cada paso. Pateó la nieve. Soltó un improperio. Apretó los labios.

—Eso sólo lo hace alguien que quiere joderte —respondió al detenerse frente a la puerta de la cabaña—. Aquí las cosas funcionan de otra manera. Ahora, rompe la cerradura.

—Pero Jordi...

—Que rompas la cerradura. Hoy vamos a dormir aquí. ¡Rompe la cerradura!

El 2 de febrero, después de que Erik superara una crisis estomacal en el refugio, Jordi descendió hasta las oficinas del DCO y volvió con su autorización firmada. Al mostrar la carta al guarda, el hombre balbuceó algo ininteligible, movió los ojos en varias direcciones de un modo incoherente. Saltaba a la vista que no sabía leer. El guarda convirtió la hostilidad original en una repentina y patética solicitud. Los invitó a té. A la sorpresa de Erik, Jordi respondió alzando los hombros. ¡Ah, los hermanos L'Homme! Desde luego que se lo creían todo, Yannik y Erik, Erik y Yannik, eran tal para cual.

Por la noche, después de estudiar khowar durante una hora, Erik añadió una entrada en su diario: «Es verdad que mis reacciones son siempre occidentales y no tienen razón de ser aquí; tiendo a considerar seriamente a la gente, a concederle crédito inmediato, mientras que Jordi parte de un a priori de falsedad, dispuesto a revisar enseguida lo que le han dicho. Es él quien tiene razón».

Erik comenzaba a asumir esa extraña capacidad de Jordi para relacionarse con los nativos que años después le iba a permitir salir indemne de rifirrafes con talibanes o abrir rutas humanitarias por territorios que nadie más se había atrevido a cruzar.

Durante las siguientes semanas, Erik observó más cuidadosamente a Jordi. Su amigo conseguía comida cuando era preciso, logró que les franquearan el paso por zonas presuntamente prohibidas e incluso finiquitó un par de peleas entre lugareños. Y, sin embargo, no percibía que nadie expresara verdadero afecto hacia él. A su alrededor había risas, cordialidad, pero todos mantenían una desconfiada distancia, faltaba algo decisivo en aquel trato.

Una tarde, mientras repasaba sus notas de khowar sentado en un peñasco, se sorprendió pensando que él mismo echaba de menos otro tipo de apoyo por parte de su amigo. En realidad, Jordi no le ayudaba, al menos él no sentía que lo hiciera. *No comprende a las personas,* pensó. *Y sin embargo, entien-*

de tan bien las situaciones... Erik supuso que por eso le daba toda su confianza para resolver los conflictos. Pero lejos del mundo conocido, de la familia y los amigos, no bastaba con disponer de un solucionador de problemas. Necesitaba un amigo, ¡un amigo!, y Jordi pasaba el tiempo velando sólo por él y sus intereses. Con esa actitud era lógico que Jordi desconfiara de cualquier ayuda que él mismo pudiera recibir. Según su óptica, todo el mundo tenía un interés, así que no atendía a nada que se apartara de sus objetivos principales. Por ejemplo, ¿por qué Jordi no se había esmerado en aprender kalasha y khowar? *¡Si yo mismo ya sé hablarlos mejor que él!* Erik apretó las hojas donde anotaba palabras en aquellas lenguas. *Porque me interesan las personas. No sólo busco al barmanu, también quiero dialogar con la gente por mí mismo. Y no depender de él.* Mientras se crispaba, se entristeció. Al mirar al valle, imaginó a Jordi ahí en medio, solo, rodeado de inmensos árboles. Esa tarde ya no pudo estudiar más.

La soltura de Erik con el kalasha y el khowar confortó a Jordi. La muy distinta sensibilidad de su amigo les permitía aproximarse a más personas, conocer otras historias. Enseñó a Erik nuevas técnicas de supervivencia y trucos para amortizar el medio al límite.

—Ten cuidado cuando te retires para hacer tus necesidades por la noche. Mientras estás de pie, los lobos te temen, eres un hombre. Cuando te acuclillas, pasas a estar a su altura y te ven como a otro animal. Como a una presa.

Hacían el pan ellos mismos. En la época más dura del invierno se hartaron de comer arroz con huevos y frutos secos. Vieron poner los testículos de un toro en un tronco y, con una piedra, castrarlo. Llegó la primavera. Erik aprendió a capturar, matar y despiezar lagartos, descubrió que su carne sabía más o menos a pescado y supo cómo limpiar las ortigas recogidas cerca de un arroyo. Accedió, en fin, a otro tipo de paisaje, de regalos y dificultades. «Siento una gran impotencia ligada a la desmesura de nuestro alrededor», escribió en su diario.

En los grandes espacios, la enrevesada geología bloqueaba incluso el avance de los asnos por las llanuras, y dolían los ojos al resplandor de las paredes áureas tiñéndolo todo de un mantón blanquecinamente fantasmagórico, a la vez que esplendoroso.

De todas formas, las noches ya no eran inexpugnables y al caer el sol los hombres rastreaban la inmensidad con los gemelos nocturnos Thomson TRT Défense, una de las pocas donaciones logradas por Jordi. Vistiendo pantalones de camuflaje y con el rifle en bandolera podía parecer un soldado. La munición consistía en dardos narcóticos para dormir al barmanu en el caso de que apareciera.

En 1990, Pakistán vivía un rarísimo paréntesis. La guerra de Rusia con Afganistán acababa de terminar y por primera vez en muchos años no había un conflicto bélico en la zona, al menos no oficial. Si alguien descubría a Jordi, incluso podía creer que era realmente un cazador. Había, en fin, paz.

Al acostarse en la tienda de campaña, Jordi aguzó el oído como cada noche. «Escucha —le había insistido siempre su madre cuando salían a caminar por el campo—. Los pájaros cantan muy bien y son unos estupendos maestros». Dolores Magraner era una incondicional de Maria Callas, en casa a menudo sonaban sus óperas, y Vivaldi. Dolores solía arrancarse con *El barbero de Sevilla* o con cualquier tema más o menos popular. «Escucha.»

Pero Jordi no tenía oído para la música, era impresionante lo mal que se le daba. A veces intentaba tararear algo y cuando decía el nombre del tema, su familia quedaba perpleja, pensaban que bromeaba.

Sin embargo, aquella noche Jordi escuchó. *Ahí está*. De nuevo. El grito de un ser no identificado pero que él reconocía. *Ahí está*. Salió al exterior calzándose las botas, sin más, linterna en mano. No vio nada.

—Ahí estás —dijo en voz alta.

Erik también lo oyó. Desde el principio del viaje, le invadía una fuerte impresión de armonía y plenitud a causa del carácter universal de la expedición. No sabía si ese misterio encarnado, peludo e inasible que Jordi presentaba como un neandertal reliquia existía en realidad, pero deseaba creer, le convenía creer en él, su búsqueda consumía todas sus energías, guiaba cada una de sus acciones. Además, comprendía que, de existir, la captura de aquel homínido sería uno de los acontecimientos científicos del siglo. Y la idea de aspirar a lo más alto resultaba un acicate perfecto.

Debía reconocer que el barmanu resultaba el motor ideal para entregarse a las montañas, para exponerse a las fuerzas de la naturaleza. El premio era ése, estar allí, no necesitaba más. El caso es que Erik también oyó aquel grito.

XII

El hombre es una cuerda tendida entre la bestia y el superhombre, una cuerda sobre el abismo.

FRIEDRICH NIETZSCHE

—¿Tienes un momento, Cat?

La paleoantropóloga francesa Catherine Valicourt-Malassé estaba en el laboratorio del Museo de Historia Natural de París dándole vueltas a cómo podía ser que ninguno de sus colegas se planteara en serio la tesis que venía proponiendo desde diciembre de 1987 (precisamente el mes y el año en que Jordi Magraner había partido por primera vez a Pakistán, aunque esto, claro, la investigadora no lo sabía). Desde que la Société d'Anthropologie ninguneó su teoría, fue como si la idea se hubiera volatilizado.

—¿Cat?

El problema de Valicourt empezó cuando insistió en señalar que Darwin no bastaba para explicar cómo se había desarrollado la conciencia en el ser humano, preguntándose por qué no se concentraban esfuerzos en discernir el origen de esta sofisticada capacidad.

La científica recordó que las últimas poblaciones de *Homo erectus* habían vivido en el este de Europa hasta el año 30.000 antes de Cristo, y que la extinción de estas poblaciones no había sido uniforme, existiendo la posibilidad de que algunos individuos se dispersaran. En el caso de que un solo grupo hubiera sobrevivido, los hombres reliquia podían ser una realidad.

—¡Caaaaat!

Y quizás en la evolución de aquellos supervivientes anidara la respuesta del porqué de la conciencia.

—¡Cat, por favor!

—Hum..., hola, Édouard —dijo al fin Cat; tenía a su viejo amigo y colaborador Édouard Gasquet casi encima.

—Desde luego, cuando te metes en algo... Sólo un minuto. Es que creo que te puede interesar. En el laboratorio de reptiles y anfibios ha empezado a colaborar un joven que viene de explorar algunas zonas de Asia Central. Dice que tiene testimonios sobre la existencia de hombres salvajes y quiere ver cráneos fósiles. Parece que ha leído el libro de Heuvelmans.

—¿Ha leído a Heuvelmans? ¿En serio?

Valicourt acordó recibir a Jordi en las oficinas del Instituto de Paleontología Humana en París.

Jordi ya conocía el instituto, pero aquel instante poseía una gravedad distinta para él y por eso se detuvo a contemplar las figuras cinceladas sobre la piedra del frontis. Mujeres primitivas hacen cosquillas con una rama al gran simio que los hombres han capturado. Una familia de las cavernas asa un pez. Un cazador raja el vientre del enorme alce recién muerto. La Historia le esperaba.

Entró en el tenebroso edificio, atravesó una cadena de pasillos en penumbra, y tras subir varias series de crujientes escaleras, llegó al despacho de Valicourt.

La científica no reparó en lo elegante que Jordi se había vestido para la ocasión ni en el color de sus ojos, ni en los rizos, ni siquiera en su baja estatura. Para ella, lo principal era comprobar que no se trataba de un mitómano, al fin y al cabo aquel chico no tenía formación universitaria y quería estar segura de que se enfrentaba a alguien honesto y no a otro de esos manipuladores engañabobos.

Cuando Jordi empezó a hablar, sólo estaba atenta a recibir datos sobre la exploración, el protocolo, sus pesquisas y resultados, porque era la primera vez que se encontraba con alguien que hubiera ido en busca de testimonios y de eventuales poblaciones... habiendo leído a Heuvelmans.

Valicourt le interrumpía de vez en cuando con preguntas directas formuladas de un modo casi agresivo. No le iban a tomar el pelo. Era una mujer aún más práctica de lo que caracterizaba a su profesión, por algo había sido secretaria general de la Fundación Teilhard de Chardin, el paleontólogo y filósofo que decidió entregarse «en cuerpo y alma al deber sagrado de la búsqueda». Odiaba perder el tiempo.

Jordi habló rápido. Respondía a las cuestiones de manera instantánea y eficaz, no había lagunas en su discurso..., aunque quizá debería ralentizar su narración, vocalizar más lento..., bah, daba igual. Estaba nervioso y había mucho que contar, *esta gente siempre tiene la agenda a tope,* así que volcó detallados informes, describió experiencias, planicies, valles, bosques, esbozó sus teorías y las posibilidades de futuras prospecciones sobre el terreno.

—Y todo esto lo he resumido en un dosier.

Las conclusiones del informe convencieron a Valicourt.

A partir de entonces, se sucedieron las citas a la hora de comer. Un mediodía, tras salir del *self-service* de la cantina del Museo de Historia Natural, convinieron dar una de sus ya casi tradicionales caminatas por el Jardin des Plantes charlando sobre los hipotéticos homínidos del Hindu Kush. Jordi enlazó las manos a su espalda marcando muy bien los pasos. De haber vestido levita, habría parecido un caballero de algún siglo anterior. Era consciente del paralelismo, de hecho sobreactuaba discretamente complacido de verse así, porque aquél era el paseo adecuado, el lugar históricamente idóneo, para conversar sobre un tema de semejante trascendencia.

El museo está a la entrada del jardín y a no más de cinco minutos del Instituto de Paleontología Humana, basta cruzar la calle y caminar en línea recta, así que, entre sophoras japonesas y cedros, rodeados de plantas exóticas, escuchando los gritos de los habitantes del pequeño zoo incorporado al jardín

—ahí se encuentran también los pinzones que dieron a Darwin la clave de su teoría—, un Jordi con el estómago lleno y la temperatura ideal para deambular sin acaloramientos, se dejó llevar por la euforia:

—Cuando grabe los sonidos escuchados en los valles, los expertos van a tener que aceptarlos como prueba irrefutable de la existencia de un ser, como mínimo, distinto.

Echó un vistazo a Valicourt. Caminaba callada mirando al sendero de tierra.

—Y las entrevistas con gudjars —añadió Jordi— van a suponer un antes y un después en los estudios sobre hombres reliquia.

—Van a necesitar algo más, querido. Eso no dejan de ser pruebas superficiales.

—¿Superficiales? ¿Tú sabes lo que cuesta llegar hasta esa gente? No, no. Nada de superficiales. Y luego, cuando hablemos del hueso se van a quedar de piedra, ya verás.

La sonrisa de Valicourt no expresaba alegría, ni siquiera complicidad. Volvió a preguntarse si una alianza con el español era buena idea. Si no sería mejor renunciar ahora que estaba a tiempo. Cada charla le demostraba que Jordi tenía ideas en exceso discordantes con los conocimientos científicos e históricos tradicionales, aunque creyera firmemente en ellas. ¿Cómo iba a demostrar todo eso? No podía seguir ayudándole, terminaría creándole problemas. Pero la puerta que le abría... Los pinzones de Darwin revoloteaban a pocos metros de la pareja. Valicourt había orientado su vida a saber qué se escondía tras aquella puerta. La búsqueda de esas poblaciones era demasiado importante.

—Sí, el hueso les va a dar que pensar —dijo Valicourt.

El hueso.

Jordi no se lo sacaba de la cabeza. Le hacía gracia esta expresión que sonaba a redundante juego de palabras sobre el hueso de la cabeza del que no se podía librar. El hueso que había permitido ampliar la cavidad craneal humana.

Cuántas horas habría dedicado a hacer cálculos, pruebas, a especular con él. Y ahí seguía, estudiando cómo habría afectado el dichoso hueso a proyectar el sonido en las gargantas ancestrales. Cómo habría derivado en la voz.

Al volante de la furgoneta, Jordi esperaba que el semáforo le diera paso.

Si Valicourt titubeaba, ya se encargaría él de animarla. Notaba que dudaba sobre sus teorías, pero cualquiera sabe que las ideas originales no suelen aceptarse a la primera. La clave era defender estas ideas, que no habían aparecido por ensalmo sino tras años de investigación. *Ya puedo contar esta historia por años.*

El semáforo cambió a verde.

Encontró aparcamiento justo enfrente de la tienda de animales, qué bien, eso no solía ocurrir. Bajó de la furgoneta, abrió la compuerta lateral y agarró a pulso el último acuario de la jornada. Mientras la tendera sellaba la factura con membrete de La Ferme Exotique, calculó que tardaría más o menos hora y media en volver a Valence.

Anocheció mientras conducía. Los campos de l'Ardèche se diluían perfectamente ordenados por los márgenes de la autovía sin baches. Había tenido suerte encontrando trabajo tan rápido al volver de la segunda expedición, pero en cuanto juntara un mínimo de dinero... Miró el folio que había tirado a mediodía sobre el asiento del copiloto. Después de comer un bocadillo en un parador de carretera, había dibujado dos cráneos humanos: uno, antes de la dilatación del hueso; el otro, después. Estaba tan claro. ¡Eso era una respuesta! ¡Eran dos cabezas distintas! ¡Cajas de resonancia diferentes! ¿Cómo podía publicitar su teoría? ¿Y los mecenas? Todo el mundo habla siempre de esa gente, pero ¿cómo se llega hasta ellos?

Al entrar en casa, dio un beso a su madre, hizo una cafetera, se encerró en la habitación y empezó a escribir cartas explicando el trabajo que llevaba a cabo y el interés que sus pesquisas tenían para la ciencia. Luego reunió un montón de revistas científicas, buscó la dirección de las editoriales en la mancheta del *staff* y metió cada carta en su sobre.

Louis Faton, director de *SFBD Archéologie,* se interesó al saber que preparaba un dosier sobre homínidos reliquia. Si una publicación de ese prestigio le secundaba, lo demás fluiría solo. Por eso, cuando recibió misiva de Faton, Jordi se aceleró, manoseó el sobre con torpeza y, al rasgarlo, rompió una parte de la carta. De pie, leyó que *SFBD* se veía obligada a rechazar su dosier. Faton alegaba que Jordi se había negado a escribir un artículo previo que habría ayudado al equipo de prehistoriadores de la revista a juzgar la oportunidad de publicar el informe. «Yo jamás he respondido negativamente a su sugerencia de artículo», replicó Jordi por escrito. Faton no cedió.

—Maldito hipócrita bastardo —dijo Jordi en su casa. Lo dijo varias veces, varios días. Siempre en casa. Luego, se tragó la indignación y esperó la respuesta de otras publicaciones.

> No pensamos publicar su compendio de testimonios. Hace cincuenta años, se habría obtenido la misma descripción de hadas y duendes en las landas bretonas. (Philippe Boulanger, revista *Pour la Science.*)

> Lamento informarle de que nuestro magazín no publicará... (Marie-Jeanne Husset, revista *Sciences et Avenir.*)

Las negativas se encadenaban de una forma inexplicable, aún más cuando veía publicados nuevos artículos de Marie-Jeanne Koffmann, la decana buscadora de almastys (hombres salvajes del Cáucaso), que contaba con el apoyo de varios científicos de renombre pese a que las aportaciones de Koffmann se le antojaban incomparablemente inferiores a las suyas.

—Ha llamado una chica preguntando por ti —le dijo su madre una tarde al volver del trabajo.

Jordi puso la cafetera a calentar mientras echaba un vistazo a la furgoneta por la ventana de la cocina.

—Dice que llames a este teléfono.

Dolores le pasó el papel donde había anotado un teléfono con prefijo extranjero y el nombre de una mujer.

—Dice que es para un programa de la tele.

¿De la tele? Miró el reloj de la cocina. ¿Qué horario tienen en las teles? ¿La chica estaría aún en redacción? Bueno, tampoco quería parecer ansioso, *como respondas rápido luego hacen contigo lo que les da la gana. Qué se han creído, ¿que todo el mundo tiene que ir corriendo en cuanto los llaman? No, no, que aprendan a respetar a la gente.* Había que reconocer la perspicacia de esos periodistas al detectar la calidad de su trabajo, pero no más. Esperaría unas horas.

Por la mañana, pidió permiso al empleado del establecimiento donde acababa de entregar el primer acuario de la jornada para hacer una llamada desde su teléfono.

—Claro, todo tuyo.

Menos mal que el tipo no había preguntado si la llamada era nacional o conferencia, no habría sabido muy bien qué decir. Jordi marcó los dígitos mientras el tendero colocaba el acuario en el sitio que le había reservado. Contestó una operadora.

—Disculpe, ¿adónde estoy llamando?

—Esto es la Radio Televisión Belga.

¿Belga? Dio las gracias, su nombre y el de la mujer a la que buscaba. Saltó el hilo telefónico.

—Hola. ¿El señor Magraner?

—Sí.

—Encantada de hablar con usted, gracias por responder a nuestra llamada. Soy la productora del espacio *Écran Témoin* y le he contactado porque nos gustaría mucho que asistiera a uno de nuestros programas a explicar su historia en las montañas...

Mientras Jordi escuchaba, el empleado de la tienda admiraba su nuevo acuario, que había situado encima de otros dos prácticamente idénticos al lado de las jaulas de los hurones. También había cachorros de perro durmiendo o retozando, loros bebiendo y brincando en sus balancines, serpientes muy quietas y un olor semiagrio mezcla de piensos, excrementos y productos para la higiene animal. Era estupendo. Le querían llevar a la tele. ¡Un acto de justicia! Pero ¿por qué tenían que ser belgas?

Semanas más tarde, Jordi acudió ilusionado al plató sin dejar de preguntarse por qué los únicos que se interesaban por él pertenecían a un país distinto del que habitaba. ¿Por qué?

Había oído hablar sobre las batallas por el poder en los círculos científicos, incluso tuvo alguna experiencia somera al respecto, pero empezaba a captar que aún desconocía la dimensión real de esas contiendas y, sobre todo, no entendía cómo ni por qué podían afectarle a él.

Cuando anunció a Valicourt que asistiría al programa, aprovechó para retomar ese tema que tanto excitaba a su colega.

—Me lo has repetido un montón de veces, pero ahora empiezo a darme cuenta de hasta qué punto son capaces de arrinconarte si no pasas por el aro —Jordi hablaba de pie en el despacho de la científica, entre libros y fósiles—. Es increíble. Cómo pueden ser tan cortos de miras.

—Pues eso no es nada —respondió Valicourt.

Y le impartió un curso intensivo sobre formas de ser ninguneado. Como ejemplo se puso a sí misma, los años que llevaba insistiendo en la necesidad de continuar avanzando en unos estudios sobre hominización que, a su modo de ver, parecían oficialmente liquidados.

Valicourt hizo un alto en el discurso. Se hundió los dedos en el pelo improvisando una suerte de masaje. Con la cabeza aún gacha, añadió:

—Hoy se aprende la teoría de la hominización como se aprende la tabla de multiplicar.

Y habló sobre cómo las escuelas de pensamiento en boga repetían mecánicamente una serie de conceptos como una machacona monserga con el objetivo de imponer sus teorías, su ideología, más allá de la objetividad.

—Este convencimiento me ha quemado durante años —dijo Valicourt. Al levantar la cabeza estaba absolutamente despeinada. Alzó ligeramente la voz, multiplicó la tensión de sus gestos—. Necesitaba compartir mis teorías, difundirlas. Yo no era ninguna chalada, ¡ahora veréis! Así que me senté a escribir.

Sacudió la desordenada pelambrera hacia uno de los libros que tenía en un rincón de la mesa: lo firmaba ella misma, era el libro donde había denunciado que tanto investigadores privados como universitarios acataban tan cerrilmente el darwinismo que eran incapaces de revisar una teoría de la evolución que no explicaba algo fundamental para el ser humano como la creación de la conciencia.

—Sólo estás pidiendo que te dejen investigar otra línea —dijo Jordi—. ¿Por qué ponen tantos problemas?

—En realidad, los problemas son básicamente dos. Uno: cuestionar a Darwin. Dos: Cat Valicourt.

Jordi quedó prendado por la imagen de su colega atrincherada tras la mesa, enhiesta y seria, reconociendo orgullosa el problema que ella misma suponía. Desde luego que su amiga rompía los esquemas del gremio científico, ya famoso por sus rarezas.

Sorprendentemente, Valicourt había sido aceptada en 1990 como integrante del CNRS francés, a cuya dirección comunicó el deseo de proseguir con las investigaciones sobre el proceso de contracción craneofacial. Sus estudios sobre fetos y embriones de primates le habían reportado un premio de la Fundación Fyssen. Los expertos del CNRS aceptaron que la investigación continuara, pero en manos de un especialista en cuestiones de evolución.

Me quieren quitar de en medio. Valicourt lo vislumbró: *Los neodarwinistas que gobiernan las instituciones científicas francesas no van a permitir que una seguidora de la escuela de Piveteau, es decir, la del jesuita Teilhard de Chardin, es decir, una católica, lleve las riendas de esa investigación, como mínimo, arriesgada. ¡Una católica! El CNRS se juega el prestigio. La imagen.*

Valicourt había visto cómo se movían los hilos. La afiliación de los miembros de las comisiones (del CNRS) a los sindicatos marxistas era un hecho histórico comprobado y bien conocido. Entre científicos y marxistas, Dios era un lógico tabú en los laboratorios del CNRS. Si a Dios le sumabas el yeti, las bromas se disparaban. Y, a la cabeza de los incrédulos, nada menos que Yves Coppens, el catedrático de Paleontología y Prehistoria que participó en el descubrimiento del fósil más famoso de la historia, el *Australopithecus afarensis,* también conocido por Lucy.

Coppens capitalizaba la iniciativa francesa en los estudios sobre la evolución del hombre. Desde 1982, Coppens había comenzado a hacerse con el control de la paleontología humana en Francia, ocupando puestos relevantes en los principales colegios y academias científicos y asegurándose la codirección del laboratorio del Musée de l'Homme.

Valicourt no iba a permitir que Coppens se entrometiera en su proyecto y acabara apuntándose, una vez más, la gloria. Tampoco iba a renunciar a ser la secretaria de la Fundación Teilhard de Chardin. Creía en Dios. Sí. Y era científica. Al fin y al cabo, las originales ideas de Teilhard de Chardin también habían sufrido los ataques religiosos y el menosprecio de sus colegas científicos. Valicourt seguía la senda de su ídolo. En adelante la iban a acusar de antidarwinista, de creacionista e iba a soportar difamaciones de unos medios de comunicación excelentemente dispuestos a burlarse de aquella profesional de perfil inverosímil. Podría decirse que sufrió una lapidación a la inversa: si a Darwin lo caricaturizaron junto a simios al exponer su teoría, la ilustración de Valicourt la representaría empuñando un crucifijo.

—Preparo una nueva expedición a Chitral. ¿Vendrías? —le preguntó Jordi algunas tardes después.

Para Valicourt, ir significaba desatender la sugerencia de sus superiores. No esperaba ayuda del CNRS, pero enfrentarse a Coppens era un asunto serio.

Aceptó.

Desde que Valicourt declinó agregar a investigadores afines a Coppens al comité de apoyo al proyecto y siguió hablando en público de la existencia de poblaciones prehistóricas en las regiones montañosas de Asia Central, comenzó a recibir avisos de la dirección del CNRS. Coppens hizo diversas declaraciones que desacreditaban a Jordi. Luego, fue como si la pareja disidente se evaporara. Pasaron a no existir. Nadie se hizo eco de las ideas de Valicourt, ni por supuesto de las de Jordi, el ya público colaborador de la fantasiosa beata.

—Como si los neodarwinistas colgaran automáticamente a sus críticos la etiqueta religiosa —le dijo a Jordi—. Cuando la fe es exactamente lo contrario de querer probar un plan. Dios no tiene nada que ver con todo lo que es accesible a mi razón. Accesible a mi razón. Porque es la razón la que me interpela.

Algunas amenazas fueron sonadas: «Vamos a destrozar al pequeño inmigrado».

—Eso dijeron: «el pequeño inmigrado» —le contó un amigo del museo.

La frase noqueó por unos segundos a Jordi. Ni siquiera sus escudos, que creía tan resistentes e irrompibles, soportaron la embestida. El pequeño inmigrado. Ésta es una de las jodidas etiquetas que te acompañan el resto de tus días.

—¿Quiénes lo dijeron? —llegó a preguntar.

—No sé, había varios, en el grupo había muchos que venían de fuera, académicos de paso. Quizá fue alguno de ellos.

Las revistas del sector rebotaron todas sus propuestas de artículos relativos a los hombres salvajes. Jordi asistía atónito a la reacción en bloque de una comunidad que supuestamente también era la suya pero que había decidido sellarle sus puertas. Vivía entre la congoja y la furia, impotente e incapaz de entender cómo los intereses personales podían imponerse a una investigación genuina. Era asombroso cómo podían obviarlos. Hacerlos desaparecer.

Jordi y Valicourt intentaron animarse mutuamente, hallaban excusas para justificar este rechazo, aquel desprecio. No se iban a desplomar, «somos duros, creemos en esto». Ahí estaban, buscando fuerza, oxígeno, estímulos, cuando Jordi recibió una carta. La remitían unos ingleses expertos en laringe. Qué raro, él no tenía tratos con esa rama de la ciencia. Abrió el sobre. Los ingleses decían que los planteamientos de Jordi sobre el desarrollo de aquel hueso craneal les habían sorprendido de verdad, y la Language Origins Society le invitaba a dar una conferencia en Cambridge.

XIII

—¿Mamá? —dijo Jordi—. Hola. Te llamo porque un amigo del Museo de Historia Natural se va a marchar de vacaciones y me deja la casa este verano a cambio de que le cuide los gatos. Si quieres venir unos días a París...

Al cabo de unas semanas, Dolores abría la maleta en la capital junto a las de su hija Esperanza y sus nietas Marie e Isabelle. Esperanza y las niñas visitaban París por primera vez, así que exprimieron las jornadas caminando lo más posible, entusiasmadas y agradecidas por la posibilidad que les brindaba Jordi.

A él le hubiera gustado dedicarles más tiempo, después de todo las Magraner sólo preveían quedarse una semana, pero el trabajo lo absorbía de tal modo que por tercera noche consecutiva se encontró saliendo al trote del laboratorio de reptiles y anfibios del museo.

—Lo siento, no hay forma de llegar pronto —dijo al entrar en el apartamento. Olía a ajos fritos, a ver qué se había inventado su madre. Dolores también había preparado gazpacho. Qué bien. Jordi estaba sudando.

—Ya sabes que aquí nadie empieza sin ti —dijo Esperanza—. ¿Cómo ha ido ese máster de zoólogo?

Jordi estampó un sonoro beso a su hermana.

—Que no, que por la tarde tengo las prácticas en el museo. El máster es antes. Pero ¿de verdad quieres hablar de cosas aburridas? Venga, vamos a cenar de una vez, que tengo un hambre... Menudo anfitrión estoy hecho. En Pakistán por menos me colgarían.

Durante la cena charlaron de lo bonito y suave que es el *patti,* el algodón con el que se confecciona la ropa en Chitral.

Esperanza preguntó si seguía fumando en la pipa color roble que había traído de los valles.

—Pues claro, no fumo más que así —mintió Jordi de nuevo, y para suscribirlo fue en busca de la pipa, encendió la cazoleta y chupó. Tras el humo contempló la mirada de sus mujeres, sus auténticas mujeres, así las consideraba él. La fascinación de aquellas tres generaciones femeninas de Magraner, percibirlas satisfechas, volvió a conmoverle. Siempre le alegraba. Quizá la ilusión de las mujeres fuera una de las razones importantes por las que había llegado hasta allí. Tampoco se había detenido a reflexionar mucho sobre eso, pero lo que sin duda deseaba era responder a las expectativas de la familia. Pasaba demasiado tiempo lejos como para no ofrecerles lo mejor cuando estaban juntos. Quería brindarles el sueño tal cual lo soñaban, de modo que si esperaban que un hombre de las montañas fumara en pipa, así sería.

—¿Cómo va lo de Cambridge? —preguntó Esperanza.

—Estoy trabajando de lo lindo con Cat. Voy a leer la conferencia.

—Nooo. Con el rollo que tienes y lo espontáneo que tú eres...

—Es que estas cosas formales y encima en inglés..., aunque me lo sé todo de memoria —dijo. Entonces, se puso de pie en mitad del comedor e impostó la voz de una forma algo grotesca, improvisando una parodia de su intervención que divirtió al entregado público.

—Vale, vale —dijo Esperanza entre risas—, pero recuerda: allí no vayas de camuflaje. En las universidades se ponen guapos.

En septiembre, considerablemente más abrigado y adusto que durante aquella histriónica velada estival, vestido con traje y corbata y en compañía de Cat Valicourt, Jordi desplegó sus papeles frente a un auditorio de laringólogos y, en inglés, habló de un diseño mandibular distinto en la cara de los neandertales. Habló de un hueso, el esfenoides, cuyo crecimiento habría permitido aumentar la cavidad oral, alterando el funcionamiento del aparato fónico en los hombres primitivos. La capacidad de articular sonidos complejos habría favorecido un rápido desarrollo del cerebro, dando lugar a un pensamiento superior, del que derivaría la conciencia.

Los sonidos emitidos por ese aparato serían similares a los registrados entre los niños lobo del siglo XVIII: voces agudas compuestas de sonidos guturales y gritos. Como los que Jordi aseguraba haber oído algunas noches en Pakistán.

The Daily Telegraph comentó su conferencia, y en los meses siguientes recibió numerosas muestras de apoyo para la próxima expedición. Varias provenían de reconocidos investigadores, entre ellos el formidable naturalista Théodore Monod. Por fin, pensó Jordi. Había llegado la hora de dar el salto.

Faxes y cartas de aval que acreditaban la valía de Jordi circulaban por los pasillos de empresas y universidades, pero pronto se dio cuenta de que nada de todo aquello iba a alterar significativamente su situación: *Sigo con agobios económicos y encajando negativas de revistas*. De todas formas, el sostén de ese selecto grupo debía servir de algo, unos traerían a otros y así aparecerían apoyos clave como había aparecido ese Winckler que trabajaba para la Interpol reconstruyendo rostros de cadáveres y que tan útil podía resultarle a un buscador de hombres reliquia. Sí, claro que aparecerían, aún más cuando se supiera la envergadura de la ambiciosa tercera expedición que proyectaba. La bola ya estaba al borde de la pendiente y sólo era cuestión de empujarla un poco para que echara a rodar y empezara a crecer. Diseñó un plan espectacular.

El proyecto inicial contaba con trece miembros, entre ellos Kassil Ivanov y Raïtcho Gautchev, dos de los mejores rastreadores de grandes mamíferos de Europa. Dist-Inject, la empresa para la que aún trabaja Andrés Magraner, garantizó la aportación de material hipodérmico con el que anestesiar barmanus. La lista del equipo previsto se completaba con varias cámaras fotográficas, material profesional para tomas de sonido, una cámara térmica que registrara el movimiento nocturno, sistemas de vigilancia, perros de rastreo de raza laika siberiana, cinco motos, nueve perros de carga alaskan malamut y un 4x4. La idea era permanecer tres años. El presupuesto, cinco millones y medio de francos.

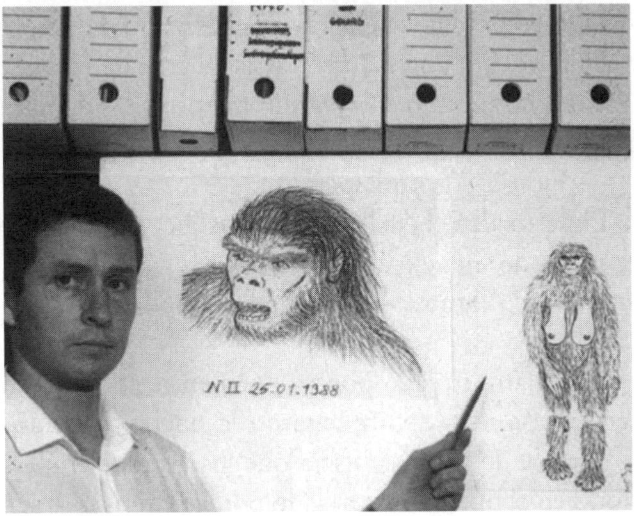

Compró cinco malamuts. Como la manada no cabía en la casa parisina, pidió permiso para dejarlos en el jardín del Museo de Historia Natural hasta que partiera la expedición. No se lo concedieron, y llamó a Esperanza. Seguro que a su hermana le iba bien un poco de entretenimiento después del divorcio. Y, bueno, la casa que acababa de alquilar en aquel pueblo al norte de Lyon disponía de una terraza y un jardín bastante ideales. Por eso le pidió que le guardara los perros.

—No te pases dándoles de comer. Ponles poco, quiero que se vayan acostumbrando a lo que van a encontrarse en Chitral.

Esperanza intentó seguir las instrucciones. Tuvo problemas con Wolf, que se pasaba el día ladrando y lanzando dentelladas, pero descubrió a Fjord. Ese perro era distinto a los que había conocido hasta entonces. Era quizás el más robusto y potente del grupo, si bien no hacía gala de su primacía a no ser que lo obligaran. El propio Wolf había decidido dejar de incordiarlo tras vislumbrar sus fauces a centímetros.

Además, Esperanza sentía que el perro la escuchaba al hablar, que incluso intentaba complacerla. Era fácil detectar su particularidad. Fjord comía a un ritmo distinto del resto, a veces la acompañaba por el jardín en silencio.

—Eres como una persona, muchacho, sólo te falta hablar.

Una noche, antes de cerrar la puerta de la casa, vio a Fjord estirado tranquilo en el jardín mientras los demás perros se ladraban entre ellos.

—¡Fjord! —gritó Esperanza.

El perro alzó el cuello y las orejas. Los demás guardaron tres segundos de silencio antes de seguir la disputa.

—¡Ven! ¡Vamos! —ordenó abriendo la puerta un poco más.

El malamut cruzó poco a poco entre sus congéneres y entró en la casa. Los demás pasaron la noche aullando fuera. Así fue el resto de los días, hasta que los vecinos empezaron a dejar notas en el buzón protestando por las serenatas nocturnas. Entonces, acudió al veterinario.

—Mezcle estas pastillas con la comida y que duerman.

Esperanza administró la receta. El problema terminó.

Cuando el domingo, como de costumbre, apareció Jordi, Esperanza dudó si decirle lo de los perros. Después de saludar a los animales, su hermano entró en la cocina dispuesto a preparar una comida para chuparse los dedos.

—A ver, ¡cacerolas! —gritó divertido abriendo la alacena de las ollas.

Esperanza le observaba preocupada porque a lo mejor le molestaba que hubiera tomado unas medidas tan drásticas, se lo digo, no se lo digo..., pero no iba a contenerse.

—Tienes que saberlo: drogo a tus perros.

Jordi siguió buscando ollas bastante impasible. A fin de cuentas, su hermana le cuidaba a la jauría. Y reconocía que algunas de aquellas bestias no eran fáciles de dominar.

—¿No había otra forma? —preguntó en cuclillas mientras elegía cazuela.

—No.

Protestó un poco, más por liberar el enfado inicial que por deseos de discutir, y enseguida acordaron trasladar a los animales a una perrera de la Drôme. Poco después Jordi se instaló en casa de su hermana, le vendría bien para no perder contacto con los perros y para buscar patrocinadores en Lyon, debía continuar reuniendo dinero. Como Esperanza y sus hijas hacían vida en el primer piso, Jordi disfrutaba de una amplia área independiente en la planta baja, y del garaje. Salía a menudo al bosque o escapaba con asiduidad a Lyon y París. Los domingos seguía cocinando sus platos pakistaníes, sentaba a toda la familia en el suelo y les hacía comer con los dedos.

—Para que tenga el sabor de allí hay que comerlo como allí —dijo Jordi un domingo más, era una especie de frase ritual. Moldeó un minicuenco de pan que hundió a medias en el guiso para, empujando con el pulgar, recoger un buen pedazo de carne que se zampó de un bocado.

—¿Realmente necesitas tantos perros para la expedición? —preguntó Esperanza ayudándose con las dos manos para que su bolita de pan rellena no se descompusiera.

—Son muy útiles para las montañas, y si quiero estar una buena temporada viajando por los valles...

—No sé. Vigila a Wolf, que está más loco...

Jordi había respondido deprisa, el primer impulso era reafirmarse en sus decisiones, pero llevaba días planteándose la posibilidad de recortar el volumen de la expedición. El argumento del perro tarado podía serle útil para camuflar los verdaderos motivos. A las pocas semanas reconoció el desequilibrio del malamut.

—Si Wolf está tan loco, fuera. ¿Qué hacemos con él?

—Lo podemos dejar en una perrera. ¿Y los gemelos te los llevas? Son más torpes..., no te van a servir de nada.

Su hermana volvía a tener razón. Ellos también se iban a quedar en Francia.

—La compañía de Gorki y Fjord bastará —le dijo a Esperanza pocos días después—. Más valen dos buenos perros que una manada inútil.

Lo cierto es que el dinero no daba para transportar más animales. Pero tampoco iba a ir pregonando sus carencias, ¿no? Y, de todas formas, dos perros eran más que suficientes para lo que pretendía. Bien mirado, un equipo demasiado amplio ralentizaría la expedición, advertiría a los pastores y al propio barmanu de presencias amenazantes y sería mucho más complicado establecer contactos.

Conforme pasaba el tiempo, Jordi reducía el volumen de material previsto para el viaje. Cada descarte le reventaba, pero se concentró en apaciguar el mal humor aduciendo excusas de todo tipo, lo importante era salir adelante, hacer el viaje, aunque la Fundación Aga Khan ya hubiera rechazado financiar parte de la expedición y nadie respondiera a sus peticiones de patrocinio. No era la primera vez, ¿no?, ya se había enfrentado al vacío.

Escribiría a Erik. Según sus últimas cartas, le iba bastante bien como profesor de Historia en Manila. Claro que sí, ésa era la clase de amigos que necesitaba, valientes capaces de aventurarse en tierra ignota. Le sentaba bien mantener correspondencia con él, aún más en un momento así, alguien que escuchara y compartiera.

Empezó la carta en un tono confesional. Normalmente evitaba dar muestras de debilidad, pero al sentarse necesitó descargar, asumir flaquezas. La distancia que le separaba de Erik le relajó. ¿Por qué no sincerarse? Si no del todo, un poco. ¿Por qué no? Le costó menos de lo esperado admitir ante su amigo que, pese al aplauso de unos cuantos, los obstáculos para impulsar la tercera incursión a Chitral continuaban siendo excesivos. Había que ser muy fuerte y estar muy seguro de tus ideas para no desistir. ¿Es que no se daban cuenta de la envergadura de la propuesta? Los capitostes no hacían más que invertir dinero en chorradas, mientras que lo que importaba de verdad, lo que podía aportar claves sobre nuestra existencia, darle un sentido al hombre...

A los pocos días, Jordi recibió carta de Filipinas. El sobre abultaba más de lo normal. Al abrirlo apareció un pequeño legajo de folios. Erik le enviaba fotocopiado el relato de Prosper Mérimée en el que una doncella asegura haber sido violada por un oso o algo así. En su carta, Erik señalaba que Mérimée, que siempre creó a partir de historias locales narradas con gran precisión, sugería la posibilidad de que el violador fuera un yeti. Mérimée no había estado nunca en la Lituania donde transcurría el relato, y como no quería ser tachado de crédulo ni estúpido pidió a su amigo y también escritor Iván Turguéniev que corroborara la historia. Turguéniev, un ruso experto conocedor del paisaje y la mitología regionales, le concedió absoluta credibilidad. Jordi interpretó perfectamente el mensaje real de su amigo: «¿Ves? No estamos locos».

Esa primavera, la productora Les Films de la Liane contactó con la Association Troglodytes. Querían hacer un documental sobre Jordi en Chitral para la cadena de televisión Arte. Los productores presupuestaron el proyecto en un millón cuatrocientos mil francos y plantearon a Jordi que Troglodytes ayudara a costearlo. La asociación no disponía de una suma semidigna que aportar, pero la plataforma resultaba inmejorable: Arte, el gran canal de cultura europeo. Qué mejor pantalla para prestigiarse en sociedad.

Jordi agarró la calculadora y comenzó a sumar aportaciones de socios. La cifra de la pantallita le hizo chasquear la lengua, con eso no iba a ninguna parte. Pero ante una oportunidad como aquélla no podía desistir. En realidad, ¿cuándo había desistido de algo? Tecleó números de teléfono que llevaban años en desuso, visitó a amigos lejanos, planteó a algunos suscriptores que adelantaran sus aportaciones unos meses... y logró reunir ciento veintiséis mil quinientos francos a base de ahorros, cuotas y ayudas como la de su hermano Andrés, si bien esta inversión implicó reducir ya al mínimo indispensable el equipaje y el número de integrantes de la tercera expedición. Eliminó a la mayoría de la lista, incluidos los emblemáticos rastreadores, y se planteó prescindir de los hermanos L'Homme.

La inversión le dejó pelado. Que sirva para algo, por favor.

—Claro que servirá, Jordi. Arte lo ven millones de personas —dijo Cat.

—Ya, ya. Lo que pasa es que ha sido un esfuerzo económico muy grande y llevo una racha..., necesito recuperarme. ¿Te importaría alojarme unos días en tu casa? Poco tiempo, no te preocupes, pero creo que estar juntos incluso nos irá bien para preparar la misión.

—¿En mi casa?

—Sólo unos días.

—No sé..., debo consultarlo, ya sabes.

—Claro, claro. Dile que no hago ruido.

El marido de Cat estuvo de acuerdo. Como Jordi había vaticinado, aprovecharon la convivencia para preparar la misión estipulando que Valicourt se incorporaría después de varios meses, a principios de verano.

En el cuarto prestado por Valicourt, Jordi se siguió preguntando si aquello merecía la pena. La perspectiva de ser publicitado a gran escala no acababa de compensar las muchas renuncias a las que se veía obligado. Aspiraba a ser reconocido, sí, sabía que una cierta popularidad era necesaria para que su investigación evolucionara, pero lo cierto es que invertir en el documental le volvía a dejar desplumado y seis años después de su primera incursión iba a volver a las montañas en condiciones demasiado precarias. *¿Es que no voy a prosperar nunca?* Ojalá el documental ayudara realmente a algo.

El 7 de julio de 1993 subió temprano a un autobús para enseñar varios bocetos de probables barmanus a un amigo paleontólogo. A su lado, un hombre leía el periódico *Libération,* al que Jordi iba echando disimulados vistazos esperando hallar alguna referencia al inicio de los sanfermines. Hasta que el hombre pasó aquella hoja y apareció el titular. Recibió un impacto físico, una sacudida que le aceleró la respiración. Quedó clavado en la negrita, releyendo las palabras una y otra vez, aproximándose de un modo no precisamente educado a la hoja de *Libération.* Necesitaba saber más, intentaba leer la noticia, pero el codo de aquel tipo... ¿Cuántas paradas faltaban? Dos. No esperó a su estación. Se apeó en la siguiente y corrió en busca del primer quiosco para desplegar el periódico por la página que por supuesto había memorizado:

ENCUENTRAN AL CABALLO DEL YETI

Una expedición dirigida por el etnólogo Michel Peissel había localizado una nueva raza de caballos a cinco mil metros de altura, en el antiguo reino tibetano de Nangchieng, en la provincia china de Qinghai. Eran animales pequeños con una capacidad pulmonar hiperdesarrollada, capaces de recorrer noventa kilómetros al día en aquellas estepas de oxígeno rarificado.

«No se parecen a ninguna raza de caballos de la región, ni mongoles ni cosacos. Constituyen realmente una familia específica», declaró Peissel, a quien esponsorizaba la Fundación Loel Guinness. Peissel había recorrido cerca de cuatro mil kilómetros en una primera expedición, y llevaba otros seiscientos kilómetros y veintidós días de viaje de la segunda cuando se apuntó el hallazgo. Venía de franquear cinco cadenas montañosas con varios picos de cinco mil metros y de acceder a una zona aislada a la que el Gobierno chino había prohibido el acceso a principios de los años cincuenta. Hay menciones a esos caballos en archivos chinos del siglo VI.

La adrenalina de Jordi se disparó. Al fin motivos para el optimismo. Peissel, uno de su estirpe, lo había conseguido. Era posible.

XIV

Gorilas de montaña, grandes babuinos, elefantes pigmeos, caballos remotos..., cada cierto tiempo se descubren especies animales que se creían extinguidas o que sencillamente eran ignoradas. Y es común que para dar con ellas los descubridores pongan en peligro sus vidas. Fue el caso de William Beebe, el primer hombre que descendió a quinientos metros de profundidad dentro de una cápsula logrando ver algunos animales y plantas que se presumían perdidos en el tiempo. El relato de esa visión alucinante inspiró a Thomas Mann su *Doctor Faustus*. Esta novela narra cómo un hombre vende su alma al diablo con tal de disfrutar de unos años magníficamente inspiradores. Alguien ha dicho que en su protagonista se puede observar la catastrófica regresión de un espíritu sofisticado a un arcaísmo primitivo. La pregunta que inexorablemente surge al final es: ¿valió la pena?

XV

—No puedes ir solo. Si lo hacemos juntos, todo será más fácil.

—No hay dinero. Tendréis que pagaros todo.

—No será la primera vez —respondió Erik buscando a Yannik con la mirada.

Los hermanos L'Homme lo habían hablado a fondo y, pese a las dificultades económicas y el intempestivo carácter de Jordi, compartían el sentimiento de que su amigo iba a necesitar compañía. Valicourt no viajaría hasta varios meses después, no podían dejarle solo.

De todas formas, la tercera expedición empezó peor de lo esperado. Las jornadas antes de partir, Jordi insistió en la idea de montar un equipo a lo grande, con empleados, una caravana a la antigua..., mientras que Erik y Yannik aún pretendían ir a una aventura entre amigos.

Cuando como de costumbre Jordi les tendió el documento para que firmaran la cesión de los derechos de las fotografías que se tomaran durante el viaje, Yannik tenía algo que decir:

—Vale. Firmo si añades un anexo que libere las fotos privadas.

—¿Cómo que privadas? Vamos a investigar.

—Venga, Jordi —insistió Yannik—. Siempre hay fotos que uno se queda de recuerdo, fotos de esas en las que sales posando, haciendo el bobo... Pon una cláusula que diga algo así como «excepto las fotos de souvenir» y ya está. Nunca las va a ver nadie, son para uso doméstico. Ya que viajo y soy el que hace las fotos, quiero disponer de unas cuantas para mí, la verdad.

Bueno. Los hermanos L'Homme iban a prestarle ayuda y compañía, podía permitirse una deferencia hacia ellos. Aunque ¿a qué venía ahora esa reclamación? ¿Yannik le hubiera planteado el trato de no contar con el respaldo de Erik? A ver si los pardillos L'Homme se le iban a desbocar a medio viaje, nunca se sabe, ellos intuían que el barmanu estaba cerca, y la gloria...

En noviembre se adentraron en el valle de Swat. Nevaba. Los pashtunes entre Bahrain y Kalam se mostraron desagradables y agresivos, los niños a veces les tiraban piedras. En el puesto de policía de Kalam se llevaron una sorpresa al verlos.

—Esto no es seguro para ustedes. Deberían tener cuidado.

El turismo era prácticamente nulo, los bosques estaban casi despoblados. Escucharon el eco de sus voces en las quebradas del valle de Kaghan y atravesaron la llanura helada hasta alcanzar el antiguo Yaghistán, el País de los Ingobernables, una de las zonas más salvajes y menos hospitalarias de Pakistán.

Fjord exhibía facultades asombrosas cargando fardos de al menos veinte kilos atados al vientre. El frío, los caminos repletos de escollos y fosas, los puentes en mal estado y la indescifrable lengua de los kohistanis y gudjars autóctonos complicaron aún más la ya agotadora marcha, que de todos modos sirvió para delimitar una futura área de exploración. Jordi concluyó que la región del sudeste de Chitral y el norte de Dir iba a constituir, por la boscosidad y el considerable salvajismo de sus pobladores, la zona número uno para la búsqueda del barmanu.

En diciembre, los expedicionarios regresaron a Chitral en una marcha inusitadamente tensa. Algunos lugareños les negaron el saludo y en una ocasión llegaron a increparlos, exhortándolos a que volvieran a su tierra. Aquellos extremistas eran una minoría, de acuerdo, pero en anteriores expediciones Jordi jamás los había considerado una auténtica amenaza, mientras que ahora su presión se hacía tan evidente que fue imposible hablar de otra cosa con los musulmanes que continuaban comportándose con la hospitalidad acostumbrada, ofreciéndoles galletas, pan, leche o té mientras criticaban a los radicales islamistas que se extendían por la zona. De nuevo, les recomendaron prudencia.

Tras descargar el equipaje en Chitral, Jordi fue directo al hotel Mountain Inn. En la parte superior de un folio caligrafió «Andrés Magraner» y unos centímetros más abajo emprendió la redacción de un texto en el que rogaba a su hermano que escribiera en francés los mensajes que normalmente redactaba en español, para que Erik y Yannik pudieran entenderlos en el caso de que él se ausentara. Envió el fax. Luego remitió otro a Valicourt en el que fue un poco más explícito: «No enviaremos ningún dato o información precisa».

Abandonó el Mountain Inn dudando de qué le preocupaba más, si el islamismo radical o la sospecha de que hubiera investigadores locales dispuestos a entrometerse en su trabajo. Coppens no sabía quedarse quieto, seguro que había enviado a alguno de sus contactos pakistaníes para anticiparse en el hallazgo del barmanu. Podía parecer una paranoia, pero ¿acaso no había experimentado él mismo de lo que eran capaces los putos científicos? Además, paranoia o no, el islamismo rampante aconsejaba extremar las precauciones, y era lo que estaba haciendo.

Mientras descendía la principal avenida de Chitral, sintió las miradas de los hombres más incisivas. ¿O era él quien los miraba distinto? *No puedo seguir así. Pronto me van a parecer todos sospechosos. Concéntrate, Jordi. Concéntrate. Trabaja.*

Los tres amigos comenzaron a realizar incursiones esporádicas en busca de testimonios y gestionaron con el departamento forestal el alquiler de un refugio a dos mil seiscientos metros de altura, en la montaña Gatarsin de Shishiku. La enorme longitud del valle y la frondosidad de los bosques de cedros lo convertían en una anomalía geológica idónea para la vigilancia. Allí, Jordi había recogido años antes el testimonio detallado de un gudjar que aseguraba haber visto al barmanu.

En un descanso en la ascensión hacia su nueva morada, los hombres bebieron agua. Los emparedaban kilómetros de fronda.

—Y si lo vemos, ¿qué pensáis hacer? —dijo Yannik—. Habrá que tener un plan.

—¿Crees que Jordi no lo tiene? —respondió Erik. Los hermanos se volvieron hacia él, que de inmediato describió dónde y cómo lo enjaularían, a quién avisaría, qué pruebas le practicaría.

—Y si por lo que sea fallan los narcóticos y se necesita el cuerpo a cuerpo —sonrió traviesamente—, confío en Yannik.

—Tengo el placaje perfecto preparado para él —dijo el fotógrafo abrazando el aire como un defensa de rugby en acción—. Pero antes le sacaré unas cuantas fotos. Algunas, de souvenir.

Al decirlo, Yannik buscó en vano los ojos de Jordi, que oteaba el valle. Por supuesto que lo había oído. «De souvenir.» Pero no iba a darle el gusto de expresar su enojo. ¿Por qué le provocaba Yannik? Bah, oídos sordos.

—¿Y tú, Erik? —preguntó Jordi mientras continuaba escrutando los bosques.

—No sé. Yo simplemente disfrutaría de tenerlo al fin ahí. Eso sí, cuando lo entregáramos, procuraría no desvelar nunca el sitio donde lo capturamos. ¿Habéis leído *Los últimos gigantes*? En ese libro, un explorador descubre a una población de pacíficos titanes y al revelar su ubicación, vienen montones de hombres armados y los masacran.

El trío enmudeció enfrentado a la inmensidad vegetal.

Continuaron el ascenso. Cuatro horas después, se instalaron en una cabaña situada sobre una llanura rodeada de bosque. Sería más confortable que las tiendas, y más discreta. Sería el observatorio de invierno.

Siraj Ulmulk dirige hoy el hotel más lujoso de Chitral. El Hindu Kush Heights amortiza el saliente de una colina para ofrecer a sus huéspedes una espectacular vista del valle, que parece dibujado. El río fluye caudaloso a los pies de la carretera a Mastuj. La proliferación de techos de aluminio en las casas ha restado una pizca de folclore al paisaje, pero el orden de los cultivos, las montañas inmensas y la profundidad que alcanza la mirada transmiten una abrumadora impresión de libertad y belleza.

Siraj Ulmulk desciende de una familia de mehtars, príncipes que han dominado la región durante siglos sin demasiadas contemplaciones. Es musulmán y un poder fáctico. «Mi padre gobernó Chitral durante cuarenta y dos años, no como ahora, que ningún político dura más de tres o cuatro años», afirma en público desde hace mucho.

Jordi sabía todo esto de Ulmulk, y que detentaba un cargo decisivo en la Fundación Aga Khan local, de cuando coincidió con él en un cóctel ofrecido por el propio Ulmulk en su casa de Islamabad. De hecho, por eso Jordi se las había ingeniado para acudir al cóctel. Cuando localizó a Ulmulk en el salón principal, Jordi caminó hasta el anfitrión, que en ese momento hablaba para un pequeño círculo de invitados.

—... porque ya ven cómo visto.

Ulmulk vestía pantalones y camisa, su piel era blanca, los rasgos podrían pasar por occidentales.

—Y sin embargo, suelen registrarme a fondo en las aduanas tanto de Europa como de Estados Unidos. ¿Por qué? —se tocó el gorro—. Porque siempre llevo puesto el *pakhol.*

—¿Por qué no se lo quita? Se ahorraría tiempo —observó alguien del círculo.

Era el instante que Ulmulk aguardaba. Se infló como un pavo alzando ostensiblemente la barbilla y respondió:

—Es mi identidad. Estudié diez años en un colegio de monjas católicas, pero no me convirtieron. Soy musulmán.

Cuando el grupo se disolvió, Jordi pidió a un diplomático francés que le presentara al hotelero. Al fin cara a cara, a Jordi le maravilló no sentirse en absoluto intimidado por el carisma y el poder de Ulmulk. Más bien al contrario, su aureola actuó en él como una espoleta, se sintió suelto, ágil, convincente. Enseguida comenzó a explicarle su investigación sobre el barmanu.

—¿Y cómo piensa encontrarlo? —preguntó el anfitrión.

—Tengo dos perros y voy a conseguir más. Perros fuertes que puedan sobrevivir en la nieve.

A Ulmulk le pareció una buena historia, aunque un poco rara. Él era un pakistaní civilizado y el barmanu incumbía a un ámbito demasiado mítico para su depurada educación. ¿Qué europeo en sus cabales viajaría hasta allí en busca de un ser invisible? Aunque ese Jordi no parecía precisamente un tarado, manejaba bien las palabras, defendía ideas con solvencia. ¿Para quién trabajaría en realidad? Ulmulk sabía que muchos extranjeros en Pakistán nunca eran exactamente lo que decían ser.

La sorpresa se la llevó días después cuando encontró a Jordi en una calle de Islamabad rodeado de perros. Ulmulk comprendió que iba en serio, tanto que le despertó la curiosidad, interesándose por el proyecto hasta el punto de invitarle a comentarlo otro día con más tiempo.

Hablaron mucho de aquella historia increíble. Pero lo más increíble para Ulmulk era que Jordi se la hacía creer. Tan sólo advirtió un problema: Jordi no podría hablar con todo el mundo, así que no podría convencerlos a todos, y mucha gente no iba a tragarse su historia. De hecho, ya abundaban los que no creían que estuviera en Pakistán realmente para buscar al barmanu sino que sospechaban otras razones.

—También me gustaría indagar en la cultura de los kalash.

—Hum... Son un pueblo singular —Jordi percibió que el tema no agradaba a Ulmulk—. Pero el barmanu le va a exigir mucha dedicación. Le deseo suerte, en cualquier caso.

Jordi confirmó lo certero de su apuesta al aproximarse a Siraj Ulmulk cuando el director de la Fundación Aga Khan prestó a los expedicionarios una casa que disponía de un gran jardín, perfecto para alojar a los perros. También les facilitó un Land Rover y puso a su servicio a un cocinero y un *shokidar* (hombre para todo).

Como cada año, el Lowari Pass se cerró en noviembre, haciendo imposible viajar a Dir o a Peshawar por la ruta terrestre más corta. Los aludes y desprendimientos del Lowari Pass habían matado a demasiados viajeros en invierno, que permanecían sepultados bajo la nieve hasta que mayo desvelaba sus cadáveres. Chitral afrontaba una nueva temporada de recogimiento y frío, aún más pendiente del avión que a diario enlazaba el valle con la metrópolis.

Entre enero y febrero de 1994, grandes nubes surcaron esa zona del Hindu Kush impidiendo el tráfico aéreo durante varios días, aunque, a diferencia de otras temporadas, la sensación de aislamiento cuajó de un modo distinto en Jordi. El valle aparecía remoto pero también familiar. Experimentaba rabia por lo no conseguido y tranquilidad por estar de nuevo allí, el ánimo basculando de la adrenalina de la expectativa a la impotencia por los desprecios acumulados. Su entrevista para la televisión belga no había tenido ninguna repercusión práctica en Francia. Aún le quemaba que las editoriales Albin Michel y Robert Laffont hubieran rechazado su propuesta de escribir un libro que mezclara sus diarios pakistaníes con las aportaciones científicas, pero guardaba las contestaciones de los editores en un cajón de la mesa de madera que empleaba como despacho.

Aquella lúgubre tarde invernal abrió de nuevo el cajón ansiando un chispazo de algo, ¿de furia?, ¿de odio?, ¿de orgullo?, ¿de qué? ¿De qué? Colocó las hojas con las negativas de las editoriales una junto a otra. Los cielos opacos invitaban a preguntarse más que nunca por el sentido de su búsqueda, por las probabilidades de éxito. Puso un papel sobre el otro. ¿Por qué esperar la respuesta de nadie? Él sabía lo que buscaba, la importancia de su investigación. La ignorancia de los demás no le incumbía ni debía afectarle. Hizo una bola con ambas hojas y la lanzó al montón de la leña.

Al final del invierno se concentró en recuperar el contacto con viejos amigos como los príncipes Hilal y su primo Abdul

Rani Khan, el prócer de Kesu que ya les había demostrado gran afecto en viajes anteriores, y que se puso como loco de alegría al ver de nuevo a sus queridos *inglesi.* Abdul Rani Khan era una fuerza de la naturaleza de voz ronca, barba gris y gestos tan bruscos como bienintencionados. Curioso insaciable, halló en los *inglesi* una fuente ideal de contrastes e inspiración intercambiando con ellos un sinfín de historias, enredándolos en viriles pruebas.

De todos modos, fue el delgado y siempre elegante Hilal quien un día tomó el kaláshnikov que su primo Abdul llevaba en bandolera, ordenó colocar una piedra blanca a cien metros de distancia, disparó y le dio de lleno. Entregó el kaláshnikov a Erik retándole a acertar en la diana. El joven historiador agarró el arma. Se notó nervioso, no tenía por qué, pero un desafío es un desafío. Intentó respirar con el vientre como le habían enseñado a hacer en aquel club de tiro de la Drôme durante un curso de iniciación. El corazón le latía deprisa. Su disparo levantó el polvo muy cerca de la piedra. Hubo aplausos.

Los príncipes también quisieron probar a su hermano. Yannik, que venía de cumplir el servicio militar en los comandos aéreos franceses, tensó su imponente musculatura, apuntó. Dio en el blanco. Le ovacionaron.

—Os habéis ganado su admiración y su respeto —dijo Jordi a los hermanos L'Homme mientras también aplaudía. Hacía tiempo que él disfrutaba de ese respeto.

»Deberíamos esperar otros desafíos de este estilo —dijo después a sus compañeros—. Aquí podemos olvidarnos del blablablá y los diplomas. Lo que de verdad interesa a esta gente es saber cómo son nuestras entrañas.

Cómo hablaba a veces Jordi..., a Erik le daba la impresión de estar viviendo otra vida, la de un personaje de ficción. Y le gustaba.

Días más tarde, Abdul Rani Khan aparcó su *pick up* frente a la casa de los *inglesi* haciendo sonar el claxon. Traía una remesa de kaláshnikovs.

—Aceptad las armas. Es una orden —dijo el príncipe—. En los valles donde vais a trabajar necesitáis alguna seguridad.

Jordi tendió el brazo para agarrar uno de los rifles sin saber muy bien qué cara poner, emocionado ante un gesto de tamaña confianza. En aquel mundo, un arma es lo que posee más valor. Después, viene el caballo. Lo sigue la mujer. Cerró los ojos unos segundos a modo de callada reverencia. Y empuñó un kaláshnikov. Lo apretó fuerte, con vanidad. Lo levantó con un solo brazo al estilo de los jefes indios de los westerns. *¿Cuántos habrán recibido un regalo así?*

Y al visualizarse tan perfectamente integrado entre príncipes musulmanes que le armaban, tuvo sin embargo un recuerdo para los kalash. ¿Dónde quedaba la idea original de saber más sobre ellos? ¿Por qué se había retirado de su propósito tras la primera decepción? Un científico verdadero no desiste tan pronto por no obtener los resultados previstos. Desistir. ¿No presumía de que no lo había hecho nunca? Pero se había apartado, tenía que reconocerlo, los paganos continuaban siendo un enigma para él, una cultura demasiado derrotada e inaccesible a su humor de entonces. Es verdad que se había acercado a algunos kalash, que preguntaba más sobre su cotidianidad, sobre cómo construían esas casas resistentes a los no tan raros movimientos sísmicos en la zona, y había asistido a fiestas en las que los vio purificar sus hogares, realizar ofrendas, indagó en su universo de hadas y demonios... Si bien todas esas aproximaciones resultaron tan superficiales que aumentaban su sensación de no saber en realidad nada sobre ellos, y por eso evitaba aludir a los kalash en las conversaciones.

Cuando en una de sus últimas charlas el hotelero Ulmulk le preguntó por cómo iban las pesquisas sobre los kalash, Jordi respondió:

—He venido a buscar al barmanu.

—Ya, ya lo sé. Pero también estaba muy interesado en los kalash, ¿no?

—Estoy concentrado en el barmanu. Ése es mi objetivo y no quiero que nada me distraiga.

Lo dijo con tanta convicción que sintió cuánto se estaba traicionando, y esa certidumbre de cobardía le repugnó. De todas formas, debía rubricar estas palabras ante Ulmulk, los demás qué saben de las brasas que no ven. Así que continuaría buscando a su homínido. Ahora, empuñando el kaláshnikov que sostenía por encima de su cabeza.

Los exploradores realizaron entrevistas con testigos de cuyas descripciones obtuvieron dibujos que igual recordaban a grandes simios que a osos vestidos; a hombres prehistóricos que a individuos de diferentes razas o deformes. Disfrutaron de un eclipse total de luna. Caminaban con raquetas al anochecer, cuando la nieve se endurece. De vez en cuando, Yannik filmaba unos segundos de marcha con una vieja cámara. Erik se sentía embriagado por la aventura, pletórico por vivirla. Su existencia tenía al fin un sentido, era como si algo superior le guiara, le ganaba la impresión de que en cualquier momento podía cruzarse con la criatura y arrojar su existencia a la faz del mundo, como el guante de un desafío.

—¡Un día van a ver! —repetía Erik, a veces en voz alta, a veces para sí—. ¡Un día van a ver!

En los días del Hindu Kush había una promesa de grandeza que, incluso cuando estaba en Francia, le ayudaba a aceptar la deprimente cotidianidad. Estaba orgulloso de atreverse a vivir así, de concederse semejante licencia para soñar. Tenía la seguridad de que esa experiencia le marcaría en adelante, y acertaba. Cuando casi quince años más tarde se sentara a escribir *Des pas dans la neige* para rememorar el tiempo de las expediciones, Erik afirmaría:

> Creo que el orgullo de un hombre joven que sueña es, para él, una manera de sobrevivir. Y cuando digo sueña, no hablo de los sueños que pueblan nuestras noches, las encantan, las fatigan, a veces las perturban. Ni de las ensoñaciones del día a día que son los vagabundeos del

espíritu. Hablo de los sueños despiertos que se apoderan de nuestro ser, penetran en nuestro corazón, abrazan nuestra alma y nos devoran, dejándonos sin reposo.

Comían lo justo. Si había suerte, puede que un pastor los invitara a té negro y salado con galletas de maíz. Uno de ellos fue quien les habló de las huellas en la nieve.

—Una mujer lo vio hace dos días, nos enseñó las huellas en el sitio donde lo encontró —dijo el pastor—. Son muy grandes.

Dos días. No nevaba desde hacía tres y las temperaturas se mantenían lo bastante bajas para conservar rastros.

—¿Puede guiarnos hasta las huellas?

Los condujeron a las inmediaciones del pueblo de Kanderi, avanzando muy despacio sobre el espeso manto blanco.

—Ahí —dijo el pastor señalando una hilera de manchas que se perdían en el bosque.

El sol había alterado ligeramente el rastro y una leve capa de nieve fresca empezaba a cubrirlo, pero no había duda. Las dimensiones de las huellas eran obviamente extraordinarias. Los hombres se miraban trastornados. Bordearon el rastro midiendo la magnitud de las pisadas.

—Esas huellas son de un pie desnudo —dijo el pastor—. Ningún hombre marcha descalzo sobre la nieve.

—¡La cámara, Yannik, la cámara! —gritó Jordi.

Ahí estaba. ¡Una prueba!

Jordi se apresuró a enviar las fotografías a los laboratorios científicos de París para que las huellas fueran autentificadas. El hallazgo había desatado algo en él, casi notaba las ideas fluyendo y asociándose; debería perfeccionar su técnica exploradora, quizás idear trampas o involucrar a los lugareños en su historia para que le ayudaran a diseñar una emboscada, actuar, de algún modo actuar, porque el caso es que lo tenía ahí, *¿dónde estás?*, quizá se ocultara a escasos metros, debía pensar, pensar, pensar el modo de incitarle a abandonar sus escondrijos.

A partir de entonces pasó aún más horas, días completos, inventando métodos de investigación que le permitieran avistar al barmanu.

—¿Cuántas horas duermes? —le preguntó un amanecer Erik desde la cama. Le había despertado un ruido de cacharros y tras las legañas distinguía a Jordi, que trasteaba en busca de a saber qué.

—Erik —murmuró Jordi acercándose a su amigo con una tetera vacía en la mano—. Erik..., he establecido un protocolo de actuación. Si lo cumplimos, no podemos tardar en pillarlo.

—En pillarlo —repitió Erik aturdido. Que la conversación se produjera en murmullos le daba un toque aún más irreal.

—Sí, sí. Ya verás. Cuando se despierte tu hermano os lo explico. Ya verás.

Por la mañana, Jordi detalló el protocolo. Se trataba de efectuar incursiones, cumplir guardias y seguir realizando entrevistas con aún más rigor. Se trataba de amortizar cada segundo del día sin fisuras. Los hermanos L'Homme percibían la meta, el protocolo tenía su razón de ser, de manera que aceptaron el plan y cumplieron a rajatabla su cometido.

—¿Sabéis cómo nos llaman? —dijo un día Erik al volver de charlar con un aldeano—. Los hombres peligrosos.

El apodo puso en guardia a Jordi. El peligro no es bienvenido en ningún lugar.

—¿Por qué peligrosos?

—Dicen que queremos controlar el tiempo y que eso sólo lo intentan los locos.

—Diles que nos llamen idiotas —intervino Yannik—. Los hombres idiotas. Sería más acertado.

Jordi se esforzó por no mirarle. Su semblante habría expresado demasiado bien el desdén que sentía hacia aquel listillo, y es que sí, de acuerdo, soportaba mal las ironías de Yannik. De hecho, arrastraba una buena temporada rechazando casi cualquier comentario suyo, parecía que el fotógrafo le cuestionara a cada momento. Quizá se equivocaba, pero Yannik estaba llevando la confianza demasiado lejos, de la ironía a la falta de respeto hay un eslabón muy pequeño. Aparte de que no podía olvidar que en el aeropuerto había cedido ante Yannik firmando aquel nuevo permiso para las fotos. En ese gesto había dado muestras de debilidad. Seguro que si Erik no hubiera estado delante, si no hubiera sentido aquel sostén, Yannik no se habría atrevido a lanzar su propuesta. Pero eran dos. Eran más. También conocían el terreno, no como él, pero ya lo conocían... Más de una vez Jordi tuvo que exigirse seriamente calma cuando veía a los hermanos conversando a solas y notaba que sus paranoias se desencadenaban amenazando desquiciarle.

Recibió carta de Valicourt en la que le comentaba cómo evolucionaba la polémica en torno a sus teorías. Menos mal que era terca, porque se lo estaban poniendo realmente difícil. Pobre Cat. No olvides que estoy contigo. Respondió animándola a presentar batalla, a no quedarse en la sombra, a que difundiera los resultados de sus investigaciones y ocupara sin complejos el lugar de privilegio al que sus revolucionarias propuestas la iban a aupar.

Luego, desplegó el mapa y siguió diseñando la expedición que en verano realizaría junto a ella por la ruta del Pamir ex soviético y el corredor de Waghah. También sopesaba internarse en Nuristán. Ir a India en julio. En agosto, a Tadjikistán. Los dientes no le dolían, buena señal. Pese a los escollos, las sospechas y los fantasmas que intuía en los peores días, todo marchaba según lo previsto, ¿no? Para acreditar su optimismo, en un margen del mapa escribió: «Me siento mucho mejor. Aquí estoy en otro mundo, en otro universo».

Aunque no acababa de ser cierto. Encendió un Pree. No, no lo era. Dio una larga calada al cigarrillo. Por ejemplo, fumaba más que de costumbre, eso no denotaba ninguna tranquilidad. Pero es que... dónde iba a lograr los recursos que faltaban para emprender una expedición como la que había soñado, joder, no podía pensar en otra cosa. El dinero no llegaba. Quizá no llegara jamás. Empezó a tachar las frases que acababa de escribir en el mapa. Y lo peor era que su desasosiego se hacía cada vez más patente en la convivencia con los hermanos L'Homme. Apretó con fuerza el bolígrafo. Tenía que atemperar su carácter con ellos, si supieran cuánto los apreciaba..., pero cómo podían ser tan pijos. Y tan pardillos. ¿Tanto costaba entender que aquella gente pensaba distinto? ¿Que las ideas de Europa servían de muy poco allí? Y encima ahora se iban a largar dejándole en la estacada. Fumó observando la gruesa y oscura franja azul con la que acababa de emborronar el mapa.

—Lo que no entiendo es por qué no habla —dijo Yannik expulsando una gran nube de vaho—. Que diga lo que le pasa y lo comentamos, pero así no se puede estar. Yo no puedo.

Los hermanos L'Homme volvían al refugio después de varias horas patrullando las montañas. El naranja de las cumbres se teñía de añiles y magentas.

—No sé. Tiene un espíritu muy español —respondió Erik—. No se da cuenta de que Francia es el país de la palabra, de que las cosas se solucionan hablando. No le des más vueltas, ya sabes cómo es. Déjale tranquilo, al final vamos a volver a Francia cuando nosotros queramos.

Yannik entró en la casa y se puso a ordenar ropa sin saludar ni mirar a Jordi. Lo sentía, no sabía disimular.

—Hola. Ya estamos aquí —dijo Erik descargando su pequeña mochila.

Jordi respondió con un gruñido, atento a las grietas del suelo. La luz exterior aún bastaba para distinguir matices y colores en el cuarto. Jordi tenía el rostro agarrotado. Aun quieto, desprendía un nerviosismo inquietante. Y tristeza. Nunca antes lo había visto Erik desmoralizado. Yannik se desvestía de espaldas a ambos. Jordi amagó con levantarse, un movimiento rápido en cualquier caso, pero retornó a la postura inicial y el rostro se le demudó. Fue como si el dolor hubiera adquirido forma, como si su padecer hubiera logrado representarse en aquella expresión. Erik permaneció inmóvil, absorto por el obsceno espectáculo. Es extraño y cautivador ver tan claramente a través de una cara cómo ocurre algo en el interior de una cabeza. Erik asistió al instante en el que Jordi, por primera vez en su vida, se derrumbó.

Jordi, Yannik y Erik partieron hacia Shishiku en tensión. Jordi se comportaba con marcialidad pseudocastrense, impropia en un grupo de amigos. Mantenía la rigidez en las normas, quedaba muy claro quién era el jefe. Al llegar, colocaron las mochilas en la cabaña, desataron los paquetes del vientre de los perros, las alforjas de los caballos. Pasaron jornadas oteando bosques nevados con los prismáticos, los dardos narcóticos en los rifles. El ritmo de trabajo era altísimo. Comían a base de harina, leche en polvo y frutos secos, al margen de las plantas conocidas que de vez en cuando cocinaban. Una noche vieron un leopardo de las nieves, ese animal prácticamente de leyenda, y aunque hubieran preferido otro tipo de encuentro, jamás lo olvidarían.

Cada vez estaban más débiles. En otras incursiones, Erik había sufrido cólicos graves; Yannik había perdido demasiados kilos, en alguna ocasión llegó a costarle hablar, pensar con claridad; y Jordi había padecido horribles dolores de cabeza que no pudo contrarrestar con ningún medicamento del botiquín, hallándose demasiado lejos de cualquier socorro, forzados los hermanos a esperar a que mejorara o a asistir a su agonía. Todo eso había ocurrido otras veces, y lo habían superado pensando en que el barmanu lo merecía. Sí, el afán de encontrar al peludo había bastado hasta entonces. Pero la debilidad, la falta de dinero, los muchos meses de búsqueda y el ofuscamiento de Jordi hicieron que esta vez los hermanos L'Homme comenzaran a anhelar la llegada de la fecha prevista para su regreso a Francia.

Al cabo de unos días, los hermanos convinieron atravesar solos las montañas para renovar sus visas a punto de caducar. A la caída del sol recalaron en el área donde Jordi y Erik habían escuchado los famosos gritos no identificados. Erik y Yannik volvieron a oírlos mientras se disponían a preparar la cena.

—¿Qué te dije? —murmuró Erik. Su hermano escuchaba atónito—. Vamos —dijo Erik poniéndose el abrigo deprisa—. Vamos, vamos.

Descendieron la ladera. Los «gritos» sonaban cada vez más cerca, pero alrededor no distinguían animales con suficiente envergadura para emitir aquel ruido, de hecho casi ningún animal se dejaba ver. Escucharon el grito a pocos metros. Tenía algo de crujido, de enorme puerta chirriante.

—Son las rocas —dijo Yannik sacudiendo un dedo en dirección a las formaciones rocosas que penetraban en el lago a sus pies.

Aguzaron el oído mientras observaban los peñones hasta confirmar que, en efecto, los gritos provenían de allí. El radical contraste de temperaturas del alba y el crepúsculo invernales provocaba un movimiento de dilatación-contracción que arrancaba auténticos gemidos de las piedras, y el eco amplificaba.

—La gente dice que éste es el lamento de un hada enamorada —dijo Erik.

—Hay quien piensa que es el yeti desperezándose.

Erik sonrió aunque no deseaba hacerlo. Habría que descartar aquella presunta evidencia en la que él mismo había llegado a confiar. Chasqueó la lengua negando con la cabeza y dijo:

—En fin.

Cuando los hermanos explicaron su hallazgo, Jordi los escuchó distraídamente y siguió a lo suyo, sin comentarios. Había mucho que hacer, no iba a despistarse con hipótesis que al fin y al cabo no desmentían nada. ¿Qué le pasaba a la jodida parejita? Querían regresar y ya no sabían qué excusa utilizar para conseguirlo. Aunque qué podía esperar de ese par de niños mimados, el fotógrafo y el historiador, dos románticos de escaparate, dos blandos incapaces de luchar de verdad por una idea. Así que los hermanitos se habían cansado...

Estaba claro que Erik y Yannik ya no creían del mismo modo, que planeaban regresar a Europa, y éste había sido un tema latente... hasta que Jordi habló.

—El de Arte viene a filmar en verano. Quedaos hasta entonces. Os necesito para que el documental salga bien. Cuando termine, os marcháis. Sólo serán un par de meses más.

Yannik se hundió una mano en la melena. Hizo su antiguo gesto de irse a atar la coleta pese a que ya no llevaba el pelo tan largo.

—Sabes que queremos estar en Francia en verano. Necesitamos dinero y en verano es cuando hay más trabajo. No podemos esperar a ese tío, lo siento.

Jordi se irguió, serio y magnífico al aire gélido del Hindu Kush, para emprender uno de sus ataques más crueles contra dos personas a las que realmente quería.

> En esa discusión se dijeron palabras muy duras, algunas irremediables —rememoraría Erik años después—. No quiero entrar en detalles. Jordi fue injusto con nosotros, aunque comprendo que no éramos la causa real de su cólera sino la excusa para liberarla. Todos los rencores, frustraciones y decepciones acumulados durante años emergieron entonces. En realidad esas palabras no estaban destinadas a nosotros, pero las encajamos de pleno. No debía haber sucedido nunca. Nunca. A mí me dolió, pero a mi hermano... Mi hermano y yo somos muy diferentes. Yannik es muy impulsivo, se toma las cosas a pecho, mientras que yo soy más cerebral, intento calmarme, relativizar. Después de ese día en Shishiku, Yannik prometió que no volvería a hablarle jamás, y ha cumplido su palabra. Borró a Jordi de su vida. Por eso tampoco va a hablar contigo.

«Erik y Yannik volverán a Francia en julio.»

Fue todo lo que el 29 de marzo Jordi escribió a Andrés a propósito de sus compañeros. No iba a conceder ninguna exhibición sentimental, ni un signo de fracaso. Debía concentrarse más que nunca, ser práctico. A ver, ¿qué necesitaba? Pidió pastillas de freno para motos y que su hermano intercediera ante la empresa Fuji para que le facilitara más material de visión nocturna. Desde enero había obtenido diez nuevos testimonios sobre el barmanu y enviado las muestras de huellas al Museo de Historia Natural para que fueran analizadas. ¿No era prueba suficiente del trabajo que realizaba? ¿Es que nadie se daba cuenta de su esfuerzo? ¿Por qué no aparecía de una vez el maldito mecenas que le ahorrara las angustias financieras? Y ahora esos capullos se largaban... Menos mal que siempre podía contar con Andrés. En los peores momentos, ahí estaba el pequeñajo, enviándole dinero, hablando con quien hubiera que hablar. *Menos mal que tengo a Andrés.*

XVI

El niño lanzaba resplandores, lo mismo que el sol.

(Fragmento del *Liber de infantia salvatoris* incluido en un volumen sobre paganismo)

Esa primavera, Jordi vaciló como nunca. La inminente marcha de los hermanos L'Homme le dejaría por primera vez solo en los valles. Es verdad que Valicourt vendría a investigar durante seis semanas en mayo; que el reportero de Arte le visitaría en verano; y que Andrés preveía hacerlo en octubre. Es verdad que Khalil se había echado atrás el flequillo solemnemente para decir que Jordi era como un hermano para él, y que algunos chitralíes le apreciaban. Pero quedarse significaba despedir su mundo original. El próximo invierno, ninguno de sus viejos amigos, nadie de la familia estaría cerca para dar ánimos ni consuelo, aunque pareciera que no los necesitaba.

Erik intuyó que Jordi no iba a volver. Era demasiado orgulloso, jamás regresaría con el sentimiento de haber fracasado. Era un hombre de otro tiempo, de Roma, de la Edad Media, quizá del siglo XIX, de esas épocas en las que se recompensaban las grandes energías, la audacia, la honestidad. En el Renacimiento habría revolucionado las ciencias. En el siglo XIX habría explorado un continente nuevo. Pero el mundo de hoy era demasiado pequeño para él y no iba a volver, aquel tozudo brutal. Además, en Pakistán había encontrado un lugar donde podía vivir como quería, disfrutar libremente de la naturaleza, de su profesión, su sexualidad... No, no podía volver, era imposible.

Jordi comenzó a dedicar más horas que nunca al estudio del kalasha, el khowar y el urdu.

Éste es mi sitio, mi reino. Estaba decidido, no había marcha atrás. Era hora de interesarse sin matices por las cosas de allí, de volcarse en las costumbres, las actitudes, y hacerlas definitivamente suyas. Una tarde, mientras aguardaba al barmanu apostado en el bosque, se descubrió pensando de nuevo en los kalash. Los tocados de las mujeres, el desparpajo de sus modales, las minidestilerías de vino en las casas escalonadas..., las imágenes kalash le sorprendían en cualquier momento, cada vez con mayor asiduidad, imantándolo con aún más fuerza que en los días en los que había descubierto su existencia. Era raro. Hasta entonces le había encandilado lo oculto, lo peregrino, lo aparentemente inaccesible. Y justo ahora que veía a los kalash como a unos vecinos, ahora que se creía convencido de que los kalash eran tierra yerma para él, el encanto resurgía. ¿Por qué?

El Museo de Historia Natural envió el resultado de las huellas encontradas en la nieve: «Aunque indudablemente se trata de un homínido, no estamos en condiciones de identificar vuestras huellas». De todos modos, el informe reconocía que «el pie en cuestión se distinguiría del de un hombre actual por sus grandes dimensiones, particularmente por su longitud».

—¡Eso es! —gritó Jordi sacudiendo el papel que incluía el escueto análisis, la corroboración científica de que había llegado a algún lugar—. No es un dato concluyente pero reconocen que no han visto nada igual. Con todo lo que esa gente ha estudiado y analizado, ¡no han visto unas huellas como ésas!

Yannik y Erik se rascaron los brazos, la cabeza. De repente, la ciencia les daba esperanzas. Cómo son las cosas. El caso es que ellos también habían participado en aquella conquista, después de todo creían en el barmanu, habían aprendido a creer. De acuerdo, la pista era válida. Jordi no había dejado de hablar.

—Hay que enviar faxes, llamar a todo el mundo. Vamos, vamos.

Propagaron el hallazgo de inmediato a su red de amigos y colaboradores. Cuando el eminente profesor Théodore Monod felicitó a los expedicionarios desde París y empezaron a recibir más preguntas que muestras de apoyo, Erik fue consciente de que la gente los empezaba a mirar de otra forma. «Quizás este año sea el bueno», anotó Jordi en su diario.

Cat Valicourt compartió in situ la resaca de la noticia, inmejorable introducción para inaugurar las prospecciones en Pakistán.

—Mira que si encontramos hombres reliquia... —dijo al partir de Chitral rumbo a los valles.

Y aunque los hombres no aparecieron, los testigos consultados, el reconocimiento del territorio y observar que sus teorías y sus pruebas lograban ser respetadas en París le hicieron plantearse definitivamente la auténtica posibilidad de capturarlo. Valicourt se mostraba exultante, Jordi nunca la había visto tan feliz.

—Hay que seguir con esto —dijo Valicourt—. No nos vamos a detener ahora.

Jordi asintió en silencio. ¿Detenerse? ¿Es que era una posibilidad?

—Voy a proponer a la ONU la creación de una agencia para el estudio y la protección de esos seres —anunció la científica.

Bien. Cat iba a empujar aún más desde Francia. Aquellas montañas eran un estimulante infalible, él siempre había sabido que si Cat las visitaba, su convencimiento se multiplicaría por cien, por mil, de modo que el entusiasmo de su colega no le excitó. De algún modo lo había previsto y, además, la tan esperada visita de Cat fue minimizada por otro encuentro que Jordi había tenido poco antes.

—Éste es mi hermano Shamsur —dijo Khalil una mañana en Ayun. Lo dijo con cierta parafernalia porque Jordi y Shamsur ya se habían visto varias veces, si bien aquélla fue su presentación «oficial». Había un buen motivo para ello.

Jordi siguió el juego. Se tocó hacia delante el *pakhol* y estrechó la mano del chaval de nueve o diez años, ni siquiera su hermano recordaba cuántos tenía, rubio y de ojos verdes, embutido en una *shalwar-kamize.*

—Vaya, así que tú eres el famoso Shamsur —dijo Jordi en inglés, el niño ya lo chapurreaba—. Khalil me ha hablado mucho de ti. ¿Te gustan los caballos?

—Un poco.

Shamsur no sabía adónde mirar. Khalil y sus padres le habían advertido de que aquel hombre iba a educarle, tendría que vivir con él. Por lo visto, el par de extranjeros que le acompañaban volverían pronto a Europa, así que ese Jordi también iba a necesitar a alguien que le ayudara con las cosas de casa.

—A mí me gustan mucho —añadió Jordi—. Soy un gran aficionado al polo y desde luego que aquí tenéis a los mejores jinetes.

—Los argentinos son muy buenos.

—Vaya, sabes de qué va esto.

La pobreza, la imposibilidad de ofrecer una mínima educación a su hijo y la confianza que Khalil depositaba en Jordi habían convencido a los padres para que Shamsur fuera a vivir con el cazabarmanus. A cambio de mantener la casa en orden y cocinar de vez en cuando para él, Jordi actuaría como su maestro. Le enseñaría francés, inglés, y a partir de ahí le entregaría sus libros.

La primera noche en común, después de terminar una cena preparada entre los dos, Jordi se sentó en su cama y Shamsur se tumbó por primera vez en la suya, al otro lado del pequeño cuarto. Jordi habló de la grandeza de los ancestros kafires de Shamsur, de sus estrechísimos vínculos con los kalash y del derecho a que su gente recuperara el estatus perdido.

—Quiero que seas un gran hombre, un gran kafir de Nuristán. Cuando pueda, te matricularé en una escuela y viajarás conmigo a Francia para que conozcas otras formas de vivir. Me gustaría que un día pudieras volver a tu tierra para ayudar a tu gente.

Jordi peroraba sin tener muy claro si el chico captaba todo lo que decía pero convencido de que estaba comprendiendo la esencia de su discurso.

—¿Tú de dónde eres? —preguntó Shamsur.

—Soy de una ciudad que se llama Valencia. Así que soy valenciano. Luego, catalán. Y luego, español.

Le habría continuado aleccionando sobre la importancia de ordenar las patrias, de saber por qué bandera te batirías primero, pero mejor no meterse en líos. Ese tema era un poco peliagudo. A veces se enredaba en disertaciones que le confundían y que no sabía rematar al descubrir que se estaba contradiciendo. Pero qué culpa tenía él de simpatizar con la Falange e incluso admirar a Primo de Rivera y sin embargo detestar a Franco y a la Iglesia. No, ya había pasado por ese debate interminable, y además, basta, a Shamsur había que hablarle claro.

—Está bien tener personas en las que creer —dijo Jordi. Shamsur lo miraba impasible—. Gente que al pensar en ella te dé energía, fuerza.

—¿En quién piensas tú? —preguntó el niño.

—En los romanos. Ellos construyeron una sociedad sólida porque confiaron en los mejor dotados. Nada de amiguismos ni favores. Se necesita una élite que gobierne. Pero una élite de verdad.

Semicerró un puño delante de los labios y emuló el sonido de una trompeta interpretando el himno de España.

—¿Te gustan los himnos, Shamsur?

—No sé. ¿Qué son los himnos?

—La música que representa a los países, los equipos.

—No sé.

Shamsur comenzó a silbar una tonadilla que solía sonar en la radio y Jordi, riendo, le acompañó. Luego se fueron a dormir.

Por la mañana, muy temprano, Shamsur percibió movimiento. El sol ya se filtraba por las finas cortinas ante las ventanas y, todavía soñoliento, vio cómo Jordi, confundido en la tiniebla, abría la puerta situada en un lateral. Le bañó un inmenso chorro de luz. Desde el centro del resplandor, Jordi levantó el brazo a su modo ritual, dijo unas palabras en latín y terminó con una frase en español que más tarde Shamsur comprendería:

—Quiero ser un ser humano.

A Shamsur le impresionó. Había empezado a admirarle.

—Lávate y péinate un poco, anda. Hay que estar presentable —ordenó Jordi al verle despierto.

Cuidar y formar a Shamsur se había convertido de inmediato en su prioridad pese a que Cat Valicourt continuaba rastreando los valles. Él ya había cumplido con su parte, ¿no?, había ejercido de buen anfitrión, había dado los consejos necesarios a su amiga... y, a fin de cuentas, Cat iba a marcharse en pocos días, igual que esos desagradecidos de los hermanos L'Homme. Cuando todos se esfumaran, Shamsur continuaría a su lado. Ese chaval había pasado a ocupar el futuro inminente y debían prepararse para afrontarlo.

—Coge lo que necesites —le dijo a Shamsur—, nos vamos unos días a Islamabad.

Y viajaron a la capital con la excusa de arreglar unos papeles y el objetivo de que el chico se fogueara en la vida urbana.

Cat es una mujer celosa de su independencia, así que trabajó a su aire sin problemas ni reproches hacia un Jordi con una autonomía a su altura. En todo caso, la amistad salió reforzada, y al regreso de Cat a Francia intercambiaron una cariñosa correspondencia.

En julio aterrizó el reportero Pascal Sutra Fourcade con sus cámaras.

—¿Estás preparado para buscar al barmanu? —preguntó Jordi a Shamsur. A menudo conversaban sobre hombres salvajes.

—Yo te acompaño —dijo el niño—. Pero han ido cientos de personas a cazarlo, como mi padre, y nadie lo ha encontrado.

—Está ahí fuera, Shamsur, créeme. Está.

—Vale, vale.

Yannik y Erik ya se habían despedido. Durante sus últimos días chitralíes, los hermanos se dedicaron a recobrar el peso perdido en las expediciones.

—Parecemos cadáveres —dijo Erik al verse de cuerpo entero en un espejo cuando retornó a Chitral. Subió a una báscula. Había dejado dieciocho kilos en las montañas.

Hoy, Yannik es padre de familia. Erik posee la nacionalidad fueguina.

Para salir en la tele, Jordi se puso los pantalones de camuflaje, la navaja al cinto, gafas de alpinista, cogió el rifle. Ése sería él para el mundo. Quizá porque ése era él. Al menos, el uniforme le hacía sentirse no sólo increíblemente cómodo, sino el hombre que alguna vez quiso ser, alguien distinto y, ¿por qué no decirlo?, grande. Grande.

Partieron con la habitual lista de nombres de gente que decía haber tenido encuentros con barmanus. A algunos, Jordi los había entrevistado siete años antes. A otros sería la primera vez.

El cámara grababa a todas horas, buscaba ángulos favorables pululando sin descanso alrededor del grupo. Su presencia añadió presión a Jordi, aquel seguimiento tenía un no sé qué de examen que le desagradaba profundamente a la vez que, debía reconocerlo, alimentaba su vanidad.

En *Sur la piste de l'homme sauvage* («Tras las huellas del hombre salvaje»), el documental que años más tarde emitiría la cadena Arte, se ve cómo el pequeño Shamsur se acerca a la casa de un gudjar. En aquellas montañas, los desconocidos se arriesgan a recibir un disparo, excepto si son niños. Shamsur saluda a una mujer en el umbral, le pide agua y presenta a Jordi, que aguarda a prudente distancia. Algunas casas de gudjars se sitúan en laderas empinadísimas y pedregosas donde la niebla a menudo es constante. Se antojan lugares sólo aptos para cabras, pero también viven personas fieles a un estilo primitivo. Saben escuchar los abismos que los rodean, manejar las manos, buscar y fabricar comida. Han visto criaturas y experimentado situaciones que desde la ciudad pueden parecer increíbles. También viven a otra temperatura, lo que Jordi, tan reacio al calor, agradecía especialmente en verano. Por la noche encendían fuegos a cuya lumbre el aventurero lanzaba sus sesenta y tres preguntas antes de mostrar la retahíla de dibujos de presuntos barmanus para que cada pastor identificara más o menos a su *hombre*.

A Purdum Khan, Jordi le había entrevistado casi siete años antes y deseaba comprobar la solidez de su relato. Había una cámara filmando.

—Lo vi de repente porque me daba el viento en la cara y me alertó el olor. Estaba abajo, en la montaña, sentado a punto de comer. Removía en el suelo cosas pequeñas que se llevaba a la boca. Era fuerte. Tenía un pelo largo que le caía sobre los hombros. Estaba agachado ahí, ahí, delante de mí. Cuando se dio cuenta de que no estaba solo, cogió una piedra, se levantó y se fue. Fue mi perro el que lo hizo huir, bajaba de la montaña con el rebaño.

Según Purdum Khan, esto había ocurrido hacía diez años. Las versiones coincidían. Pero ahora venía lo difícil: Jordi repitió el cuestionario.

—¿Tenía el aspecto de un hombre?

—Sí. Los pies y las manos como un hombre. La nariz como un hombre también.

—¿Cómo era comparado contigo?

—Debía de tener mi estatura [1,80 metros], pero sobre todo era más ancho. Pies grandes.

—¿A qué distancia estabas?

—Al lado. Yo ahí y él algo más abajo [el pastor abre los brazos].

—¿Su cuerpo estaba desnudo o llevaba algo encima?

—Pelos.

—¿Vestido?

—No.

Lanzó una pregunta trampa para ver si el gudjar repetía la respuesta anterior:

—¿Y de qué longitud era el pelo?

—Le caía sobre los hombros.

Y así le preguntó sobre el tamaño de la nariz, los ojos, los dientes... Purdum Khan respondió igual que años antes, si bien con menos detalles.

A Mohamed Khan lo entrevistaron otra noche después de cantar junto a la hoguera crepitante.

—Estaba ahí, a doce metros, cerca de mi cabaña, al lado de un nogal.

[...]

—¿Estaba a cuatro patas o en pie?

—Sobre sus pies, ya te lo he dicho. Como un hombre.

—Después de verle, ¿qué hiciste?

—Me fui, claro.

—¿No intentaste seguirle?

—¿Por qué? Ya sabía lo que era. Y tenía que cumplir con el ramadán. El barmanu vio a un hombre y se fue. ¿Qué podía hacer yo?

[...]

—¿De qué color era la piel?

—Era de noche. Tenía el color de la noche. Yo no tenía lámpara ni luz. Negro, parecía negro.

—Dices que se sostenía como un hombre.

—Se inclinaba un poco adelante. Todo lo que vi fue un hombre. ¿Qué quieres? Si hubiera traído un fusil...

[...]

—Después de haberte dicho todo esto me podrías dar los prismáticos —dijo Mohamed Khan al final de la entrevista.

—Si quieres te compro una cabra y comemos la carne, pero los prismáticos no te los doy.

El pastor aceptó. Degollaron y desollaron una cabra, vertiendo en cuencos la sangre para que bebieran los perros. Jordi comió con apetito, satisfecho por el resultado de las encuestas. Tan sólo le preocupaba un poco la evidente hostilidad de Shamsur hacia Pascal Sutra. Por una parte, el chico no estaba acostumbrado a aquel ritmo de viaje y terminaba las jornadas reventado; por otra, toleraba mal que el reportero se comportara como si conociera las montañas mejor que él y además se empeñara en monopolizar la atención de Jordi. *¿Serán celos? En fin, ya se le pasará.*

La niebla veló los montes durante varios días. Los escasísimos pastores que encontraron no estaban de buen humor, estáticamente atentos a los sonidos, rogando por que ninguna de sus cabras se extraviara en busca de hierba fresca o se despeñara por los abismos. Uno de ellos, Ilal Khan, estuvo de acuerdo en olvidar la niebla durante unas horas respondiendo al cuestionario. Jordi había recogido cincuenta testimonios en siete años, pero el de Ilal Khan iba a ser uno de los más esperanzadores.

—¿Cómo tenía la nariz?

—Ancha. Y larga. Muy ancha. Con grandes fosas abiertas. Parecida a una nariz de tadjik.

—¿Y los dientes?

—No eran grandes. Tenía unos colmillos blancos. No como el perro, eran pequeños.

Los colmillos pequeños emparentaban a la criatura con los hombres. Cuando Jordi esparció sus papeles sobre el suelo, el hombre alargó una de sus estriadas manos hacia el dibujo de un australopiteco: el mismo que había señalado el pastor Mohamed Khan.

Cat quedó impresionada. Cuando Ilal Khan señaló el lugar exacto donde había visto al barmanu, uno de esos lugares a los que descienden las poblaciones que saben cazar y conocen los vegetales comestibles, con aguas de las últimas nevadas, champiñones, pikas, esos pequeños conejos, y grandes lagartos, la científica encajó piezas, todo cuadró. Cualquier antropólogo o genetista urbano descartaría esas pruebas tildándolas de fabulosas, pero ¿qué era la prehistoria sino un paisaje mental? ¿Cómo se atrevía un científico a juzgar lo que decían haber visto docenas, quizá centenas de pastores indígenas? ¿Quién tenía en realidad más imaginación? De hecho, Valicourt pedía a los científicos que hicieran un esfuerzo por entender las fantasías ajenas, convencida de que una ciencia sin imaginario era una ciencia sin genio.

Por la mañana, cargaron de nuevo las mochilas, ataron las correas de Gorki y Fjord y encararon los riscos, de vuelta a Chitral. En el reportaje de Arte se ve a Fjord escalando, marcando el camino por terrenos abominables. En un momento le desabrochan las correas para que pueda superar una pared escarpadísima. Único. Maravilloso. Nunca he visto a otro animal comparable. Los halagos hacia Fjord son generales. Todos los que lo conocieron le atribuyen facultades extraordinarias y comprenden que Jordi se lo llevara a todas partes.

—¿Por qué Fjord duerme dentro de la casa en lugar de quedarse fuera con los demás perros? —le preguntaron una vez.

—No duerme fuera para vigilar nada porque él vale más que todo lo de dentro junto —respondió Jordi, en cuyo universo afectivo Yannik y Erik habían comenzado a dejar paso a un perro y a un niño.

—¿Cómo lo conseguiste? —preguntó Pascal Sutra cabeceando hacia Fjord, que descendía una ladera con cuidado pero firme.

—Buscándolo.

Fjord sintetizaba el aprecio de Jordi por los caracteres poderosamente excéntricos. Antes de elegir a los perros que trasladaría a Chitral, había consultado varias revistas caninas. El husky siberiano surgía como la *vedette* indiscutible de los perros de montaña, y por eso le desagradó. Aparecían huskies por todas partes, como si aquel coqueto pelaje rematado por unos espectaculares ojos azules, su fortaleza y su sociabilidad hubieran eclipsado al resto de las razas. Quién no había oído hablar de los fantásticos huskies. Pero ¿cuánta gente era capaz de nombrar otros perros que pudieran competir con ellos? Un candidato se le presentó precisamente en una gran foto de revista a doble página: el alaskan malamut.

Fjord era un alaskan malamut canónico. Tranquilo, digno, independiente, con un temperamento que exigía un modo de vida singular. Sus antepasados provenían del Gran Norte, debiendo el nombre de la raza a la tribu esquimal de los mahlmuts, cuya vida dependía de la potencia de estos perros para arrastrar los trineos, y que llegaban a confiarles el cuidado de sus bebés. Buscadores de oro, cazadores, tramperos, traficantes de pieles y exploradores, como el propio Amundsen, también explotaron sus prestaciones.

«El rey de su categoría», leyó Jordi. Un perro que no había tenido contacto con el progreso, sin cruces de sangre, preservando su naturaleza primitiva. De ahí que su olfato y sentido de la orientación aún le permitieran detectar rastros sobre la nieve incluso durante las tempestades, pudiendo sobrevivir a cincuenta bajo cero gracias a un espeso manto de pelo lanudo, a las pequeñas orejas forradas de pelo aislante y a un metabolismo diseñado para economizar al máximo la energía. «Es belicoso con sus congéneres», leyó. «Tiene mala fama porque ladra y aúlla.» «La fuga le resulta muy atractiva, por su carácter.»

Cuando a finales de verano de 1992 vio a Fjord en las perreras de SOS Husky no dudó. Pagó a la Association Sésame los quinientos francos que costaba su adopción y en diciembre le entregaron el carnet donde figuraba como dueño del animal que un día le iba a salvar la vida.

XVII

De regreso a Chitral, Jordi necesitaba dinero. En julio había pedido a Andrés que le enviara al menos quince mil francos y su hermano, como siempre, cumplió. De todas formas, no convenía aferrarse a unas finanzas basadas en los parches. El invierno era largo y su economía no iba a poder afrontarlo, así que habló con varios colegas residentes en Peshawar, la gran ciudad más cercana. Terminó contactando con el delegado de la Alliance Française en Pakistán, quien le ofreció trabajo como profesor de francés.

—¿Aunque no sea francés?

—Has vivido en Francia toda tu vida, hablas francés... —respondió el delegado, Maurice Lévêque.

—Sí, pero soy español.

—Podrías nacionalizarte francés.

En el Museo de Historia Natural le habían propuesto lo mismo meses antes, afirmando que con la doble nacionalidad sería mucho más fácil incluirle en los proyectos financiados por Francia y reservarle un sueldo. Jordi respondió igual que entonces.

—No lo voy a hacer. Me va bien como estoy.

—Sólo era una idea, en realidad no importa. Así también puedes trabajar en la Alliance.

Y no sólo eso. Como el director de la sede de Peshawar planeaba abandonar el empleo en breve, Lévêque vio en Jordi a un sucesor adecuado: hablaba lenguas indígenas, dominaba la geografía, conocía muchas costumbres tribales y era un hombre cultivado. Lévêque también confiaba en su inteligencia y en su capacidad para trabajar al lado de los pashtunes. Además, no era fácil encontrar un director para ese puesto con la base de un salario local.

—Si empiezas en noviembre y todo va bien, tienes mi palabra de que en marzo serás nombrado director de la Alliance en Peshawar.

—Ya..., ¿se supone que me debo alegrar? El sueldo no es ninguna maravilla.

—¿Cómo sabes tú el sueldo del director?

—Maurice, aquí todo se sabe.

Lévêque se sacudió unas motas de los hombros de la camisa. Echó un vistazo al calendario.

—No te preocupes, cobrarás algo más. Vas a tener un salario muy digno.

—¿Cuánto?

Jordi hizo cálculos. Debería alejarse una buena temporada de las montañas, pero si aguantaba lo necesario cobrando los quince mil francos mensuales pactados (unos dos mil doscientos euros), ahorraría lo suficiente para relanzar su investigación en los valles con cierto desahogo.

—¿Me recomiendas alguna casa en Peshawar? —respondió.

Apuntó las sugerencias de Lévêque en una cuartilla doblada en la que fue añadiendo direcciones y teléfonos deslizados por colegas. Al lado a veces anotaba alguna característica de la casa recomendada, tipo «jardín grande»; «cuatro habitaciones»; «dos lavabos»... Cuando concertó la primera visita, en el barrio residencial de Peshawar Cantonement, subió al coche. En veinte minutos llegó al destino, si bien rodó durante una hora y media por la zona. Quería sopesar la atmósfera, valorar otras opciones. Las sedes de las ONG le servían de referencia para no perderse, había estado en muchas de ellas. De todas formas, le sorprendió el número de ONG y embajadas, no pensaba que hubiera tantas. Se hablaba mucho sobre el desembarco europeo en Asia Central de los últimos años, pero conduciendo de esa forma uno podía asimilar mejor la dimensión del *boom*.

Los siguientes días alternó las visitas a casas de Peshawar Cantonement y a las de otra área residencial de las afueras, University Town. Menudos fortines. Desde luego que los extranjeros podían caminar tranquilos con todos esos guardias armados. Detuvo el coche ante la dirección que marcaba su cuartilla. Un largo muro ocultaba el interior de una propiedad de la que sólo divisaba el techo de una casa. El recogimiento del sitio le gustó. Al salir de allí, había apalabrado el contrato. Se instalaría en University Town.

El rumor del inminente ingreso del Hombre que Buscaba al Yeti en la Alliance se extendió por la comunidad internacional, para quien Jordi ya figuraba como un auténtico personaje. Los que sospechaban que la historia del barmanu no era más que una tapadera vieron en este contrato la evidencia definitiva. ¿Quién se iba a tragar que un cazador de entelequias pudiera escalar hasta semejantes alturas diplomáticas? Algunos criticaron en público la cientificidad de su proyecto y le atacaron de un modo que él consideró hostil y agresivo.

Mientras preparaba la mudanza en Chitral, recibió carta de Cat. Alguien había abierto el sobre. ¡Cómo se atreven! Fue en busca del cartero.

—Yo no he tocado nada, *mister* Jordi. A mí me la han entregado así.

Claro que no podía culparle. Y tampoco tenía sentido protestar al servicio de correos, nadie le haría caso, aquellos burócratas no toleraban las críticas, y menos de un extranjero. Pero ¿a quién le interesaría hurgar en su correspondencia? Le dio un par de vueltas, no muchas, porque entre todas las hipótesis se alzaba la realidad de que varios profesores del Museo de Historia Natural habían empezado a mantener contactos con miembros de la Alliance. Los malditos académicos sabían que se estaba acercando a algo y no iban a permitir que un pobre «pequeño inmigrado», un muerto de hambre, dejara en evidencia al aparato investigador francés. Qué cabrones. ¿De qué eran capaces los científicos por el éxito? Sin duda, esto era una batalla. ¿Estaba su vida en peligro?

Desasosegado por la posibilidad de que los compinches del insigne Yves Coppens estuvieran conspirando por adelantársele en el hallazgo del barmanu, permanecía aún lo bastante ajeno a las verdaderas fuerzas que a partir de ese momento acabaron de desplegarse en torno a él: las del contraespionaje pakistaní. Los agentes del Inter-Services Intelligence (ISI) ya nunca abandonarían su rastro.

De todas formas, hacía falta mucho más que un sobre abierto para amedrentarle. Cogió un bolígrafo y en el reverso de un folio usado comenzó a escribir la carta de respuesta a Cat en la que expresaba su satisfacción por el nuevo empleo y las oportunidades que le ofrecía:

> Estoy feliz también con la idea de traerme a Shamsur definitivamente conmigo. Él está loco de alegría con la idea de vivir juntos y yo le he dicho que me siento muy unido a él. Ahora está en su casa y le echo tremendamente en falta. Este chaval me ha adoptado y, en consecuencia, yo también a él. Tras la marcha de Pascal se ha mostrado extraordinariamente sensato y simpático, ha vuelto a ser normal. La verdad es que hoy en día no me quiero separar de él. He hecho lo necesario para inscribirle como alumno para los cursos por correspondencia de la CNED. Es la solución soñada: no irá a la escuela y le podré educar a mi manera. Ya tengo la luz verde de su familia. Me conmueve la estima que su familia siente por mí.

Andrés fue a pasar las vacaciones a Chitral y regaló a su hermano la pipa de madera blanca que había comprado a unos trotamundos ucranianos durante su espectáculo de baile en Valence. Esos días Jordi fumó de nuevo en pipa.

Tras un octubre ejerciendo de anfitrión perfecto, despidió a Andrés. En el coche de vuelta a casa encendió un Pree y con el sabor amargo del tabaco aún en el paladar comenzó a seleccionar la ropa y los enseres que se llevaría a su nueva casa en la gran ciudad, donde también iba a buscar escuela para Shamsur. Los cursos por correspondencia no funcionaban, normal, qué iluso era, a quién se le ocurría dejar al chico tantas horas solo, si se despistaba con cualquier cosa, aún había que educar su voluntad. Pero ¿cómo reaccionaría Shamsur a la idea de matricularle en un colegio? De todas formas, no había alternativa. Bueno, ya se adaptaría. Empezaba a ser hora de que el chico se integrara en las dinámicas de los demás, seguro que tampoco le iba a costar tanto, los niños son muy flexibles.

Viajó a Peshawar. Durante esa época de preparativos le invitaron varias veces a veladas en casas de extranjeros, sus aventuras y sus guasas alegraban los encuentros. Tenía un aura contagiosa, su inteligencia deparaba tertulias entre desafiantes y divertidas, era un animador que exacerbaba el romanticismo de una comunidad rendida a las personalidades exóticas. Conocía los deseos de su público y estaba dispuesto a satisfacerlos. Con él no se iban a aburrir. ¿Qué inventaba para la próxima velada?

Una noche acudió con unas gafas de montaña reflectantes que causaron sensación. Los expatriados se asomaban a sus lentes para verse reflejados. Un cónsul sacó la lengua bizqueando a centímetros del cristal. Una secretaria dejó la marca de un beso lascivo. *Vaya, alguien de verdad especial,* pensó Marie-Louise Marie France, empotrada en un sofá del que costaba incorporarse. La administrativa había llegado a Asia para quedarse tres meses y llevaba más de dos años asistiendo a un desfile de individuos variopintos.

Cuando Jordi comenzó a bromear y contar historias de las montañas, Marie-Louise se convenció de la extrema originalidad de aquel tipo. Su aspecto y las historias que contaba eran tan diferentes. Parecía literalmente de otro mundo. Todos le escuchaban atentísimos, aunque las mujeres aún más. *No le faltarán amigas. Están encantadas con él,* pensó una Marie-Louise fascinada. Tomó impulso, se levantó del sofá y fue directa a brindar sin alcohol con el desconocido.

El 12 de diciembre, en su primer día de trabajo, Jordi saludó al guarda del edificio de la Alliance y traspasó el umbral. Vestía traje y corbata, la raya del pelo al lado, zapatos de los que en Francia calzaba para ir a fiestas. No se sentía bien con aquel disfraz, pero se distendió recordando la cara que había puesto Shamsur al ver los pantalones cortos, la camisa y la corbata que tendría que llevar a su nuevo colegio de estilo inglés.

Jordi se presentó ante sus nuevos compañeros sin demasiados preámbulos, comenzó a ordenar papeles y, casi sin darse cuenta, la jornada había terminado. No estaba mal para estrenarse. Le sobraban fuerzas y ánimo, quizás aún lograra saludar a Marie-Louise en la oficina de Madera, la ONG donde trabajaba. En coche, cinco kilómetros no son nada... No, mejor no. Tampoco era cuestión de estar en todas partes ni de abrumar a nadie. Marie-Louise le había caído muy bien, pero se acababan de conocer y él no quería nada más que charlar, las cosas se confunden muy rápido... Aunque una llamadita sí podía hacerle.

Marie-Louise descolgó el teléfono mientras repasaba un balance de cuentas. Al escucharle, su rostro se iluminó. Después de intercambiar un par de frases, Jordi dijo:

—Deberían utilizarte para hacer publicidad de la ONG. ¡Vaya sonrisa!

—Pero si no me ves.

—No lo necesito. ¿Quedamos para ver la próxima peli de la Alliance?

La cita fue muy bien. Jordi se sintió pronto lo bastante a sus anchas como para confiarle alguna de sus ideas de futuro, algún sueño. Cómo le agradaba aquella chica rellenita y tan locuaz a la que ni siquiera arredraba su ceceo. La administrativa también encontró un interlocutor en Jordi, descubrió en él a alguien que escuchaba. Desde entonces, la pareja fue asidua a las sesiones de cine que la Alliance proyectaba los viernes. Marie-Louise le ayudó a familiarizarse con el personal y sentirse acogido en la comunidad extranjera. Cuando le presentaba a alguien, Marie-Louise soltaba una retahíla de halagos que delataba su enorme aprecio. Para ella, Jordi era simpático, imaginativo, tenaz, un chef exquisito, divertido, y, sobre todo, admiraba su aventurera concepción de la existencia. Eran tantas cosas... que halló el coraje suficiente para hacerle su propuesta:

—Jordi..., he estado pensando... que podrías alquilarme una de las cuatro habitaciones que tienes en casa.

—¿Problemas de dinero?

—Ya sabes que me va a expirar el contrato de trabajo...

—Dijiste que te habían ofrecido prolongarlo tres meses, ¿no?

—Sí, pero es que también se me termina el contrato del piso y, si quiero renovar el alquiler, me obligan a firmar como mínimo por un año. Ya sabes, cosas de Peshawar.

—Ay, Peshawar, Peshawar —dijo Jordi poniendo los ojos en blanco—. Vente a casa el tiempo que necesites.

Marie-Louise es una mujer rotunda, de baja estatura, su pelo oscila entre el look afro y el escarolado. Muchos pakistaníes la consideraban japonesa por lo rasgado de sus ojos aunque ella se autoproclame «cuarterona. Mi padre tiene sangre bretona y de Martinica. Mi madre, rusa y francesa. Yo soy un cuarto negra y tres cuartos blanca. Sé lo que es la diferencia».

Actualmente, vive en el barrio de Château Rouge, un rincón de África que los mapas sitúan en París. En los puestos callejeros de Château Rouge se encuentra desde patatas de Camerún a ristras de tiendas de pelucas y dátiles amontonados sobre cajones botelleros que sirven de improvisados mostradores. Claro, que también hay espacio para bananas americanas, lavanderos chinos y predicadores católicos que sueltan su discurso frente a la mezquita Al Fatah observados por mujeres que transportan mantas y bidones en la cabeza vestidas al modo del Congo, de Uganda.

Las estanterías del apartamento parisino de Marie-Louise guardan múltiples libros de viajes. Ahí están Naipaul, Theroux, Bouvier, Kapuściński... Ella misma ha viajado por todo el mundo, enseña fotos suyas en Laos, en China, y ha leído y experimentado hasta dónde puede alcanzar el rechazo al forastero. Por eso, no le pareció tan extraño, aunque sí mezquino, el ataque que en esos meses se desencadenó contra su amigo.

—Te lo había avisado —dijo Marie-Louise en el comedor mientras, como Jordi, caminaba de un lado a otro. De vez en cuando se cruzaban—: No te confíes y vigila a la marroquí, vigila a la marroquí. Pero tú, nada. Como siempre, a la tuya.

—No pensé que llegaría a esto.

—Pues si siempre venías quejándote de ella. Que si Myriam por aquí, que si Myriam por allá.

Jordi sospechaba que la marroquí intrigaba en su contra desde que le anunciaron como futuro director, un puesto al que ella aspiraba. Con sus delicados modales, la muy puta estaba ejecutando una efectiva campaña de descrédito, pero de ahí a aprovecharse de la relación que tenía con el pequeño Shamsur para acusarle de pedofilia...

El único que podía detener aquella barbaridad era su supervisor, y debía actuar ya, esa cuestión no podía esperar. Al día siguiente pidió audiencia a Lévêque.

—¿No vas a hacer nada, Maurice? —le dijo—. Es muy grave. Tienes que intervenir.

—No hagas caso. Ni siquiera sabes a ciencia cierta que sea ella la que ha difundido el rumor.

—¿Y quién si no? ¿Has sido tú? Ningún otro empleado se atrevería, a nadie le interesa más que a ella.

—Déjalo correr. Igual que ha aparecido, se esfumará.

Maurice Lévêque sabía que sus palabras no iban a consolar a Jordi, pero qué le iba a decir, si él mismo consideraba legítima la denuncia de la marroquí. Por una parte debía salvaguardar la reputación de la Alliance, mejor que Jordi no le diera más importancia y así quizá la polémica se sofocara por sí sola; y por otro lado, bueno, allí todos sabían que Jordi y Shamsur dormían en el mismo cuarto. Una cosa era confiar en las capacidades profesionales del cazabarmanus, simpatizar con su alternativa forma de vida basada en una moral antigua, y otra cosa eran los asuntos domésticos. Porque sobre la intimidad de las personas, quién puede garantizar nada. Y si además se trata de alguien tan peculiar...

Que Marie-Louise se fuera a vivir con Jordi y Shamsur palió el impacto de una imputación que, de todas formas, quedó en el aire. Palabras suspendidas como dagas a la espera de alguien decidido a empuñarlas. Cada vez que Jordi pensaba en la marroquí... recitaba los consejos de Marie-Louise: *Procura desactivar la rabia; apártate de cualquier polémica; céntrate en el trabajo manteniendo el máximo hermetismo en lo referente a tu vida privada*. De acuerdo. Está bien. Se iba a controlar, se retiraría, pero que Marie-Louise no pensara que lo tenía en el bote por que le hubiera hecho caso, podía ser buena consejera, pero eso no cambiaba su condición de huésped, y como tal no iba a librarse de acatar las rígidas normas de convivencia que él exigía en sus casas.

—Cuando quieras verme, llama a un sirviente y que me avise. Yo haré lo mismo contigo. Nos encontraremos en el salón.

El área donde está mi habitación es reservada, ahí no entra nadie. ¿De acuerdo?

—Muy bien.

La prohibición de circular por aquellas dependencias sumada a los rumores sobre Jordi picaron la curiosidad de Marie-Louise, que en los primeros días se sorprendió varias veces mirando hacia el ala vedada de la casa. Las jornadas transcurrieron sin novedad. Marie-Louise ni siquiera tenía indicios para considerarle homosexual y el comportamiento de Jordi hacia el niño era el de cualquier tutor, incluso el de un buen padre, así que pronto asumió la orden de no invadir el área restringida como una particularidad más del anfitrión, borrando de su cabeza toda especulación malévola. Nunca entró en el cuarto.

La casa no disponía de pisos superiores aunque era grande. Ocupaba un buen pedazo de terreno, aumentado por el gran jardín donde vivían Gorki y Fjord. Como el resto de las residencias del barrio, un gran muro parapetaba a los habitantes, asegurando que las mujeres pudieran circular sin ser vistas.

Una tarde en que Marie-Louise se lavaba la cara frente al espejo del lavabo tras haber doblado varias de las *shalwar-kamize* que vestía para no marcar nalgas ni pecho, llegaron visitas. Escuchó voces masculinas. Maldita sea. La conducta local estipulaba que los extraños no podían verla en casa, y menos con la ligerísima túnica que llevaba puesta. Joder. Pasaron dos horas hasta que las visitas se marcharon y Marie-Louise pudo salir del cuarto de baño.

—Ah, ¿estabas en casa? —dijo Jordi al verla.

—Exactamente, he tenido —enfatizó el «he tenido»— que estar —enfatizó el «estar»— en el lavabo.

—Mierda —dijo Jordi—. ¡Pero qué normas son ésas! Esto no se puede soportar.

Pasó un rato enfurruñado rememorando situaciones similares que él consideraba absurdas. El día después estuvo sopesando cómo podrían disminuirse los ultrajes a las mujeres en Pakistán, pero cada posibilidad topaba con dificultades demasiado grandes y, en fin, él era un hombre, a su indignación le faltaba la cólera y el resentimiento de las mujeres, y tenía otras cosas en las que pensar.

Al volver del trabajo, se sentó en el sofá junto a Marie-Louise, bebió una Coca-Cola leyendo *Le Monde Diplomatique.* También hojeó otros periódicos extranjeros atrasados.

—¿Dirán algo sobre Europa en el informativo de hoy? —dijo echando un vistazo a la televisión.

—No sé. No creo —respondió Marie-Louise, inmersa en un libro de viajes.

Prepararon algo de comer y llamaron a Shamsur para cenar juntos. A los tres les complacía la impresión de integrar una entente tan bien avenida y exótica. Una familia distinta.

—Echo en falta un buen muslo de pollo —dijo Jordi—. O una pata de cordero.

—Pues lo siento, comiste ayer —respondió Shamsur con burlona sonrisa.

El Gobierno prohibía comer carne más de dos días a la semana con la intención de disminuir el exagerado consumo nacional. Menuda gilipollez. ¿El Gobierno le iba a impedir comer lo que quisiera?

—Hoy cenaremos un poco más tarde —dijo.

Salió de casa y se dirigió al mercado negro nocturno. Compró dos pollos. De vuelta a su cocina, se aplicó a elaborar platos incluso con partes en principio incomestibles. Las patas y la cresta sirvieron para una sopa de fideos; tostó las alas para comerlas enteras; la pechuga la bañó en salsa picante con arroz; y lo demás lo reservó para un asado.

Poco después de cenar llamaron a la puerta. Jordi se levantó a abrir. Como preveía, era Farooq.

—No pasan dos días sin vernos —dijo Jordi cediéndole el paso—. Te gusta cómo cocino, ¿eh?

—Y a ti mi conversación, hay que reconocerlo.

Farooq era un francés nacido bajo el nombre de Marc Roy que se había convertido al islam y vendía alfombras. Se instalaron en la retirada habitación de costumbre. Jordi le sirvió té y para sí mismo abrió una cerveza. Se tumbaron en el suelo recostados sobre cojines. Jordi comenzó a quemar una piedra de hachís conversando de todo un poco.

—No puedes comparar la higiene de Pakistán con la europea —dijo Jordi—. Mi hermano, el que vino en octubre, enganchó una hepatitis aquí.

—¿Aquí? Estuvisteis con los kalash, ¿no?

—Los kalash no son un prodigio de limpieza, pero Islamabad y Peshawar tampoco es que sean palacios —Jordi lió el porro—. Lo bueno de esta ciudad y algo que no me esperaba es que se encuentra de todo. Eso de la venta de pescado a domicilio es impresionante.

—¿Has comprado sardinas? —preguntó Farooq.

—Y calamares, atún y unas sepias preciosas de kilo y medio cada una. Hay gambas, mejillones. Mira, un día de éstos preparo una paella. ¡Voy a hacer paellas! Aunque lo más increíble es que en Peshawar se pueda comprar cerdo. Y cerveza, y vino.

Encendió el porro, le dio un par de caladas y se lo pasó a Farooq, que chupó una sola y larga vez.

—A ver cuánto dura eso —dijo el musulmán sacudiendo la picadura de tabaco que se le había enredado en la barba—. Alguna gente se está radicalizando. A lo mejor pronto os hacen ir con *shalwar-kamize* a la Alliance.

Desde su llegada a la institución, Jordi vestía siempre con traje y camisas de tonos claros como la que llevaba remangada.

—No serán tan cafres.

—Cómo te gusta decir eso.

—¿Cafres?

—Ajá.

—Hay que llamar a las cosas por su nombre.

—Hay que ver qué cafre eres.

Se pusieron a reír, no había forma de no hacerlo con Farooq, qué grato aliviar la carga de otra jornada burocrática en la que de nuevo se había encontrado animándose a proseguir. No es que le disgustara el empleo, pero añoraba demasiado las montañas. Bueno, al menos ganar dinero y educar a Shamsur justificaban el sacrificio. Reía con Farooq. ¿Lo justificaban? La verdad es que Shamsur no estaba muy dispuesto a colaborar.

—No quiero ir al colegio. Yo no tengo nada que ver con esos capullos.

—Pero quieres ir a Francia, ¿no?

—Sí.

—Pues tendrás que estudiar francés para hablar con la gente de allí. Va, péinate, que nos vamos.

Esta conversación, prácticamente idéntica, se repetía con frecuencia. A veces Jordi tenía que arrastrarle hasta el colegio pero, en general, Shamsur cogía la cartera, se ponía el pantalón corto, la corbata y cumplía con su parte. Hasta que un día se plantó.

—No quiero ir.

—Venga, no digas tonterías. Llegamos tarde.

Shamsur no se movió. Jordi insistió. Varias veces.

—Oooh, ya lo creo que vas a ir.

Cada vez más alterado.

—No.

—Ya lo creo que sí. Ya lo creo.

Jordi le agarró del brazo y tiró de él. Shamsur se resistió con éxito, estaba creciendo. No había forma de sacarle del cuarto. No le gustaba ir a la escuela, cómo lo tenía que decir. Era libre, al menos se consideraba libre, no quería que Jordi ni nadie estuviera pendiente de él. Los nuristaníes crecen en el campo y es ahí donde aprenden a vivir, ¿es que no lo podía entender?

Jordi lo soltó, salió de la habitación y volvió con dos palos que le sirvieron para atrancar la puerta. Shamsur se asustó de verdad. Jordi empezó a propinarle una tunda con la mano abierta, qué se ha creído el mocoso.

—¿Sabes lo que es disciplina? —gritó—. ¡Esto es disciplina!

Le soltó un bofetón.

—¡Disciplina!

Ante la nueva arremetida, Shamsur se encogió, de modo que la mano le golpeó en la cabeza. Jordi le asió de un brazo para asegurar mejor los golpes y continuó con la lluvia de sopapos, alguna patada, imprecaciones.

—¡Claro que irás al colegio!

Cuando terminó, Shamsur tenía varias partes del cuerpo enrojecidas, algún cardenal y había reconsiderado su postura.

> Es el mejor recuerdo que tengo de Jordi. Quería obligarme a ir al colegio, quería que estudiara. Fue como un hermano mayor para mí. (Shamsur.)

Una tarde antes de que terminara el invierno, Jordi decidió desintoxicarse de la jornada deambulando por las calles de Peshawar. No se quitaba de la cabeza a su familia, en especial a Andrés, su incondicional compañero, hasta había agarrado la hepatitis por estar con él. Se asomó a la tienda donde vendían relojes que reproducían diseños de aviones y compró uno con forma de Zero —el famoso caza japonés— y otro inspirado en un aparato ruso. Seguro que a Andrés le gustarían.

Fue en busca de la moto. Al montar en el sillín echó un vistazo alrededor. No vio uniformes y tenía ganas de llegar a casa, pero arrancó a velocidad prudente, la policía llevaba una buena temporada multando sin contemplaciones.

Horas antes, Marie-Louise había visto tres corderos hozando entre bolsas de basura, y se preguntaba si algún día el Gobierno confiaría en una forma más profesional de limpiar los desperdicios callejeros. Subió al autobús que unía la oficina de Madera con su casa en University Town. Iba lleno, como siempre. Se ubicó en la parte delantera destinada a las mujeres y sobrecalentada por la radiación del motor. Tardó los veinte minutos de costumbre en llegar al barrio, caminó unos metros hasta casa y, al entrar, vio que había revistas y periódicos por todas partes. Algunas páginas estaban recortadas. Alguien había eliminado las fotos en las que aparecían mujeres.

Llamó al criado.

—Sí, he sido yo —dijo el afgano, rondaba los veinte años—. Esas imágenes no están permitidas.

La arrogancia del joven criado le hizo ser aún más consciente de que ella no dejaba de ser u-na-mu-jer-en-Pa-kis-tán. Mejor no discutir. Esperaría refuerzos.

Cuando llegó Jordi, las publicaciones habían sido medianamente ordenadas, pero Marie-Louise le contó lo ocurrido. Jordi hojeó varias revistas y periódicos presa de una indignación que le agarrotaba los dedos. El criado no estaba en la sala. En lugar de llamarle, fue directo a su habitación, adonde entró sin avisar. Le encontró estirado en la cama boca arriba mirando las fotos, que había colgado en la pared.

Jordi se disparó.

—¡Dónde te crees que estás! ¡Ésta es mi casa, cabrón! ¡Imbécil! ¡Tú trabajas para mí y aquí se cumple mi ley! ¡Mi ley!

Empezó a empujarle, a pegarle. Marie-Louise corrió al cuarto al oír los gritos. Pensó que le quería matar. Habría deseado intervenir, pero le amedrentaba la ira de Jordi. El chico no podía enfrentarse al braceo imparable de una musculatura infinitamente más potente que la suya, si bien los golpes que recibió fueron, siendo duros, cuidadosos.

—¡Largo de aquí! ¡No te quiero volver a ver! ¡Estás despedido!

Después, se sentó en el salón con Marie-Louise. Se escuchaban mutuamente respirar. Jordi se quitó la corbata, continuaba con la americana puesta.

—Ten cuidado con los afganos porque se volverán contra ti —dijo Marie-Louise—. Ya sabes que si les haces algo, a las dos semanas te desaparece el coche o pasa cualquier desgracia. Ten cuidado, Jordi, ten cuidado. Aunque te lo parezca, no estás en tu casa.

Marie-Louise habló lento y mirándolo con atención. ¿Cuántas veces le había dicho exactamente lo mismo? Pero ni caso. ¿Por qué no escuchaba? Era un tipo muy duro. Un duro de los de verdad.

Jordi cogió el último número de *Le Monde Diplomatique,* se encerró en su cuarto, dejó los aviones que había comprado a Andrés en la mesita, lanzó la americana sobre una silla y se tumbó en la cama. En aquella situación había un fondo de acoso. *Pretenden acorralarme.* Su tendencia a la paranoia le permitía adelantarse a las situaciones, a veces cometiendo errores, a veces sencillamente se equivocaba por completo, pero casi siempre obtenía la ventaja de llegar el primero a un cierto punto, de manera que cuando el futuro se presentaba, de algún modo Jordi ya había pensado en él y tenía una respuesta que ofrecer. De todas formas, aquello amenazaba con complicarse.

Jordi acababa de ser confirmado como director de la Alliance en Peshawar, pero la marroquí seguía difamándole y Lévêque no iba a detenerla.

—Tú intenta hacer las cosas bien y olvídate de rumores —le había dicho el delegado—. Hay mucha gente que te observa.

—¿Qué quieres decir?

—Va, no te hagas el tonto —respondió Lévêque, retirándose sin más.

Palpando el ejemplar del periódico tirado sobre la cama junto a él, Jordi reconoció que Lévêque tenía bastante razón. Un nuevo director debía ser muy tonto para no darse cuenta de que el cargo le ponía en el punto de mira del ISI, los servicios secretos de Pakistán, que atribuían a la Alliance unas funciones mucho más que culturales. ¿Es que no había oído ya suficientes historias de espías? Una de las que más le impactaron fue la de aquel francés que trabajaba en la embajada francesa y tenía un criado pakistaní. Un día, al volver de la embajada, el francés encontró su casa desmantelada y al sirviente asesinado en el cuarto de baño. El hombre estaba seguro de que habían sido los servicios secretos, repetía que al intentar sacar información al criado sobre su jefe, sobre él mismo, a los del ISI se les fue la mano y lo mataron.

Y los relatos de ese estilo menudeaban. Era habitual que algunos gobiernos regionales acusaran de espías a extranjeros cuya presencia resultaba incómoda. El argumento ideal para su inmediata expulsión.

La portada de *Le Monde Diplomatique* que Jordi palpaba todavía estirado anunciaba un reportaje sobre el aumento de barbudos en Pakistán. Y lo peor era que esos radicales estaban imponiendo normas que menguaban aún más unas libertades ya de por sí muy limitadas. Qué poco tenía que ver ese islam con la idea que se había hecho disfrutando de los bosques junto a príncipes chitralíes, con su amigo Khalil... Fue instintivo, un relámpago de lucidez, pensar en los kalash, en las similitudes entre la asfixia que experimentaba aquel pueblo y la suya. Jordi empezaba a sentirse cercado, no hallaba la forma de eludir las presiones, ¡si sólo quería que le dejaran en paz! Pero ¿cómo conseguirlo? ¿Qué hacer? ¿Dónde acudir? ¿Debería marcharse, desaparecer? Por una fulminante serie de asociaciones se remontó a 1987, y al recordar aquella sala abarrotada de chavales drogados con la tele a todo volumen, la miseria de los valles, la imposibilidad de salir de ahí, tuvo un atisbo de hacia dónde podía conducir la impotencia.

El 24 de marzo de 1995 escribió una carta a su madre y a Andrés resumiendo la situación:

> Hace unos meses que ha nacido una nueva fuerza afgana, los talibán. Han conquistado buena parte de Afganistán. Nadie sabe quién manda a estos talibanes, «estudiantes de la religión». Son religiosos, también fundamentalistas. Reciben las órdenes de Pakistán, y las armas, el dinero viene de Estados Unidos. Afganistán se ha convertido en el principal productor de heroína, además hay muchas armas, incluso estratégicas, como las stinger. Es también un centro de terroristas musulmanes. [...]
>
> Al principio los afganos veían a los talibanes con buenos ojos, pero se han replanteado el apoyo al ver sus excesos y esto se está transformando en una guerra entre tadjiks (favorables al rebelde Massoud) y pashtunes (pro-talibanes). [...]
>
> Una vez más los yanquis se sirven de religiosos islamistas para terminar con la guerra civil en Afganistán [...]
>
> El trabajo en la Alliance no deja tiempo para nada más [...] Estoy harto de Peshawar, los patanes son unos brutos desagradables y unos fanáticos musulmanes. Además, ésta es una ciudad superpoblada, más que París. Estamos como en una cárcel porque a Peshawar la rodean zonas tribales donde está prohibido viajar. La verdad, me faltan las montañas, la pureza y la amabilidad de la gente del norte.

En la misma carta, Jordi expresó su deseo de encontrar una alternativa a la Alliance antes del verano. «Si no consigo nada, tendré que volver a Francia.»

Pronto llegó el calor. Jordi multiplicó el consumo de Coca-Colas. También era un asiduo de la máquina expendedora de agua de la oficina, y fue ahí donde, sosteniendo un vaso vacío recién enjuagado con permanganato de potasio, volvió a pensar en la falta de higiene, de protección, de medios de los kalash. Minutos más tarde convocó a tres colaboradores en su despacho.

—Les vamos a dedicar una exposición —anunció—. Se sabe muy poco de esa gente, pero son historia de Pakistán, y hay que reivindicarlos. Yo me encargaré del programa.

Entre las actividades previstas para mayo-junio incluyó una conferencia sobre los hombres salvajes y un espectáculo de danzas bashgalis con nativos de Bumburet.

Los promocionó con todo el ímpetu y el cariño de los que fue capaz, describiendo lo que pensaba hacer a quien quisiera escucharle, y Marie-Louise era una oyente perfecta.

—... así que voy a ayudarlos a transportar algunas cajas de las montañas, porque también me gustaría montar una exposición. Creo que con objetos y con imágenes se entenderá mejor lo que los kalash quieren decir —le contó Jordi, mientras Marie-Louise pensaba que era el mejor director de la Alliance que había conocido. Los empleados le tenían en buena consideración, nadie trabajaba más que él, y la gran diferencia: se notaba que no estaba ahí para trepar.

—No olvides que también debes preparar la fiesta del veinticinco aniversario de la Alliance.

—Tranquila —Jordi le guiñó un ojo—. Ya tengo pensado hasta el pastel.

Dieron dos golpes en la puerta del despacho, a la vez que la abrían. Jordi alzó la mirada del libro sobre Nuristán que estaba leyendo.

—Hola —dijo Maurice Lévêque cerrando la puerta detrás de él.

Caminó hasta la butaca frente al escritorio y sin pedir permiso se sentó.

—Hola, Jordi —repitió.

—¿Qué quieres?

No iba a ser amable. Era obvio que los capitostes de la Alliance le consultaban mucho menos desde que habían empezado los rumores sobre su relación con Shamsur, y aunque en su presencia mantenían la compostura, hablaban más a menudo con la marroquí que con él.

—¿Por qué has elevado tan exageradamente el salario de ese secretario pashtún? —preguntó Lévêque sin rodeos.

—Hay mucho que hacer, y creo que lo merece.

El delegado cerró los ojos como si se hubiera dormido. Lévêque estaba convencido de que al subir el sueldo al pashtún, Jordi pretendía ganarse, además de un adjunto, un aliado.

—Mira, Jordi —¿por qué tenía que llamarle siempre por su nombre? Le fastidiaba ese amaneramiento, esa forma de simular empatía—, ya sabes que últimamente el consejero cultural habla de cambios, le gustaría dar una nueva orientación a la Alliance...

—... y yo no entro en los planes.

—Bueno, esas cosas que se dicen de ti deben de haber influido algo, claro. De todas formas, lleva tiempo...

—No me vengas con chorradas, Maurice.

—A ver, hay algo evidente: la Alliance no es tu primera motivación y aquí necesitamos gente implicada. Y más ahora, tal y como se están poniendo las cosas.

—O sea, que el consejero no quiere que continúe.

—No.

—¿Y quién será el nuevo director?

—No sé, está por decidir.

—Será ella, ¿no? —dijo cabeceando hacia la puerta.

—Ya veremos. Hay varias posibilidades, no es tan fácil.

—Entendido. ¿Algo más?

Maurice frunció los labios incorporándose.

A los pocos días, la profesora marroquí fue nombrada directora de la Alliance.

—Empezó haciendo prácticas para una tesis y siempre se ha mostrado muy discreta y reservada en sus críticas —dijo Lévêque a un grupo de invitados al acto de su presentación.

XVIII

—Dejó la Alliance porque era un hombre libre. En ese sitio también hay una parte de espionaje. Cuando le pidieron que colaborara, respondió que de eso nada —afirmó Esperanza Magraner en el piso de su madre en Fontbarlettes. Me miraba a los ojos, sin parpadeos.

—¿Le pidieron que espiara?

—Él me lo dijo.

—¿Quién se lo pidió?

—No sé, supongo que alguien del Gobierno. Le dijeron que tenía que pasar información sobre lo que veía, cómo pensaba la gente con la que hablaba, qué le parecía cada uno de ellos...

Erik l'Homme: No sería tan extraño que el Gobierno francés hubiera propuesto a Jordi pasar datos. Es una zona complicada en la que la información de la que él podía disponer era muy valiosa. Era un auténtico experto en la zona.

Franck Charton (reportero): ¿Espía? No. Era demasiado iconoclasta, independiente y amante de su libertad como para ponerse a las órdenes de un servicio secreto o de cualquier poder.

Cat Valicourt: Los servicios secretos jamás creyeron la historia del barmanu. En esa historia veían una tapadera para todo tipo de tráfico, aunque esos asuntos no iban con la personalidad de Jordi. Él separaba sus actividades. Era enigmático pero no corrupto.

ERIK L'HOMME: Cuando volví a Chitral en 1998, un amigo que trabajaba en la embajada francesa nos pidió a Jordi y a mí que abriéramos bien las orejas si oíamos hablar de Osama bin Laden. 1998. Cuando Bin Laden aún no era Bin Laden. Es muy posible que otros consideraran a Jordi un espía. De hecho, es uno de los móviles que se barajan para explicar su asesinato, pero yo no le veo en ese papel. No habría aceptado. No amaba lo bastante a Francia como para espiar para ella.

XIX

Al arrancar la primavera de 2009, alquilé un pequeño cuarto en el hotel Les Négociants de Valence, junto a la estación central de ferrocarriles. Cada día, hacia las diez de la mañana, tomaba el autobús número 2, descendía en la parada Mozart de Fontbarlettes y después de un corto paseo llamaba dos o tres veces al timbre de los Magraner, porque a Dolores le falla un poco el oído. Nos besábamos, me ofrecía algo de beber, yo casi siempre optaba por agua, y pasaba a la habitación de Jordi, donde me esperaban las maletas de hierro. Revisaba archivos hasta bien avanzada la tarde.

Algún día entre semana me quedaba a comer, pocos, porque intentaba no fatigar demasiado a una Dolores ya lastimada por las preguntas y los papeles retomados. Un día, Dolores abrió la caja de bombones Lindt donde guarda las cartas que Jordi le enviaba desde Pakistán. Leyó párrafos al azar. Se la notaba afectada pero no lloró, ni pareció que fuera a hacerlo.

—Desde la muerte de mi hijo no puedo llorar —dijo.

Empuñaba varias cartas mirando sin ver lo que quedaba del *petit-suisse* que habíamos ido mutilando durante no sé cuántas tardes, ambos comemos poco, a la hora del café.

Esperanza me había sugerido que reservara un sábado para comer con ella y sus hijas. Vendrían de Lyon a casa de su madre, de su abuela, expresamente dispuestas a contar historias de Jordi. Se presentó con las dos, Isabelle y Marie, el esposo de ésta, y con su nieta Lucie.

Esperanza cocinó *quenelles,* días antes le había comentado que aún no había probado ese plato típico de Valence. Las sirvió con ternera y descorchó una botella de vino francés. En la pared del comedor, junto a la foto de Andrés posando sobre el ala del Yak-11 y el altar de Jordi a caballo, destacaba la imagen enmarcada de un submarino emergiendo en mar abierto. Ángel Federico Magraner Ibáñez, el padre de Jordi, había sido teniente de submarinos durante la Guerra Civil española. Combatió en el bando republicano.

Cuando la guerra se decantó a favor de los franquistas, Ángel Federico embarcó en Alicante junto a otros 2.637 fugitivos en el mercante inglés *Stanbrook.* Los pasajeros cuentan que el barco iba lleno hasta el palo mayor. En todos los lugares había alguien; en las bodegas, en el puente y sobre el techo de las cocinas y las máquinas; la línea de flotación estaba sumergida. Se empezaba a levantar el ancla y seguían llegando por miles los desesperados que no cesaban de gritar o llorar.

Fue una odisea. El barco navegaba escorado por el exceso de peso, estaban todos apiñados, apenas tenían comida, y se cernía el miedo a ser hundidos por los submarinos alemanes o por los aviones que los sobrevolaban.

El capitán solicitó asilo en Orán. Se le negó. Sin destino al que dirigirse, el *Stanbrook* fondeó frente al puerto argelino. Al declararse una epidemia de tifus en el barco, las autoridades magrebíes permitieron trasladar a tierra a los enfermos y, después, al resto de los pasajeros, que fueron enviados a campos de concentración por un Gobierno controlado por la Francia aliada de Alemania.

El padre de Jordi integró la remesa de condenados a construir la línea de ferrocarril que uniría el norte de Argelia con las lindes del Sahara, y ahí trabajó dos años. Hervía su propia ropa para matar los piojos. Por la noche escuchaba aullar a las hienas del desierto. Su habilidad para reparar un generador eléctrico que se había resistido a los técnicos argelinos le permitió disfrutar de un régimen distinto. Luego fue destinado a los campos de trabajo de Buarfa y Colomb Béchar, en la frontera entre Marruecos y Argelia, hasta el final de la guerra.

En Rabat se ganó la vida como técnico de coches de lujo y fue allí donde un amigo del Centro Español le presentó a su prima Dolores. Aunque la chica vivía en Casablanca, pasaba una temporada en la ciudad cuidando a su tía María, convaleciente de una enfermedad.

—Soy española pero he nacido aquí —dijo Dolores en el primer encuentro con su futuro marido.

—¿Cómo que aquí?

—En Marruecos, en Tánger.

—Pues no se te nota.

—Claro, porque uno es de donde es, y yo soy española —Dolores desenfundó el pasaporte que llevaba en un bolsito.

—Dolores Gómez Cuadrado. Tánger —leyó Ángel Federico en voz alta—. Supongo que os mudasteis cuando las cosas se complicaron.

Dolores emitió un gemido de asentimiento.

—¿Y qué tal por Casablanca? ¿Cómo vives allí?

A Dolores le gustó la facilidad del chico para charlar, se le veía relajado, muy formal, y por eso no le costó explicar que varias mujeres de la familia eran sastres, trabajaban en un almacén de vestuario.

Ángel Federico y Dolores se casaron en Casablanca y tuvieron seis hijos. Jordi fue el quinto. Tras el bombardeo aliado de la ciudad, los Magraner se desplazaron a Tánger. Cuando Jordi tenía cuatro años, la familia se trasladó a Valencia, pero la desoladora posguerra y la calidad de los servicios sociales franceses, con un buen sistema de ayudas para las familias numerosas, los animaron a cruzar los Pirineos tras dos años de mera supervivencia. En el Magreb habían aprendido francés, así que la lengua no sería obstáculo. Los Magraner se instalaron en Valence en 1965 pensando en el día en que regresarían a España. Ángel Federico sacó adelante a la familia sin conseguir nunca desahogos económicos. Cuando murió, Jordi tenía quince años.

En 2009, Rosa, la mayor, era la única hija que vivía en España. Estaba separada, se dedicaba a la costura. En cuanto a los Magraner «franceses», Juan se acababa de jubilar tras varios años trabajando como electromecánico en Solystic, compañía especializada en la clasificación de correo. Ángel era chófer de autocares. Esperanza, administrativa de una empresa textil. Andrés trabajaba en Markem-Imaje S. A. realizando impresiones de productos con chorro de tinta.

—Aquí estamos acostumbrados a comer, trabajar, dormir. Y Jordi nos traía algo más —dijo Esperanza en la mesa.

La confesión me erizó el vello del cuerpo. A los Magraner no les basta con haber soñado. En todo caso, dan gracias por haber tenido un miembro que les demostrara cuánto hay de realidad en los sueños, inoculándoles un espíritu de curiosidad y aventura que terminó llevando a Ángel, Andrés y Esperanza a Chitral. Fueron sólo semanas, pero ya morirán con ellas, con esa experiencia del mundo.

Por lo demás, la familia nunca ha salido de los límites de su cajón. Prosperidad no es una palabra que se ajuste a esta estirpe de netos supervivientes. Jordi nunca sintió deberle gran cosa a Francia.

Él y sus hermanos fueron educados en el aprecio a la naturaleza, ninguno se bautizó. Ángel Federico y Dolores no cargaban contra la Iglesia, pero mantenían a sus hijos apartados de ella. E intentaron viajar a España con toda la frecuencia que les permitían los ahorros. En casa se hablaba español, y a veces catalán. De hecho, Jordi está registrado como Jorge Federico, pero tenía una *iaia* catalana que siempre le llamaba Jordi, a él le gustaba, y así se quedó. En Navidad, se vestía de fallero, y cuando viajaba a España participaba en las fiestas populares. El día en que le asesinaron, en la cabecera de su cama colgaba una gran bandera valenciana.

—Estoy estudiando árabe en la mezquita de Lyon —dijo Isabelle en la mesa—. Quiero leer el Corán y entender qué pasa por la cabeza de los que lo han leído. Y saber qué dicen cuando voy por la calle.

Isabelle ha creado una página web donde recopila toda la información publicada sobre su tío Jordi, y textos escritos por él.

—Lo que he descubierto es que la mayoría de los árabes que viven en Francia no hablan árabe. Pero, eso sí, siguen las ideas de la familia. Y si los padres les dicen que el Corán es lo primero, el Corán es lo primero.

Cuando llega la compota de frutas y el pastel de manzana, Isabelle recuerda el día en que no se calzó las botas adecuadas para escalar en la nieve. Al quedarse colgando de una pared, Jordi exclamó: «¡Tenías que haberte preparado bien!», y la dejó en suspenso un buen rato. Luego la auparon agarrada a un piolet. El roce de las rodillas contra las rocas le abrió heridas que desinfectaron con whisky. Marie rememora el encuentro con un jabalí. Jordi le ordenó que se quedara quieta. La bestia la olisqueó antes de retirarse.

Marie: Lo sabía todo de los animales.

Isabelle: Era una enciclopedia.

Marie: Siempre nos traía regalitos de sus viajes.

Isabelle: Fumaba en pipa, era antidroga. Shamsur sí que fumaba hachís.

Marie-Louise Marie France: Jordi era múltiple, nadie le ha conocido verdaderamente. Lo tenía todo bien compartimentado. Cuando venía a París, veía a cada uno por separado, y nunca contaba lo mismo a todo el mundo.

XX

Entre unos viajes y otros, Jordi fue invitado por el programa de la televisión francesa *L'Odyssée de l'étrange* («La odisea del extraño»), que emitió diez minutos de imágenes tomadas por Yannik l'Homme durante sus incursiones en los valles. Se trataba de ilustrar la insólita aventura del científico entrevistado.

—Fue curioso. La vida tiene estas cosas —dice Erik l'Homme—. En todo el reportaje, Jordi no habla nunca del tiempo que estuvimos Yannik y yo con él. Ni una mención a nuestra ayuda, a nuestro trabajo. Pero hubo un accidente. No sé cómo lo hicieron, el caso es que el montador se confundió y pensó que Jordi era yo, de manera que, sentado en el estudio, Jordi tuvo que soportar diez minutos de documental en el que el protagonista de su historia ni siquiera era él. Fue gracioso, nuestra pequeña revancha.

—¿Os dijo algo después?

—Nunca.

XXI

La pervivencia y expansión de hombres cada vez más salvajes en las montañas de Pakistán tiene mucho que ver con la pobreza y el miedo. Por supuesto que también cuenta la religión, pero la pobreza y el miedo fueron primero.

Lo siguiente, la guerra.

XXII

—Mi nombre completo es Ainullah. El nombre de mi familia es Jalili. El de mi padre es Masjudi. Mi padre, mi madre, uno de mis hermanos y una de mis hermanas han sido asesinados en el valle del Panjshir. Un jet ruso bombardeó a mi familia. Yo, tres de mis hermanos y una hermana estábamos fuera de casa cuando llegaron los jets. Tengo ocho años pero puedo trabajar bien.

Cuántas veces habría repetido la maldita cantinela Jalili Ainullah aquel año de 1983. Esta vez les hablaba a dos hombres que araban una pequeña parcela de montaña. Sobre sus cabezas atronó un reactor.

—Ruso —dijo el agricultor que manejaba la azada.

—Americano —corrigió su colega acuclillado junto a él—. ¿No oyes que es mucho más silencioso?

Los hombres se quedaron observando el cielo. Cuando se cansaron, el que estaba en pie se dirigió a Ainullah:

—No hay nada, chico. Lo siento.

Si le hubieran preguntado cómo continuaba la historia, Ainullah habría explicado que después de la masacre, él y sus hermanos vivos huyeron del Panjshir hacia la provincia de Baghlan. Cruzaron montañas, caminaron siete jornadas hasta un valle que parecía resguardado. Cinco días después, fueron bombardeados de nuevo, y siguieron huyendo. Desde entonces buscaban comida.

Pasaron los años. El tiempo introdujo variaciones en la presentación de Ainullah.

«Tengo nueve años pero puedo trabajar bien.»

«Tengo diez años pero puedo trabajar bien.»
«Puedo trabajar bien.»

Cada hermano intentó reconstruir su vida al margen de los demás.

Para Ainullah, sobrevivir se convirtió en un vagabundeo en busca de alimento sin que el matrimonio contraído en 1991 alterara esta dinámica, más bien al revés. Atravesando valles, se preguntaba cuánta gente habría como él, cuántos habían tenido que abandonar su hogar para conseguir techo o comida. ¿Cuántos Ainullahs rondaban las montañas? Descansando en una aldea, encontró a otro de esos ex combatientes islamistas que reclutaban adeptos para una nueva causa. Desde hacía unos meses estaban por todas partes.

—¡Los rusos y los americanos no significan nada para nosotros! —gritó el predicador, armado con un rifle—. ¡Sólo Alá es nuestro guía!

—¿Quién es ése? —preguntó Ainullah a uno de los que escuchaban.

—No sé, es la primera vez que le veo. Dice que está con un grupo que se llama Al Qaeda.

Al final del discurso, algunos jóvenes y hombres rodearon al del rifle para hacerle preguntas. Todos desprendían nervios y buen humor.

Miles de huérfanos, pobres, refugiados, vagabundos y hombres con ánimo de vengarse de un sistema que, creían, los maltrataba comenzaron a expandirse por las montañas de Pakistán convirtiéndolas en el centro mundial del yihadismo. En las alturas, las condiciones no suelen ser óptimas, así que los hombres se asilvestraron ocultos en cuevas y bosques mientras desde la mismísima Peshawar, la Ciudad de las Flores, el ISI suministraba ayuda encubierta a los talibanes emergentes.

XXIII

En el verano de 1995, Ainullah era un veinteañero huérfano, tan delgado como esbelto, con motivos para sentir rabia contra cien cosas, alistarse entre las hordas salvajes y así por lo menos comer. Pero él estaba hecho de otra pasta. Para el joven Ainullah, las barbaridades de alrededor se veían mitigadas por la fuerza de la edad, por el número de esperanzas. Además, se creía capaz de cambiar su signo, y ese impulso le alentaba la mañana en la que para ganarse la vida volvió a instalar su mínimo puesto de fruta en el mercado de Chitral. Al lado, Jordi intentaba entenderse con unos chicos nuristaníes.

—¿Necesitáis ayuda? —dijo Ainullah.

Jordi se pasó la mano por el mentón recién afeitado con la maquinilla eléctrica, un lujo que se había empezado a permitir, qué bien que allí también llegara la electricidad. Era presumido al modo de un honorable granjero de montaña. Cuidaba mucho su aspecto pero sin afectación, sin ser un dandi.

—¿Eh? —insistió Ainullah—. ¿Necesitáis ayuda?

Jordi afirmó sin hablar. Ainullah se peinó el pelo azabache a un lado y ejecutó una traducción que Jordi juzgó perfecta. El chico le pareció discreto y eficaz.

—¿De dónde eres? —preguntó Jordi tras despedir a los nuristaníes.

—Del Panjshir, está en Afganistán.

—Lo conozco. Me gusta casi tanto como el león que habéis sacado de allí, ese Massoud. Eso sí que es un jefe. Menuda pesadilla para los talibanes.

Ainullah asintió inexpresivamente. Jordi se tomó unos segundos para escrutar al apuesto frutero. Los ángulos de la cara se le marcaban con la dureza delicada de los clásicos galanes del cine, aunque algo subalimentado. La miseria le había hecho cauto y deslizaba su inteligencia con cuidado de no avasallar, pareciendo incluso tímido.

—¿Y tú de dónde eres?

—De Francia.

En ocasiones, Jordi se atribuía aquella patria, dependía del momento. Y esa vez le interesaba ser francés.

—Tu país es un gran amigo de Afganistán. Durante la guerra con Rusia ayudó mucho a Massoud.

—Anda, dame unos albaricoques —dijo Jordi. Ainullah eligió las piezas—. ¿Qué estás haciendo en Chitral?

—Soy refugiado de guerra IDP.

—¿Sabes otras lenguas?

—He estudiado en diferentes escuelas y he visitado muchos lugares..., así que he aprendido unas cuantas —el interés de Jordi acabó de estimularle—. ¿Crees que podrías conseguirme algún trabajo, por favor? Tengo tres hijos a los que alimentar en Afganistán.

Jordi sacó la cajetilla de Pree, ofreció un cigarro al chico y, como no lo quiso, se lo encendió él. Fumó observando durante un rato excesivo a Ainullah, sin hablar, ensimismado. Ambos sudaban pero obviamente a Jordi le afectaba más. Ese verano se habían alcanzado máximas de cincuenta y dos grados. Con el calor, Jordi se movía más lento, demoraba las reacciones. Tres hijos, tan joven. ¿Debía aceptar a otro afgano en el servicio? Quizá Marie-Louise tuviera razón al desconfiar de aquella gente: tras abandonar la dirección de la Alliance Française, Jordi se había ido unos días de vacaciones con amigos y, al volver, Gorki había desaparecido.

«Dicen que se fugó. Creo que alguien lo ha robado. Da igual, era un perro tonto. Fjord y yo descansaremos», había escrito recientemente a su madre. En español. Unas líneas más abajo, en francés, pedía a Andrés que fuera discreto en los mensajes, que no le enviara datos precisos por carta ni fax, que escribiera siempre en francés. Tampoco era la mejor lengua para comunicarse teniendo en cuenta que Francia apoyaba a Massoud. Los franceses no eran exactamente bienvenidos pero, en caso de emergencia, al menos Shamsur o alguien de la Alliance podría descifrar las misivas.

—Preguntaré por ahí —respondió Jordi—. Si encuentro algo, te aviso. ¿Cómo te llamas?

Jordi volvió dos días después al puesto de fruta. Habló sin rodeos.

—Voy a viajar pronto a Francia, como hago cada año. Pasaré allí varias semanas, quizás un par de meses, no demasiado tiempo. ¿Puedes cuidar de la casa y el perro mientras esté fuera?

—Claro, claro. ¿Por qué no?

—Pasarás meses solo.

—No será nada nuevo.

—Otra cosa: ¿sabes cocinar?

Esa noche, Ainullah preparó en casa de Jordi un *afghan palwe,* un plato afgano especial. Ainullah había oído hablar mucho sobre el cazabarmanus, pero aquella vez fue el propio Jordi quien le resumió su trabajo en las montañas. Le habló de su sangre española. Continuaba cocinando cuando entró un chico con una especie de zurrón en cuyo interior se veía un libro y varias libretas.

—Ah, no te había dicho que también hay que poner plato para Shamsur.

Los chicos se saludaron. Jordi se sentó y probó la comida.

—Eres buen cocinero —dijo.

—¿De verdad?

—Sí, eres bueno. Te enseñaré a preparar algunas cosas. Venga, come tú también. Ponte aquí.

Ainullah se sentó frente a Shamsur. Jordi encabezaba la mesa situado entre los dos. Le complació compartir cena con aquel par de chavales estupendos que cruzaban miradas furtivas intentando estudiarse mutuamente. Shamsur era más descarado, claro, controlaba el espacio.

—Tu salario será de tres mil rupias mensuales —advirtió Jordi. Ainullah era el único que ya tenía el plato vacío—. De momento no puedo pagar más. Buscar al barmanu cuesta mucho dinero. De todas formas, si lo encuentro, esto cambiará. Recibiré dinero y material del Gobierno francés y, si todo va bien, podrás comprarte una casa en Francia o en España, donde quieras. Sólo ten un poco de paciencia. Calienta agua para el café.

Ainullah obedeció. Cuando Jordi y Shamsur terminaron de cenar, les recogió los platos. Al depositar el cazo del agua caliente en la mesa, dijo:

—¿Te puedo preguntar quién es este chico?

—Mi hijo —respondió Jordi.

Shamsur miró inexpresivo a su tutor, que vertió el agua sobre el café soluble, aproximó la nariz a la taza. Ainullah pensó que el hombre y el niño no tenían el mismo color de pelo, se preguntó cómo sería la madre, de dónde, porque desde luego que el chaval era de las montañas, bastaba con verle comer. ¿Jordi se había casado con una musulmana? ¿Con una musulmana rubia? ¿O lo había hecho con una de esas kalash?

—Nooo —dijo Jordi de pronto—. Es broma. Shamsur es el hermano de un amigo. Es de Bumburet pero está viviendo conmigo.

Shamsur y Ainullah congeniaron en aquella casa alquilada por Jordi en el valle de Bagrabad, no muy lejos del corazón musulmán de Chitral. Durante el día, Ainullah cuidaba de Fjord y del nuevo perro adoptado por su patrón, solía darles arroz. También procuraba la comida a los dos caballos, limpiaba la casa, las ropas de Jordi y Shamsur... Más o menos cada tres días, el padre de Shamsur, Khalil y algún otro de sus hermanos bajaban desde su pueblo y los visitaban para ver cómo iba todo. Al terminar los quehaceres, Ainullah montaba en su bici y pedaleaba veinte minutos hasta la casa donde dormía.

Una mañana, tras más de media hora apilando troncos, Ainullah llamó a la puerta del cuarto de Jordi. No estaba. El chico aún no había entrado en la estancia, siempre la hallaba cerrada. Probó suerte con la puerta, que se abrió. Fue como entrar en un excéntrico museo, tan lleno de cerámicas, viejas herramientas, cuchillos, libros, animales en frascos de formol...

—¡Qué haces!

Jordi acababa de traspasar el umbral.

—Largo de aquí. ¡Ya! ¡Fuera! No te quiero volver a ver aquí dentro.

Ainullah no sabía qué decir, ni siquiera se disculpó al retirarse, y fue ese bloqueo, su sincera falta de excusas, lo que sugirió a Jordi que el chico estaba de verdad avergonzado. Ainullah le daba buena espina. De hecho, Shamsur no resistía casi ninguna comparación con él. Por eso Shamsur suponía a la vez un desafío y su gran debilidad. El pequeño había empezado a copar sus pensamientos hasta un punto para Jordi inusitado. Por primera vez, casi podía imaginar un futuro con otra persona: con él. Aún aspiraba a que su discípulo tomara las riendas del reino que por estirpe le pertenecía. Ambos lo conseguirían, lo tenían que conseguir. No iba a abandonar. Shamsur necesitaba educación, ser reorientado, cariño, un guía..., ¿y qué sino exactamente eso era él? Un mentor. Uno a otro se equilibraban, porque Shamsur le ayudaba a forjar sus sueños de permanencia, de eternidad, era el heredero que podía materializarlos, un líder latente al que sólo faltaba despertar, y estaba a un paso de hacerlo, pronto cobraría conciencia de su inmensa fuerza. Sí, lo iban a conseguir.

Antes de un mes, Jordi debió salir de viaje varias semanas. Ainullah había demostrado ser un excelente conocedor de los valles, además de dar tantas muestras de responsabilidad, validez y buenas intenciones que Jordi le encargó cuidar de la casa y de Shamsur en su ausencia.

Como había supuesto, no le falló la intuición. Cuando volvió todo continuaba en orden.

—Estoy muy contento, Ainullah. Hasta ahora me he encontrado con demasiada gente que o me robaba o no sabía trabajar. Estoy muy contento, de verdad. Me voy a instalar en Bumburet y quiero que continúes conmigo.

—Eres muy amable —respondió Ainullah—. Soy afgano, así que no te preocupes, los afganos somos buenos trabajadores, nada que ver con los pakistaníes. Te cuidaré a ti, a tu casa y a tus perros, a tus caballos, la moto y el material..., pero vigila a Shamsur. No se toma los estudios en serio. Hemos discutido varias veces porque no quería ir al colegio y alguna vez hasta ha intentado pegarme.

Jordi apretó los puños. Shamsur. No había forma de domar a ese pequeño salvaje. Esperó a que regresara de la escuela, donde supuestamente debía estar, y en presencia de Ainullah le preguntó:

—¿De dónde vienes?

—Del colegio —respondió Shamsur sin mirarle.

Jordi tenía una mano abierta sobre la mesa. Completamente inmóvil, siguió los desplazamientos del chico por el salón.

—¿Por qué no quieres ir al colegio? —preguntó—. ¿Por qué has peleado con Ainullah?

Shamsur miró a Jordi, echó un rápido vistazo a Ainullah, volvió a concentrarse en Jordi.

—Está mintiendo, no le hagas caso —respondió Shamsur—. Quiere que le prestes atención y se inventa cosas así. Eso que dice es mentira.

Ainullah negaba con la cabeza, la mirada en el suelo, sin hablar. Nadie se movía. Esperaban la decisión del amo. Que no llegaba.

—Haz la cena —ordenó a Ainullah.

El afgano cogió el paquete de cerillas sobre la mesa y caminó hasta el hogar. *Tengo razón y Jordi lo sabe, pero es normal que aún desconfíe de mí, sus trabajadores le han engañado demasiadas veces. No pasa nada*. Frotó una cerilla. Con la llama empezó a quemar un trozo de papel que arrimó al tronco menos grueso hasta que el fuego prendió. *Y Shamsur..., si es que es un crío. Jordi se equivoca confiando tanto en él y en su familia. Pero da igual. Da igual. Está viendo que trabajo mucho y muy duro y que las cosas conmigo funcionan. Tiene que darse cuenta de lo que le conviene.*

Ainullah cargaba con el lastre de su origen. Los afganos habían dejado de ser bienvenidos en Chitral. En pocos años su imagen había cambiado radicalmente. Cuando en 1979 llegó la primera oleada de refugiados a Pakistán, los afganos fueron muy bien recibidos. Pronto, los ecos de la guerra y la miseria intrínseca a los valles comenzaron a empeorar la situación de los chitralíes, que pasaban hambre mientras veían cómo los refugiados afganos se beneficiaban de la ayuda internacional distribuida por ACNUR (Alto Comisionado de las Naciones Unidas para los Refugiados). Los autóctonos dejaron de tocar dinero mientras muchos afganos se adueñaban de numerosos negocios locales hasta controlar buena parte del comercio en Chitral. A principios de los años noventa, en el distrito se contabilizaban unos cuarenta mil afganos y los nativos ya desconfiaban abiertamente de ellos.

El caso es que, aparte de las ventajas concedidas por los Gobiernos, los refugiados habían sabido medrar. Sin duda trabajaban más rápido y eran más prácticos y efectivos que unos chitralíes nada previsores, esto estaba claro para Jordi, y después de todo él quería gente responsable y eficaz, ésa era una buena vara para medir su confianza, daba igual la procedencia. Así que tres días después de la discusión, Jordi entró en su cuarto, abrió un pequeño baúl de madera situado a medio metro del cabecero de la cama y sacó una pistola.

—¡Ainullah!

El chico apareció con las manos embarradas, que mantenía a prudente distancia de la ropa.

—Ten —le tendió el arma. Ainullah dudó. Levantó un poco las manos enseñando las palmas, quería sugerir que no podía cogerla así. Desde lejos podría interpretarse que el hombre armado le había hecho prisionero—. ¡Ten!

Ainullah se restregó las manos deprisa contra la *shalwar-kamize.* Agarró la pistola por la culata.

—Si entra alguien en la casa sin permiso, le disparas. Intenta tirar a las piernas, no le mates —dijo Jordi, y se retiró.

Qué feliz se sintió Ainullah. Vaya gesto de confianza. Jordi era un jefe estupendo. La economía no marchaba muy bien, pero Jordi era amable, divertido, y estaba tan solo como él en Pakistán, eso une, ahí tenía la demostración. Puestos a sincerarse, Ainullah tenía que reconocer que prefería ir con Jordi a donde fuera a hacer cualquier otra cosa.

—Qué bueno. Qué bueno —repetía el sirviente con la pistola en las manos, sujetándola como si fuera un bebé.

Demostraría a Jordi su acierto. Mientras trabajara para él, su jefe estaría a salvo. Podía garantizarlo. Qué bien se sentía junto a él, le daba confianza y desde luego que no había nada como la confianza para vivir tranquilo. Ni siquiera Zahïd, el jefe de los servicios secretos de Chitral, iba a adulterar la nueva paz alcanzada por Ainullah.

Zahïd seguía desde hacía tiempo la pista de Jordi. Descreía de sus argumentos científicos para vivir en Chitral y su presencia allí había pasado de ser una molestia a una obsesión. Por eso había interrogado en diversas ocasiones a distintas personas próximas a Jordi, también a Shamsur y a Ainullah, intentando forzar declaraciones que incriminaran como espía al «francés».

—Si no hablas, te voy a acusar a ti, a tu jefe y a Shamsur por homosexuales —había amenazado Zahïd a Ainullah—. Porque qué hacéis ahí todo el día los tres juntitos, ¿eh? Venga, suelta, ¿qué hacéis? Os vais a pasar media vida en la cárcel.

La homosexualidad es un delito penado en Pakistán con hasta diez años de prisión.

Fue la amenaza que sirvió a Jordi para contraatacar. ¿Cómo se permitía Zahïd la desfachatez de acusarlos? ¿En qué se basaba aquel maldito desgraciado? Acudió a hablar con varios altos cargos de Chitral que, ante la falta de pruebas, se vieron en la obligación de excusar a Zahïd, y rogaron a Jordi que no enviara al prefecto de Chitral la carta que tenía pensado escribir denunciando cómo le atosigaba el jefe de los servicios secretos.

Jordi envió la carta. En ella enumeraba los nombres de relevantes personalidades que desde Francia secundaban su investigación. Volvió a casa tan nervioso que empezó a hablar en voz alta dando vueltas por el cuarto.

—¿Cómo pueden dudar de mi honorabilidad y de la de las personas que viven bajo mi techo? ¿Es que no saben cuántos miembros de la familia de Shamsur forman parte del ejército y de la policía? ¿No creen que si yo hubiera hecho algo, esta gente ya me habría denunciado? ¿Qué pretenden persiguiéndome de ese modo?

Tras leer la carta, el prefecto conminó a Zahïd a moderarse.

XXIV

Durante su anual viaje de invierno a Francia, Jordi recibió la visita de Erik l'Homme.

—Andrés me dijo que estabas aquí y querías verme. Podías haberme llamado tú —dijo Erik. Habría deseado fustigarle un poco más, pero el acercamiento de Jordi ya había sido lo bastante excepcional como para seguir tensando la cuerda—. Te veo bien.

—Tú has engordado —dijo Jordi con una mueca impaciente.

Carraspeó. No sabía cómo empezar. Quería más o menos disculparse, aunque ésa no era la palabra exacta, en Shishiku él había dicho lo que tenía que decir a los hermanos L'Homme, no se arrepentía, y si ese par de... No, no..., basta... Había convocado a Erik para recuperarle, así que no debía seguir por ahí. Pero los rodeos no eran su fuerte.

—Mira, estoy pensando en montar una asociación para divulgar la cultura del Hindu Kush. Creo que ayudaría a hacer bastantes cosas en la zona... y he pensado en ti para la secretaría.

Erik echó la cabeza unos centímetros hacia atrás. No esperaba eso. ¡Nada menos que una oferta el día de su reencuentro! Qué estilo tan peculiar el de Jordi. Aunque él tampoco iba a ser menos.

—Cuéntame algo más, ¿qué quieres que haga?

Jordi no abundó en detalles, se trataba más que nada de tener a una persona de referencia en Europa.

—Vale —respondió Erik—. Seré el secretario.

La relación ya nunca sería la misma, pero Erik salió de Valence confortado por la reconciliación. Incluso le había gustado ver a su amigo. Cuando al llegar a casa telefoneó a Yannik para informarle del encuentro, su hermano no hizo preguntas.

De nuevo en Chitral, Jordi supo que Cat Valicourt había sido nombrada asesora del Ministerio de Asuntos Exteriores. Cat le comunicó que al fin podrían impulsar una gran expedición con apoyo del Museo de Historia Natural y la Universidad de Peshawar. Oficialmente, se trataría de una «misión prehistórica», los buscadores profesionales de barmanus no se contemplaban en el plan, así que a Jordi se le asignaría el papel de traductor, guía y guardián del campamento. En el caso de que los tesoreros ministeriales no admitieran su figura, Valicourt lo colaría como administrador de la misión.

Jordi se cortocircuitó. ¿Cómo que administrador? ¿Siete años persiguiendo un objetivo y ahora los documentos oficiales le iban a presentar como administrador? A él, un cazador purasangre. Un buscador de tesoros. Un hombre de las montañas, tan curtido y salvaje como el que más. ¿Y para el mundo iba a ser un administrador?

Jordi envió un fax para presentar la dimisión a Cat por falta de información y contradicciones. No iba a tolerar que Valicourt le recomendara moderarse en según qué momentos o emplearse con más diplomacia... A él, que llevaba siete años adaptando su diplomacia al estilo local y logrando resultados jamás obtenidos por ninguna de aquellas inútiles embajadas. Cat no iba a darle lecciones de cómo tratar a los pakistaníes. Aunque si perdía su apoyo en París...

Con la carta en las manos, empezó a hacer balance y reparó en la fecha del membrete: febrero de 1996. Cuántos años ya. *Llevo demasiado tiempo aquí. La policía secreta me acosa, se pasan el día interrogando a muchos de mis amigos y conocidos, y supongo que es normal, porque después de pasar una temporada en un nido de espías como la Alliance y de que el barmanu no acabe de aparecer... soy el sospechoso perfecto. Pero es que esos desgraciados están enmierdando a toda la gente que conozco. Todos me pregun-*

tan idioteces, se están creyendo lo que les dicen y no puedo fiarme de nadie, ni del personal de la casa. Es agotador. Agotador. Y son dos años así. Debería cambiar de aires.

—Ja —rió en voz alta. No tenía medios para «cambiar de aires». El problema es que tampoco los tenía para continuar allí. Además, en las rachas malas, cuando se le exacerbaba la vena melodramática, siempre pensaba en volver a Francia, y, al darse cuenta de que reincidía en aquella actitud victimista, le fastidió ser tan pusilánime. *Aguanta.*

Un día después, Valicourt aceptó su dimisión en uno de los faxes más contundentes que Jordi recibiría jamás. Valicourt le llamaba cobarde, inconsecuente, impulsivo, intransigente, lamentaba sus cortas miras y le recordaba que todas las gestiones que estaba realizando iban encaminadas a oficializar su presencia en la misión, porque sin el papel, sin el sello burocrático, nadie suministraría ni un franco a Jordi. En resumen, testarudo egocéntrico, esto se hará igualmente sin ti. Ése fue su mensaje.

Respuesta de Jordi del 3 de marzo: «Buenos días, Cat. ¡Buenas noticias para la misión!».

Valicourt quedó perpleja al leer a un Jordi moderado y complaciente. ¿Cómo podía cambiar el tono de esa forma en tan poco tiempo? En fin. De acuerdo, le aceptaría. En realidad, le necesitaba. Pero la misión sólo iba a durar un mes, no podía exponerse durante demasiado tiempo a las decisiones intempestivas de aquel veleta.

Jordi tenía buenos motivos para cambiar el tono. Zahïd, impelido por sus jefes a limar asperezas con Jordi, había decidido ayudarle en su búsqueda del barmanu.

—Hay rumores de que han atrapado a un barmanu en Afganistán —le dijo el policía.

—¿Qué pruebas tienes? No te creo. Cómo voy a creerte después de cómo me has tratado.

Al día siguiente, Zahïd le presentó al comandante Bulbul, un ex oficial de artillería pashtún presuntamente refugiado en Chitral pero que a menudo cruzaba la frontera para pasar temporadas en Jalalabad. La volubilidad de la frontera afgano-pakistaní facilitaba el tráfico de personas, armas, drogas...

—Azrat Ali, el director del aeropuerto de Jalalabad, dice haber atrapado a un barmanu —dijo Bulbul.

Jordi deseaba creerlo. Nada deseaba más que creer. Por supuesto que podía tratarse de una emboscada, pero cuando días después un primo de Ainullah llegado de Afganistán confirmó que el rumor era cierto, optó por viajar. Necesitaba intentarlo.

Dejó de afeitarse. Quería a alguien de fiar junto a él y pidió a Khalil que le acompañara a Jalalabad.

—Allí vive tu primo el militar, ¿no? Podría ayudarnos.

—¿Quieres que me maten? —Khalil lo soltó deprisa, por un momento perdió su clásica serenidad—. La situación en Afganistán es muy mala, hay talibanes por todas partes.

—Si te matan a ti, me matan a mí.

Khalil alzó levemente la barbilla, se echó el flequillo atrás. Cerró los ojos, de nuevo sobrio, pese a todo.

—Además, cómo puedes fiarte de Zahïd. Él es el que te quería acusar de espía. Te quieren matar. Es una trampa perfecta, Jordi. Saben lo que buscas y te ponen el cebo. Quieren que te mates solo.

—Te necesito, Khalil.

—Soy empleado del Gobierno. Si me pillan pasando la frontera, me podrían meter en la cárcel, podría perder el trabajo.

—¿Vienes o no?

XXV

Partimos el 16 de marzo de 1996 en compañía del comandante, Ainullah y Farid, un amigo chitralí que estudia en la Universidad de Peshawar. Pasamos la frontera sin problemas (cubiertos por el comandante). La pista está destrozada, tardamos dos días en llegar. La región está infestada de bandidos y saqueadores. No hay ninguna administración verdadera. Es la anarquía total. Todo el mundo lleva armas y cada uno tiene su ley. Aquí se mata a la gente por una rupia, es un verdadero caos.

Las personas son las más salvajes, en el sentido más peyorativo del término. Jamás había visto algo así. Hemos sido absueltos a lo largo de todo el viaje, escapando de ladrones que aspiraban a acribillarnos sobre la ruta desierta, de noche.

Ninguno de nosotros iba afeitado y yo, pese a la barba, debía esforzarme por parecer lo más musulmán posible, vigilando cada gesto, porque en ningún caso debían detectar que era europeo. He tenido que rezar imitando a Ainullah. (Diario.)

Entraron en Jalalabad bajo la mirada expectante de cientos de muyaidines con las armas en bandolera, sorteando a chicos que jugaban a Rambos apuntando a la gente con el índice en el gatillo de sus fusiles.

—Azrat Ali no está —les informaron en el aeropuerto—. Ha salido hacia Dari-é-nour.

Mala noticia. Ni siquiera Jordi iba a aventurarse en ese territorio dominado por las tribus más crueles y fanáticas de Afganistán.

—No podemos ir allí sin protección —dijo el comandante.

—Tú eres pathan, ¿no te atreves? —desafió Jordi.

Ni él se explicaba muy bien por qué hacía esas preguntas. Simplemente, brotaban. Y si la respuesta le obligaba a correr riesgos insensatos, los asumiría, porque no podía, no sabía desdecirse. Por fortuna, el comandante no estaba dispuesto a ceder.

—Ahí no voy.

Intentaron recabar detalles sobre la captura del barmanu entre los empleados del aeropuerto, pero las respuestas no les convencieron y volvieron a la ciudad en busca del hermano de Azrat Ali. Antes de la entrevista debieron persuadir a la familia de que no pertenecían a los servicios de inteligencia pakistaníes. Luego, el hermano y otros hombres describieron al barmanu que decían haber atrapado, aunque se negaron a enseñárselo.

—No sé por qué razón nos lo ocultan —dijo Jordi a sus compañeros mientras abandonaban el edificio—. No están interesados en el dinero y cuando pedimos verlo enseguida se ponen agresivos. No lo entiendo.

—No harán nada sin su jefe —dijo el comandante—. Y esto se está poniendo feo.

Hombres armados les dirigían miradas hostiles desde los corredores que conducían al exterior. En la calle, grupos dispersos no los perdían de vista.

—¿Feo? O nos largamos o nos agujerean —dijo Khalil.

Jordi comprendió que no se les iba a permitir ver al barmanu y que el comandante tenía razón, la cosa se estaba poniendo fea.

—Lo peor es no saber cuándo podremos ver a Azrat Ali —dijo—. No vamos a esperarle toda la vida... De acuerdo..., volvemos a casa.

El grupo atravesó las calles de la ciudad envuelto por un silencio sepulcral. Jordi palpaba bajo la *shalwar-kamize* la pistolita de oficial ruso que le había prestado un príncipe amigo. Al pasar frente a la estación de autocares con destino a Pakistán, ordenó:

—Seguid adelante.

Los expedicionarios continuaron andando sin abrir la boca, tan sólo ralentizaron un poco el paso. Nadie pidió una explicación pero Jordi sabía que la necesitaban.

—No vamos a viajar en el servicio de línea. No me extrañaría que los policías de Zahïd nos estén esperando. No me fío de él —se obligó a no intercambiar miradas con Khalil para no hallar un previsible reproche, un «qué-te-había-dicho-yo»—. Esto huele demasiado a trampa.

Una hora después de abandonar Jalalabad vieron cómo un comando de talibanes asesinaba a cuatro personas en un margen de la carretera. Continuaron la marcha tratando de fijar la mirada en el horizonte, rogando por que los talibanes no se percataran de la presencia de un occidental entre ellos. *Nos jugamos la vida. ¿Por qué he aceptado venir aquí? Nos jugamos la vida. Nos jugamos la vida.* Khalil no se quitaba la idea de la cabeza. Cuando un niño cruzó el camino corriendo, Khalil dio un raudo paso atrás poniéndose en guardia. *No pasa nada,* se dijo. *Tranquilo. Sigue.* Se escuchaban vehículos remotos. ¿No era eso el aleteo de un helicóptero? El sonido de motores lejanos desencadenaba en él infernales series de ideas que culminaban con todo el grupo ensangrentado.

Hubo suerte. Pernoctaron en Dughalam, un pueblo pegado a la frontera. A oscuras, Jordi ordenó reunión.

—Debemos cruzar de madrugada, a esa hora ningún guardia está en la garita, no hay nada que controlar.

—Pero nos verán igual —dijo Khalil.

—Verán sombras. Creerán que somos vecinos o campesinos de los que vienen y van. ¿A qué chalado se le ocurre caminar por aquí si no es alguien de la tierra?

Lo dijo para distender, pero no hubo risas ni bromas que alteraran el silencio.

A las 5.30 de la mañana cruzaron la frontera a pie por delante de un puesto de guardia vacío. Como había calculado, todos los militares estaban rezando o tomando té. Así superaron tres controles sucesivos.

Ya en Bumburet, Jordi escribió una carta a Valicourt en la que detallaba los pormenores del viaje, convencido de que aquella pista era buena.

> Voy a volver. Si consigo ver al barmanu te contacto lo más rápido posible. Creo que será correcto informar (en caso de confirmación) a Monod, Saban y Chaline, pidiéndoles discreción. Puedes advertir a mi hermano Andrés, estricto silencio también. Si vienes, que te acompañe. Avisa a Pascal Sutra Fourcade en el caso de que haga falta una cámara. Y también a un abogado y a S. A. Sadruddin Aga Khan, que está en la ONU. Si cazo al barmanu, lo mejor será evacuarlo directamente de Jalalabad a Europa en un avión especial de la ONU. Que los dioses estén con nosotros.

Más adelante regresaría a Jalalabad en una incursión mucho menos temeraria y accidentada, pero la ciudad ya no iba a aportar novedades a sus pesquisas sobre el barmanu, aunque sí le ofreció vistas privilegiadas de cómo se expandía la corriente talibán. Aquellos musulmanes no tenían nada que ver con las legiones de víctimas abnegadas que tras la colonización se habían resignado a acatar el yugo de los conquistadores hasta casi complacerse en la renuncia. No. En Jalalabad, Jordi fue consciente de haber asistido a una orgía de espíritus inflamados por la ambición de dominar su tierra siguiendo los tres movimientos divinos de Amor, Lucha y Totalidad. Amaban el Corán, combatirían por imponer su interpretación del mismo y así alcanzarían el paraíso. No había duda sobre el camino a seguir. Habían rescatado el orgullo enterrado durante siglos. Pero la represión de tantos años los emponzoñaba. Más que a restaurar un orden aspiraban a imponer una idea, su idea, aplastando cualquier tipo de disidencia, aniquilando cualquier brizna de pensamiento que pudiera atribuirse a una herencia de los extranjeros. Como si no hubiera otra forma de expresar el orgullo. Al confundir dignidad con venganza y poder absoluto habían abierto la puerta al horror.

—Tenías razón —reconoció Jordi a Khalil—. Me he equivocado. No debimos hacer este viaje.

Meses después del inicio de las incursiones continuaba sin poder aportar nada tangible, concreto. Real. Y ahora qué le decía a Valicourt. ¿Fracaso en Jalalabad? Seguro que la científica esperaba algo así para acabar de sentenciarle. Cat no le daría otra oportunidad, de modo que él no iba a ser tan idiota de ponerle su propia cabeza en bandeja. Lo que necesitaba era crédito desde París, confianza, no podían exigirle resultados instantáneos, este tema no iba así, se lo iba a dejar claro.

Los meses siguientes retomó el tono crítico de anteriores cartas a Valicourt. Mientras redactaba una de ellas, clavó la punta del bolígrafo en el papel hasta perforarlo. Se sentía tan vulnerable, tan arrinconado con su proyecto de loco... Sabía que el resto del mundo le vería así. Era curioso cómo la falta de resultados convertía tantos esfuerzos en una magna estupidez a ojos de los demás.

¿Qué hacer? Debía ganar tiempo, cambiar la estrategia y revalorizarse de algún modo ante Valicourt y los científicos. Sí, ésa era la forma de actuar. Tiró la carta agujereada y empezó otra reclamando más protagonismo en la expedición científica que se preparaba desde París. Y puso condiciones. «Cat, si mi madre quiere venir, tráetela a Chitral.» Su madre. Aquellas líneas temblorosas que de vez en cuando Dolores conseguía pergeñar siempre supusieron para él un flotador indestructible:

> Querido Jordi:
> Me alegro de que te encuentres bien. Tengo muchas ganas de que vuelvas pronto. Hasta pronto. Muchos besitos.
> Mamá. (Carta de Dolores.)

Valicourt se confesó incrédula ante semejante capricho. ¿En serio pretendía llevar a su madre con el dinero del museo? ¿La quería poner a prueba? Como si no tuviera bastante con la avalancha de ataques que estaba recibiendo de los neodarwinistas después de sus últimas intervenciones públicas.

Por supuesto que iba en serio. A la tos crónica de Dolores le sentaría de perlas una temporada oxigenándose en los valles, terapia infalible para la gota, la piel y el reuma. ¿Y tanto le costaba a Cat sumar un billete a la partida?

Además, ya iba bien incomodarla un poco, a ver si ahora que a la *madame* le tendían la alfombra roja iba a creerse que todo le resultaría fácil. A Jordi le habían llegado rumores de que, en un giro inesperado, su amiga había recibido el apoyo de Yves Coppens. Cuando le preguntó sobre el tema, ella se mostró entre escueta y ambigua, aunque era cierto que, contra pronóstico, la élite de los investigadores le acababa de abrir su Olimpo. Valicourt se encontraba en plena fase mediática divulgando al fin sus ideas vanguardistas y, la verdad, la expedición a Chitral se le presentaba con más inconvenientes que ventajas.

De cualquier modo, las respuestas de Cat le confirmaron que había algo entre ella y Coppens. Cómo le removió. ¿Qué era esa repentina bola ácida en el estómago? ¿Envidia? ¿Celos? ¿Despecho? Por supuesto que apelaría a su madre. Iba a señalar a Valicourt que al menos él todavía se acordaba de su gente. Que sin la familia, los amigos, sin su privado universo sentimental, nada de aquello hubiera sido posible. *Mientras tú sólo piensas en satisfacer a Coppens, el hombre que te insultó, yo no olvido a mi madre.*

De todas formas, era cierto que la inminente visita a Pakistán trastornaba a Valicourt. No iba a proclamar sus miedos, pero desde luego que no lograba quitarse de la cabeza los atentados que en diciembre habían dejado veinticinco muertos y doscientos heridos en Peshawar, además de pensar que, sinceramente, había grandes posibilidades de no encontrar nada en las montañas. De todos modos, el proyecto estaba en marcha, las instituciones lo habían financiado, era tarde para echarse atrás.

En la carta de respuesta, Valicourt sugirió a Jordi que olvidara lo de llevarse a su madre y concretó las fechas en las que viajaría a Chitral.

También aludió a su nueva relación profesional con Coppens, deslizó detalles privados que denotaban complicidad.

En el valle hacía el asfixiante calor de todos los junios, pero si las sienes de Jordi comenzaron a bombear y la carótida se le tensó fue porque aquel par de nombres se dilataba imparable, opresivamente en su interior. Nunca los habría imaginado realmente unidos. Cat y Coppens. Cat y Coppens. Cat y Coppens. Los antiguos viscerales enemigos bogaban por una causa común. Contemplaban la posibilidad de la existencia de hombres reliquia. La prensa escuchaba sus teorías. Pero ¿y él? ¿Quién sabía lo que estaba haciendo él?

XXVI

Hay gente que sale a cazar lo invisible. El comandante Gould se desplazó en 1933 al lago Ness en busca del monstruo que, dicen, habita allí. Gould entrevistó a multitud de vecinos del lago logrando algunos testimonios de avistamientos. De todas formas, comprendió que este método no bastaría para localizar al monstruo y contrató a un experto en caza mayor y a un fotógrafo, además de conseguir un sónar con el que rastrear las aguas.

No encontró nada.

Por supuesto, hubo quien se burló de Gould. Algunos se encarnizaron, los científicos especialmente, divertidos con la paranoia del militar. El caso es que a investigadores profesionales como Heuvelmans, Koffmann o Porshnev, curtidos en universidades de ciencias y que asimismo defendían la existencia de seres invisibles, la cúpula científica tampoco les daba crédito.

John Grem, buscador de esos yetis norteamericanos a los que llaman sguatehs, asumía sin problemas su labor tan excéntrica: «La gente como yo seremos expulsados del circuito y, personalmente, me alegraré».

Pero Jordi no pensaba igual. Para empezar, no admitía que se hablara del barmanu como de un mito, porque de algún modo eso implicaría no considerarlo real. Y estaba dispuesto a defender la sensatez de su proyecto ante quien fuera, no le iban a expulsar tan fácil. Si tienes una verdad, lucharás por ella, por darle luz, por que los demás la sepan. Desde luego que no se iba a resignar.

XXVII

Muy poco antes de la llegada de Cat y su equipo, Jordi se adentró en las montañas con Fjord. El calor superó cualquier previsión y de vuelta a casa, ambos enfermaron. El segundo día, Fjord permaneció completamente exánime con su larguísima lengua fuera durante más de dos horas, tumbado en el rincón más fresco del dormitorio, ignorando el cuenco con agua a medio metro.

—¡Fjord! —gritó Jordi desde la cama con todas las fuerzas que su languidez le permitía. Él tampoco podía moverse mucho—. ¡Fjord!

El perro ni siquiera parpadeó. *No te irás a morir, ¿verdad? Ni se te ocurra hacerme eso.*

Llamaron a la puerta. Con un sobreesfuerzo, Jordi se sentó en la cama todo lo erguido que fue capaz.

—Pasa.

Ainullah entró.

—¿Estás bien? —preguntó el chico—. ¿Necesitas algo?

—Sí, quiero que te lleves una carta. Espera.

Jordi escribió su disculpa ante Cat y el resto de expedicionarios por no ir a buscarlos al aeropuerto de Islamabad. Bueno, al menos la enfermedad le ahorraría ese fastidioso viaje, aún más teniendo en cuenta el pésimo momento que atravesaban sus arcas.

—Toma —le dijo a Ainullah—: Envíala hoy desde el fax de Babu.

—Antes de irme te traeré algo de comer.

—No tengo hambre.

—Tienes que comer.

—¿Y Fjord?

Ainullah echó un vistazo al malamut de aspecto moribundo.

—Se pondrá bien.

Poco después, Ainullah depositó sobre la cama una bandeja con un plato de arroz blanco, otro de pepino cortado y un vaso de agua. Jordi comió sólo el pepino. Dejó el vaso por la mitad.

A media tarde, Fjord intentó incorporarse pero las patas se le doblaron. Su amo logró caminar hasta el cuenco para situarlo bajo el hocico del perro, que comenzó a beber con ansiedad. Saldrían de ésta.

Los investigadores Jean Luc y Claire G. habían acompañado a Cat desde Francia. El resto del grupo lo completaban Ainullah y los estudiantes de Arqueología Ilal y Hassan. Con el dinero del museo, alquilaron un jeep rojo y embocaron la pelada ruta de Mastouj entre bloques de cuarcita desperdigados por la llanura, antes de atravesar los áridos pasillos del valle del Yarkhoum.

A los nuevos les impresionaron los jinetes furtivos con rostros pseudoneandertales, los nómadas que ordeñaban yaks. Claire casi gritaba al ver lavanda blanca o ajos silvestres, un consuelo a las decepcionantes rocas de los primeros días: «Nada interesante. Todo tiene menos de cien años». (Diario.)

Los bosques de cedros, las hileras de tamarindos, el enclave de Shusht erigiéndose al final de la nieve, en la falda de una montaña deslumbrantemente blanca, compensaban a la geóloga de los relativos hallazgos técnicos. Le sorprendió encontrar mármol en la gruta de Baghtamshal.

Jordi, aunque disfrutaba del espacio familiar, sabía que aquellas indagaciones no iban a mejorar la consideración que la comunidad científica tenía de él, y se limitó a escoltar a los expedicionarios, ilustrarlos, despedirlos.

De todas formas, en aquel viaje estrechó aún más su relación con Claire. La geóloga pizpireta de pelo tan despeinado y cara de duende le gustó desde que se conocieron en Francia después de una conferencia sobre homínidos salvajes. El interés era mutuo. A Claire, Jordi le pareció alguien apasionado con ideas muy personales sobre la sociedad. Y lo mejor es que enfrentaba las ideas de otros con argumentos sólidos.

Cuando ambos se despidieron, Ainullah preguntó a Jordi:

—¿Tienes mujer?

—No. Tuve una, pero murió en un accidente de coche —mintió—. De eso hace mucho ya.

—Claire es una buena mujer, está bien —dijo Ainullah.

Jordi le miró. Unos segundos. Esbozó una sonrisa.

—Sí, está muy bien —respondió.

¿Por qué me atrae Claire? Por lo que dice. Por su discreción. Por la sugerente historia de su vida. Si continúo en Chitral, quizás el año que viene volvamos a encontrarnos, no me importaría conocerla mejor.

Y encaró un nuevo invierno.

Las temperaturas descendieron deprisa a partir de octubre, llegó la nieve. Envió un fax a Andrés: «Nada nuevo por aquí. La única actualidad es la guerra de Afganistán».

Massoud aumentaba su leyenda apisonando talibanes. Jordi leía a diario y en voz alta libros en francés e inglés para Shamsur, aunque el alumno continuaba sin avanzar gran cosa. También leía, en silencio, sobre los kalash. De vez en cuando, bajaba al Mountain Inn de Chitral, saludaba a Babu y se sentaba en una de las sillas del jardín a fumar cigarrillos hasta que el frío le incordiaba demasiado. Sondeaba las montañas. A sus espaldas, veintitrés habitaciones vacías.

La sensación de estar solo.

De ser único.

Si deseaba comunicarse con el exterior, con Peshawar u Occidente, traspasaba el umbral y decía:

—Babu, ponme un sándwich con tres huevos y tomate. Quiero enviar este fax.

O decía:

—Voy a llamar por teléfono.

Y Babu le daba línea al tiempo que le servía fruta. En verano, comía mango, banana, naranja, manzana, peras, albaricoques, sandía, melón. Y lo mismo, pero macerado, en invierno, alternándolo con frutos secos. La radio solía informar de secuestros, atentados y batallas. A veces, Jordi y Babu compartían hojas sueltas de un periódico.

—¿Cómo va el barmanu?

—Ya le queda poco de esconderse ahí.

No hablaba de otra cosa con Babu, e incluso con los huéspedes del hotel. Le prestaban verdadera atención, allí todos creen en yetis. Aún no sabían que Chitral no iba a acoger a más cazadores de esa clase. Hasta hoy, Jordi ha sido el primero y el último.

Como Babu había guiado a cientos de grupos de *trekking* y safaris, también conversaban sobre rutas de montaña. Si callaban, el silencio podía prolongarse.

Babu meneaba su inseparable rosario entre los dedos.

La radio informaba.

—Hasta luego, Babu —dijo Jordi aquella tarde, como tantas.

Y salió a la avenida Gran Bazar. Pasó ante tiendas de vendedores acurrucados. No se cruzó con mujeres. Sintió que ya formaba parte de aquel paisaje. Había asimilado su luz y sus imágenes y era capaz de mirar sin ver escenas dantescas propias de nuestro medievo. Hombres mutilados arrastraban lo que quedara de sus piernas por la nieve sucia sosteniéndose sobre manos que enguantaban con zapatos. Bocas desdentadas exhalaban vaho como dragones. Un niño depositó su humeante tetera frente al montón de harapos que resultó cobijar a un anciano, o lo que quedaba de él.

Pensó en cómo conseguir dinero.

En cómo permanecer allí.

Pensó en los kalash, que sobrevivían asediados y en las circunstancias más duras. Habían aguantado milenios. ¿Qué podían enseñarle?

Tengo que instalarme en sus valles.

Llegó a casa más tarde de lo normal y la encontró vacía. Shamsur había ido a pasar unos días con su familia a Shekhanandeh. Ainullah ya había pedaleado hasta su refugio. Inspiró a conciencia para oler la madera y el perfume de especias y hierbas que caracterizaba a la casa. En soledad, la tierra, el campo huelen más.

Jordi se preparó un té y cumplió con el ritual de todas las veladas: desplegó una vieja manta sobre la cama, llamó a Fjord para que se tumbara encima. Jugueteó con él hasta que el perro se quedó quieto, sugiriendo que era la hora de los mimos. Y, como solía hacer, mientras le acariciaba, Jordi habló. Habló sobre cómo el ser humano había permitido que la religión pervirtiera sus instintos y sobre cuánto le costaba aún entender las oraciones musulmanas de madrugada. Recordó a una fanática misionera católica a la que había conocido durante sus primeros días en Chitral, y en la insistencia de unos y otros por arrastrar hacia sus causas divinas a los que consideraban infieles. Cuántas veces habría discutido por la maldita religión.

—Los monoteístas no tienen piedad —murmuró, y maldijo a los predicadores en un tono tan moderado que no inmutó a Fjord. Poco después, el perro saltó de la cama, se echó junto a la piel animal que servía de alfombrilla y ambos durmieron.

Por la mañana, temprano, Jordi condujo dos horas hasta el valle de Bumburet. Conocía a varios kalash, pero de un modo superficial, y decidió empezar por donde en realidad había empezado.

—Hola, Abdul. ¿Cómo estás? En 1988 nos vimos en este mismo hotel, ¿te acuerdas? Vine con un amigo, Yannik, un chico de pelo largo...

—Uf, hace mucho de eso. No me acuerdo, pero siéntate. ¿Te apetece un té?

Abdul ordenó a una de sus hijas que les sirviera té en el jardín. Y ahí fue donde esta vez sí que empezó todo.

Jordi preguntó por la situación de los kalash y Abdul Khaleq habló de nueces, históricamente básicas para el comercio y la nutrición de su etnia.

—Los musulmanes nos están comprando los nogales a cambio de pequeñas cantidades de azúcar, té, arroz o sal. Los kalash que se los venden... se equivocan.

—¿Por qué?

—Luego les hacen pagar tributos exagerados para comer las nueces que dan los que eran sus propios campos.

—¿Por qué los vendéis?

—Necesitamos ese azúcar. Ese té. Ese arroz. Esa sal.

Abdul habló de la deforestación de los bosques. De las peligrosísimas carreteras para alcanzar sus valles. De la falta de una red telefónica. Del Gobierno, que obligaba a educar a sus hijos en el Corán, aunque de todos modos en la escuela duraban poco, porque la pobreza de las familias obligaba a ponerlos a trabajar enseguida en el campo.

—Menos mal que tenemos el turismo. Eso de momento nos salva. Pero como los talibanes sigan así...

—Pues esa tensión no se nota en la calle. Los kalash y los musulmanes son amables entre ellos.

Abdul echó un vistazo al fondo del jardín sin límites. En la hierba que descendía por el valle coincidían una pareja de hombres con barba tumbados y niños kalash que jugaban.

—Hay que vivir —respondió Abdul.

¡Era lo que había leído años atrás en el libro de Loude! Mira que no hacerle caso al llegar. Qué idiota. Por supuesto que Loude tenía razón, por algo había estudiado a esa gente durante años. El acorralamiento existía. La animadversión mutua también. Sólo que la diplomacia aún era capaz de disimular el odio a los ojos forasteros.

Después de charlar con Abdul, subió la pendiente hasta Shekhanandeh, donde encontró a Khalil.

—Jordi. Qué sorpresa. No te esperaba —dijo el nuristaní. Cuántas veces habría narrado ya a sus colegas la incursión suicida en Jalalabad. Desde entonces, ver a Jordi le remitía de inmediato a aquella agridulce jornada.

—Hola, Khalil. Quiero pedirte un favor. Me voy a ir a Francia a pasar la Navidad y tengo demasiado material en casa, además del coche... Me gustaría guardar algunas cosas en el garaje de tu familia... —cabeceó en dirección al garaje—. No quiero molestaros. Si pudiera, lo dejaría en otro sitio, pero es que en todas partes me piden un montón de dinero.

—Deja lo que quieras, no te preocupes. Ya sabes que aquí todo es gratis para ti.

Al volver de Francia en la primavera de 1997, Jordi pidió a Khalil que mantuviera una temporada más sus trastos en el garaje a la vez que requirió su ayuda para conseguir una casa cercana a Shekhanandeh, en lo más alto del valle de Bumburet.

—Debería ser más bien grande, necesitaré espacio para vaciarte el garaje de una vez.

Había dispuesto de todo un invierno para elaborar sus planes de futuro. Las últimas semanas en Francia se le habían hecho interminables repasando proyectos, leyendo aún más sobre los kalash y convencido de que ésa era la geografía idónea para establecer su base de operaciones.

Shekhanandeh suponía un punto bastante adecuado para aproximarse a los kalash: le permitiría continuar en contacto con sus amigos musulmanes —los nuristaníes de Shekhanandeh lo son— mientras se acercaba a los paganos, cuyas construcciones comenzaban diez minutos valle abajo, en el poblado de Krakal. Además, después de Shekhanandeh, el sendero que se adentra en las montañas desemboca en Afganistán. Era, en fin, el emplazamiento perfecto.

Khalil le mostró una parcela de terreno en torno a una casa semiderruida.

—Quiero una casa, no tener que construirla yo. No puedo gastarme tanto.

—Pero aquí puedes venir ahora mismo.

—No, por favor, búscame otro lugar. Una casa hecha. Acabada.

Varios meses después, Khalil continuaba remitiéndole a aquel trozo de tierra.

Jordi condujo por el valle de Bumburet hasta el pueblo de Krakal. Cuando ya no fue posible avanzar en jeep, se apeó y comenzó a ascender la empinada pendiente pisando con las botas de montaña los finos hilos de agua que serpenteaban por el camino. Riachuelos y manantiales mantenían siempre empapados varios tramos del sendero que articula Bumburet.

Llamó a Khalil desde la puerta de su casa. El nuristaní se asomó al balcón y con un ademán indicó que bajaba.

—¿Por qué no quieres ayudarme? —dijo Jordi mientras Khalil descendía la escalera mesándose la barba. Aún en los peldaños, arrugó la frente, alzó la mano.

—Tranquilo. Vamos a dar una vuelta.

Caminaron hasta los maizales tendidos en la base del gran peñasco sobre el que se erige la aldea. Al emboscarse en los senderos que rodeaban los campos, Jordi reemprendió las preguntas.

—¿Por qué no me ayudas, eh? ¿Tan difícil es encontrar una casa en este pueblo que se cae a trozos? Míralo —sobre sus cabezas había dinteles desprendidos; a través de ventanas sin cristal se divisaban techos carcomidos o agujereados; a varias paredes les faltaban piedras, de seguir así algunos edificios no tardarían en derrumbarse.

—Ten paciencia, no puedo hacer magia. Eres extranjero. Aquí las cosas van como van. Y no van rápido.

—No jodas, Khalil, que yo también vivo aquí.

—No, tú vives en Chitral.

—Las cosas no cambian tanto por conducir un par de horas.

—Quizá sí.

¿Seguía discutiendo? En fin, no iba a llegar a ninguna parte, conocía bien a su amigo. Volvió al sendero sin despedirse. No había nada que hacer con aquel condenado perezoso. No era de extrañar que los nuristaníes vivieran en la miseria, siempre demorando las respuestas, ¡incluso para un buen negocio como el que él les proponía! ¿O es que no querían que se instalara en su territorio? Y si era así, ¿por qué no se lo decían sin rodeos? Bah. Volvió al camino furioso, empezó a bajarlo.

—¡Eh, Jordi! —Abdul Khaleq apilaba leña en la terraza de una casa—. ¿Dónde vas?

—Este Khalil..., como siga haciéndole caso no me vendré a vivir nunca al valle.

—¿Sigues con la idea de la casa?

—Para eso he venido.

—¿Te gusta ésta?

—Ésta es la tuya, ¿no? Esa de la que me habías hablado.

—La quiero alquilar.

—¿No la utilizas?

—¿Para qué?

—No sé. Ahora mismo estás trabajando aquí.

—Hay que mantenerla, pero yo ya vivo en el hotel con mi familia... y no me iría nada mal un dinero extra.

—¿Por qué me la ofreces a mí? Parece una buena casa, está en un sitio privilegiado... Habrá muchos interesados en ella, ¿no?

—Tú no eres musulmán.

La casa de Abdul era la última construcción kalash antes del trecho que conducía a los dominios musulmanes de Shekhanandeh. En la otra dirección, aún había que descender unos minutos por el camino para llegar al poblado kalash de Krakal. Realmente, estaba a medio camino de unos y otros, en zona casi neutral. Y prácticamente aislada. Sólo dos familias musulmanas vivían en las proximidades.

Jordi pidió echar un vistazo.

La propiedad se extendía más de lo que aparentaba trepando por la falda de una colina. La parte alta de la finca sería un buen lugar para los perros.

Junto a la entrada se levantaba un pequeño establo a escasos metros de una casita que podría albergar al servicio.

A pocos pasos, otro módulo independiente ofrecía chimenea, rincón para cocinar y un cuarto. Y subiendo unas escaleras se llegaba a la terraza desde la que le había hablado Abdul y donde se hallaba el cuerpo principal de la casa, más grande que los anteriores, porque se componía de dos módulos ensamblados.

En la terraza, contempló las vistas del valle, del maravilloso pueblo de Shekhanandeh, de las montañas afganas.

También le sedujo la soledad alrededor.

Y vivir en un lugar que marcaba una frontera.

Sólo faltaban las rupias.

XXVIII

Además del comandante Gould, millones de personas han simpatizado de algún modo con el monstruo del lago Ness. El lago recibe cada año a miles de personas que desean contemplar sus aguas buscando olas o espumas inesperadas. La economía de aquel lugar ya depende del monstruo. La gente sigue sin verlo, no hay motivos concretos para creer en su existencia, pero cada año se renueva el aluvión de peregrinos. ¿Por qué? ¿Qué buscan?

El encanto del lago es haberse erigido en un lugar de referencia para la fantasía. La gente viene a imaginar que sus sueños podrían materializarse de repente justo ahí.

La imaginación también tiene sus santuarios.

Imaginar. Se supone que todos lo hacemos, en cualquier lugar, y aunque esto sea cierto, no lo es menos que las personas necesitan lugares. Lugares donde creer.

XXIX

> Los más viejos, más divulgados relatos del mundo son los relatos de aventuras, sobre héroes humanos que se aventuran en regiones míticas a riesgo de sus propias vidas, y traen de vuelta historias del mundo más allá de los hombres... El arte narrativo por sí mismo viene de la necesidad de contar una aventura; ese hombre arriesgando su vida en peligrosos encuentros constituye la definición original de lo que merece ser contado.
>
> PAUL ZWEIG, *The adventurer*

—Tú y tu editorial podéis ganar bastante dinero con el libro de Jordi, ¿no? —dijo Esperanza en una cafetería de la Gare de Lyon, en París.

Estábamos a punto de despedirnos tras varias jornadas visitando a personas que habían conocido a Jordi en ese par de ciudades, París y Lyon. Le quedaban dos mordiscos para liquidar el bocadillo que había comprado en un *fast food*. Dijo algo más:

—Bueno, a ti ya te están pagando por la investigación. Has venido muchas veces a Francia, quieres viajar a Pakistán...

Llevábamos meses intercambiando intimidades, pero hasta entonces Esperanza no se había atrevido a abordar abiertamente las cuestiones económicas. De hecho, durante un buen período de la investigación nadie de la familia Magraner abordó dos asuntos tan cruciales para entender una vida como son el sexo y el dinero. Su ausencia en las charlas era tan notoria que multiplicaba mi deseo de saber. Era como si ambos temas rozaran el tabú en el imaginario de los Magraner, sin duda afectaban a su intimidad más profunda, y por eso yo no quería forzar la situación. Supuse que con el tiempo y la confianza los temas aparecerían.

El momento del dinero había llegado.

Estaba claro que yo creía que visitar Chitral era indispensable para el libro y que deseaba que Esperanza me acompañara y que eso iba a costar una suma importante.

—Porque ¿estás seguro de que quieres ir allí?

En junio de 2009, los informativos occidentales señalaban la región de la North West Frontier Province de Pakistán como quizás el lugar más peligroso del mundo, y por supuesto que Esperanza temía los riesgos del viaje, desde luego que repetía a menudo que con un asesinado en la familia su madre tenía bastante, pero lo cierto es que ella también quería ir.

—Es hora de cerrar la historia —había dicho—. Jordi sigue enterrado en Krakal, aunque repatriarlo... Por una parte habría que hablar con los kalash para traer el cuerpo, ellos gastaron mucho dinero en el entierro, sacrificaron cabras..., aquí no habría tenido un funeral como aquél. Hay gente que no lo entiende, pero yo respeto a los kalash. No es fácil decidir dónde se debe quedar el cuerpo. ¿Tú qué crees?

—Él siempre hizo lo posible por continuar allí.

—Sí..., aunque los kalash estuvieran de acuerdo en repatriarlo..., no sé si Jordi habría querido. Me gustaría volver para arreglar su tumba. Y llevar a mi madre. Creo que le sentaría bien estar junto a la tumba de su hijo. Le dijimos que se había confirmado que el cadáver era de Jordi, pero nunca le hemos mostrado las imágenes del cuerpo. No tiene pruebas. Quizá necesite enfrentarse a la verdad, ver el lugar donde descansa. Y, bueno, en realidad creo que no está mal que su tumba se quede en el valle. Pero me gustaría ponerle una lápida decente, con su nombre, para que la gente que visite las montañas sepa que él vivió allí y le recuerde.

Esperanza quería ir, y yo al principio le había propuesto costear la mitad de su viaje. Después, opté por pagar su billete al completo. Ahora, en la estación, Esperanza tanteaba con cautela cuáles eran las posibilidades financieras del proyecto que nos unía. Nunca hablaba abiertamente de dinero, como si la intimidara dar cifras o entrar en un baile de números que de algún modo corrompería la memoria de su hermano. Las razones que la impulsaban eran demasiado genuinas, limpias, sentimentales, y el dinero, una presencia demasiado desalmada para incluirlo en el mismo pensamiento. El maldito dinero. Una compañía agobiantemente obscena a lo largo de toda su vida, un poder que desde siempre había maltratado a su familia y al que no había forma de esquivar. El dinero se cernía como un intocable del que mejor evitar el nombre y que, si no quedaba más remedio, mencionaría bajando la voz.

—Quizá la editorial podría ayudar a pagar la lápida...

Reconocí muy bien la precaución, ese tiento, la cobardía a la hora de encarar negociaciones. Conozco la angustia y la vergüenza que produce no sólo pedir dinero, sino hablar de él. Los que lo hemos visto tan poco, a los que se nos ha negado tanto, los que gastamos con un ojo puesto en el calendario, de algún modo reverenciamos su poder mientras simulamos despreciarlo o incluso, a veces, nos jactamos de olvidarlo. «¿De quién huyes? De quien huyes, de ése eres.» Son palabras de un poeta. El dinero se sitúa en una dimensión superior a nuestro alcance y, para algunos, hablar de él es como hablar de alguien a quien solemos ver pero que nos resulta un gran desconocido, así que no podemos permitirnos confianzas ni mencionar su nombre sin tensión. También sabemos que ese tótem odiosamente necesario no admite descuidos, que al mínimo error se esfumará, y cuando debemos hablar de dinero en serio lo hacemos con timidez, porque su realidad y los estragos que nos podría causar, que nos causó, intimidan. Nunca fue generoso con nosotros y pensamos que nunca lo será, pero su presencia omnipotente nos obliga a tratarle con frecuencia, nuestra vida depende en gran parte de él. Así pensamos.

—Te aseguro que si estoy aquí no es por dinero —respondí—. Yo sólo escribo libros. He publicado varios y mi cuenta corriente sigue más o menos como cuando empecé. Los millonarios en literatura son dos, pero en la mayoría de los casos, en el mío por lo menos, y si hablamos de dinero, el objetivo es que un libro pague el siguiente. Claro que siempre confías en que alguno de ellos te sacará de donde estás, pero yo no escribo por eso, como tampoco creo que Jordi investigara para hacerse rico. El dinero que me pagan por escribir su historia no está mal, pero ni mucho menos cubre los viajes y el tiempo que le voy a dedicar, así que para sobrevivir debo ir escribiendo entre tanto reportajes, dando charlas... Si investigo a tu hermano, es porque creo que su historia merece ser contada, es una de las más increíbles que he escuchado, y creo que reúne sentimientos en los que mucha gente se puede ver reflejada. Su vida es la metáfora de muchas, al menos yo mismo me veo constantemente en él, y le quiero rendir el homenaje que merece, porque es un acto de justicia y porque, por raro que te pueda parecer, su historia me concierne profundamente.

Fue automática la certeza de haber soltado un discurso melodramático digno del propio Jordi. Me relajé. Esperanza sacudió las migas, entre satisfecha y expectante.

—Así que por la lápida no te preocupes —añadí—. Alguna solución encontraremos.

Los cafés que pedimos al sentarnos ya se habían enfriado.

—Tengo que pensar si voy o no —dijo—. Aquello está muy peligroso. Tengo que pensar.

Poco después apareció Claire G., en bicicleta y falda corta, los rizos a la babalá, exhibiendo gemelos de exploradora. Mi tren estaba a punto de partir. Besé a las mujeres, que se quedaron charlando frente al portal hermosamente acristalado de la Gare.

XXX

—¡Alexandre! Ayúdame con esto, por favor —gritó Claire, que no lograba desplazar decentemente la bolsa más grande de su equipaje. Alexandre amagó con coger un asa, pero al darse cuenta de que maniobrar solo le facilitaría las cosas, cargó el peso al completo hasta el exterior del aeropuerto.

—Es ese de ahí —dijo Claire a la vez que levantaba una mano para saludar a Jordi.

—¡Claire!

Jordi dio unos saltitos hasta ella, la besó en ambas mejillas, le frotó los brazos arriba y abajo varias veces sonriendo feliz.

—Éste es Alexandre —dijo Claire. El chico acababa de soltar la bolsa junto a la rueda del jeep de Jordi. Sudaba copiosamente pese al mínimo trayecto recorrido.

—Bienvenido a junio —dijo Jordi estrechando su mano.

—Anda, no digas cosas raras. Alexandre prepara una tesis sobre la evolución del lenguaje, sólo falta que le líen con trabalenguas.

Jordi agarró la bolsa y con un solo movimiento la arrojó en la trasera del jeep. Alexandre quedó impresionado.

—Cat te envía saludos —dijo Claire.

—Ya.

—No seas quejica, no podía venir. Al fin y al cabo ella avala esta prospección y ha conseguido que la financie el Gobierno francés.

—Ya: prospección.

—Prospección prehistórica, sí. No iba a decir que veníamos a por el barmanu. Nadie da dinero para cazar monstruos.

El grupo había subido al jeep. Jordi introdujo la llave en el contacto y salieron de la pequeña explanada que servía de aparcamiento.

—¿Y tú a qué has venido? —preguntó Jordi echando un somero vistazo a su copiloto. El pelo de Claire serpenteaba con la velocidad.

—Yo es que soy muy de prospecciones —dijo tan seria que los dos sonrieron.

Horas después, Claire constató en su diario que se disponía a seguir el rastro de los últimos cazadores-recolectores de Asia Central.

A Jordi le ilusionó verla. Claire le caía realmente bien y, por otro lado, aunque el presupuesto de la misión fuera un quince por ciento menor que el del 96, la lluvia de rupias le ayudaría a capear el verano.

—Esto es lo que vamos a necesitar —dijo a Claire tendiéndole un folio.

Jordi había inflado ligeramente algunos gastos con la intención de destinar la diferencia a cubrir deudas. Claire revisó los cálculos.

—Esto va a salir más caro de lo esperado. Aquí hay más pagos y son más caros de lo previsto.

—El nivel de la vida también sube aquí. De todas formas, no es para tanto. Si no hubierais reducido la partida destinada a la misión..., pero no hay problema, guardo bastantes herramientas en el garaje de los padres de Khalil y Shamsur y todo eso saldrá gratis.

Pasaron la mañana siguiente en el garaje eligiendo lo necesario y observados por medio Shekhanandeh.

—Otra cosa: no tenemos los permisos para movernos por la zona —dijo Jordi cuando el material seleccionado estuvo a bordo del jeep—. Los he pedido mil veces y no hay forma de que me los den. Pero no te preocupes, aquí a veces pasan estas cosas, las visas de turistas bastarán.

Partieron con cuatro caballos, los perros, Fjord y su hija Taïga, y Jordi al volante de un jeep con motor nuevo. En Ayun, metieron los caballos en un camión que los llevó hasta las rutas de montaña, donde emprendieron la exploración sin vehículos.

Caminaban sin comer durante horas y cuando encontraban algún puesto de avituallamiento sólo podían ofrecerles agua, así que fueron consumiendo las reservas de tomates, pepinos y melones.

Jordi a veces murmuraba la letra de un viejo canto de soldados árabes que decía: «¿Vamos bien alimentados? No. ¿Vemos el mundo? Sí».

Claire disfrutaba contemplando el trote, la silueta de Fjord. En cuanto pudiera le limpiaría las orejas, anormalmente sucias de cera. De vez en cuando, los jinetes cabalgaban para que el aire los aliviara del calor, y se fundían con sus animales hasta formar otra simple parte del paisaje. No había nada que pensar, sólo tierra por delante. Y si en algún momento Jordi abandonaba aquella inercia, era para observarse, magnífico en la montura, tenso y fuerte, con plena conciencia de la maravilla de poseer un cuerpo. Casi deseaba sudar para sentir el frescor de las gotas resbalando.

Al anochecer, las vivencias del día se les antojaban solemnes.

Después de dos jornadas, los caballos tenían las articulaciones de las patas inflamadas y desolladuras encima de los cascos. Uno de ellos cojeaba ostensiblemente. Jordi dedicó un día entero a curarlos. Al caballo cojo le aplicó varias friegas con un algodón empapado en aceite hervido con sal, y al ponerse el sol podía apoyar la pata con firmeza.

Un día después de cruzar ilegalmente la frontera de Lasht aprovechando la ausencia de guardias en la caseta, una pareja de Chitral Scouts se les aproximó cabalgando.

—¿Qué decimos si nos piden los permisos? —preguntó Claire.

Jordi no respondió pero estaba preparado: enumeraría a todos los profesores y políticos pakistaníes en los que confiaba para que los soldados les permitieran proseguir el viaje. Y si hacía falta, aludiría al coronel de aquel cuerpo militar, Javeed Kamal, con el que se llevaba muy bien. Los militares saludaron inclinando la cabeza, uno de sus caballos se encabritó.

—Hola —dijo el del uniforme mejor planchado—. Estábamos a punto de empezar un partido de polo y nos irían bien un par de jugadores. Si alguno de ustedes se anima...

Ainullah y Jordi montaron sus dos mejores caballos y disfrutaron de una tarde feliz, aunque Jordi se dedicó a ver pasar la bola. Le gustaba cabalgar pero no era buen jinete, tampoco habría podido competir con aquellos especialistas, así que esta carencia no le incomodaba. La cuestión era compartir carreras en aquel escenario de leyenda, sentir el viento, saberse privilegiado. A las riendas de su caballo al galope sintió como si rubricara la grandiosa experiencia de vivir en las montañas.

Por la noche, Jordi contó que en Pakistán muchos jugaban al polo en burros, rescató anécdotas del juego y explicó una historia que había oído de labios de su amigo hotelero Babu.

—Jugando al polo, los caballos alcanzan grandes velocidades. Para este deporte hay que tener más habilidad de la que mucha gente piensa. El hermano de Babu murió durante un partido. Su caballo chocó contra el de un rival y murieron los cuatro: los jinetes y los caballos.

De las montañas llegaban ruidos inciertos que se escuchaban con nitidez. Jordi quiso añadir gravedad al instante, le encantaba recrearse, qué le iba a hacer.

—Los caballos son una parte de estos hombres —dijo—. Cada día nos enseñan algo.

El 3 de julio, los caballos de la expedición quedaron atrapados en una ciénaga. Uno de ellos permaneció inmóvil, sin esforzarse por salir.

—Es típico de los herbívoros —dijo Jordi—. No son combativos, no luchan por salvar su piel. Se lo ponen fácil a los depredadores.

De todas formas, consiguieron rescatarle.

Las siguientes jornadas, mientras Claire descubría cabañas de concepción neolítica y lechos de torrentes secos donde se acumulaba la cuarcita, Ainullah practicaba el tiro con carabina. Así mató una marmota, que se comieron entre todos. Cenaron frente a glaciares. Taïga partió la columna vertebral a un cordero, que también los alimentó. Algún propietario les pidió dinero por atravesar sus tierras. Praderas inmensas, montañas heladas, lagos edénicos. Pocas veces pagaron por caminar. Jordi ahuyentó a uno de aquellos recaudadores blandiendo su Muela bien afilado, y mientras lo veían alejarse, dijo:

—Qué se ha creído ese reyezuelo. Como si esto perteneciera a un hombre.

El 12 de julio, el grupo se preparó para cruzar un río ennegrecido por la saturación de esquisto y limo. El puente cercano sólo admitía volúmenes humanos, así que Ainullah tanteó el cauce. El río bajaba impetuoso, pero los habían pasado peores y el cuello de los animales sobresaldría lo suficiente del agua. El chico ató una cuerda a la cola de un caballo, lo azuzó.

Era un bruto gris y malcarado que Jordi había comprado un año antes, un animal rebelde de inusual energía. Alcanzó el otro margen. Jordi ató la cuerda a la cola del segundo caballo. Al entrar, el agua se embraveció. Olas negras cubrían en ocasiones por completo a la bestia, manteniéndola unos segundos desaparecida. Quizá por la inflamación que tenía en el espinazo, por la fiebre con la que había amanecido, quizá por su naturaleza herbívora, el caballo dejó de luchar.

Los expedicionarios tiraron de la cuerda para devolverlo a tierra mientras el agua brotaba de sus fosas nasales, tenía los ojos desorbitados. Apretaron los dientes, les sangraban las manos, Jordi tiraba más que nadie, era el más fuerte, había alquilado aquel caballo, perderlo le costaría una fortuna... y al comprender que arrastraban un peso inerte tiró con más ímpetu todavía. En cuanto apoyaron al animal en tierra, Jordi se abalanzó sobre el cuerpo, se inclinó sobre su pecho y a un ritmo pautado le practicó un masaje cardíaco a golpes de rodilla. La bestia expulsaba agua pero no reaccionaba. Jordi le agarró el hocico con ambas manos, inspiró aire y le hizo el boca a boca por las narinas. Claire golpeaba fuerte sobre la caja torácica tras cada bocanada de aire. Murió.

—Qué brutal, ¿no, Claire? —murmuró el joven Alexandre absorto en la figura del cadáver.

—Ha sido interesante —respondió la científica—. Raro. Es la vida.

Mientras Jordi cortaba la cola del caballo en silencio, Ainullah se culpaba por haberle enviado al río menospreciando su enfermedad. Entre todos le consolaron.

—No pasa nada. Venga, sigamos —dijo más tarde Jordi, tensando las riendas de un caballo vivo mientras pensaba en las diecinueve mil rupias que debería pagar al dueño del muerto.

Además, tenía prisa por volver a la ciudad, necesitaba renovar el visado, que estaba a punto de caducar.

—¡Venga, vamos!

En Chitral, la temperatura era aún más alta, y tanto Jordi como Fjord padecieron un desplome físico. El malamut volvió a enfermar de calor. Era horrible y desesperante, aquella impotencia. ¿Por qué soportaban tan mal las altas temperaturas? Se instaló junto al perro en el lugar más fresco de la casa a reponer fuerzas, estudiando el proceso de su debilidad, lo vulnerable que era en aquellas circunstancias. ¿Cómo reaccionaría si alguien le hostigaba durante uno de sus desplomes? Luego miró a Fjord. Qué perro. Su conexión los había llevado a enfermar juntos. Lo sintió una parte de él.

Escuchó voces en la puerta de casa. Luego, Claire le llamó.

—¡Jordi! Preguntan por ti.

Inhaló una buena bocanada de aire y se puso en pie. Caminó despacio hasta el umbral reconociendo al joven pashtún que le esperaba.

—¿Qué quieres? —preguntó en mitad del salón.

—El mayor Zahïd quiere veros —dijo.

—¿Quién es el mayor Zahïd? —preguntó Claire.

—El jefe de la policía secreta —respondió el chico.

—La Gestapo —añadió Jordi con un hilo de voz. Y dirigiéndose al emisario—: Dile que hoy no tengo tiempo, iré otro día.

Si Zahïd imaginaba que con órdenes, amenazas y presión iba a conseguir algo, lo llevaba crudo. Jordi dio la espalda al chaval y, tan derrengado como soberbio, se retiró en busca de frescor. Le dieron ganas de reír al observar su altivez en semejantes condiciones, pero no le quedaban fuerzas. Qué pensaba ese chulo de uniforme. ¿Creía que iba a responder a sus llamadas como un perro? *No me das miedo, Zahïd. Que te quede claro.* Admitía que ante determinadas coacciones se le disparaba un resorte muy al margen de lo razonable, pero lo cierto era que aquellos impulsos en apariencia dementes continuaban sirviéndole para delimitar su espacio y hacerse respetar, también por las autoridades.

El joven se marchó.

—¿Qué querrá? —preguntó Claire.

Jordi se encogió de hombros. No había forma de sacudirse al jodido sabueso empeñado en culparle de a saber qué. Zahïd no abandonaba el rastro de Jordi pese al gesto conciliador que supuso haberle deslizado la pista del barmanu.

Dejaron pasar una jornada. Jordi aprovechó para recobrarse mínimamente y el día después apareció con su amiga en el despacho de Zahïd. A Claire, el policía le pareció bastante joven, amable, hospitalario.

—¿Ustedes no estaban interesados en buscar al barmanu? —dijo sentado tras su mesa—. ¿A qué se debe que ahora se dediquen a misiones arqueológicas sin permiso?

Cuando Claire justificó científicamente el interés, Zahïd los envió al piso superior a hablar con el superintendente de policía. Jordi subió las escaleras renegando.

—No hables tanto, que te cansas más —dijo Claire—. Resérvate para cuando sea necesario.

El superintendente los esperaba de pie, con las nalgas apoyadas en el borde de la mesa y, sujeto por la punta de dos dedos, un papel donde se prohibía al equipo de Jordi y Claire toda prospección en el territorio por no disponer de los documentos exigidos ni estar acompañados por ningún representante oficial de Pakistán.

—Señor —dijo Jordi esforzándose por vocalizar claro y dotando a su voz de una gravedad y potencia que disimularan su debilidad—, usted sabe tan bien como yo que aquí realizamos un trabajo muy serio, procurando no molestar a los habitantes de las montañas y...

—¿Has estudiado agricultura? —le interrumpió el superintendente, que mientras Jordi hablaba había estado hojeando informes sobre los extranjeros que tenía enfrente.

—Sí.

—¿Qué especialidad?

—Agroalimentaria.

—¡Noooo! —el superintendente desplegó los brazos en cruz rematados por manojos de folios—. ¡Igual que yo!

Soltó los papeles de cualquier manera sobre la mesa, dio media vuelta a una silla y los invitó a sentarse. Menos mal, Jordi se estaba mareando. La mayor parte del tiempo hablaron afablemente sobre sus estudios y universidades hasta que, en el tramo final, el superintendente los regañó por no cumplimentar los permisos.

—Por esta vez lo vamos a dejar pasar, considerémoslo un despiste. Pero si se repite, pagarán las consecuencias.

Al salir de las oficinas, Jordi rabiaba:

—No puede ser que en un contexto de cooperación con Pakistán seamos tratados como fuera de la ley. Claire, deberías enviar una carta de protesta a los que mandan aquí, con copia al embajador de Francia. Desde que comenzó la cooperación sólo ponen problemas.

Al día siguiente, mientras Jordi viajaba a Islamabad para renovar su visado, Khalil contó a Claire cómo la policía le había acosado las últimas semanas.

—Cuando estabais de viaje me hicieron preguntas sobre Jordi, querían saber su número de pasaporte, me acusaron de tenerle como amigo y albergarle. Yo les dije que mientras no se me prohibiera por escrito hospedar a extranjeros, seguiría viéndole. «Te vamos a despedir si sigues así —me dijeron—. Di adiós a tu empleo».

Claire empezaba a deducir la delicada posición en la que se encontraba un Jordi que, sordo o ajeno a las amenazas del entorno, seguía a lo suyo, involucrándose en causas a cuál más generosa y arriesgada. Y trasladó esta inquietud a su diario:

Antes Jordi no conocía a la policía. Ahora la tiene en los talones. De todas formas, es que a los pakistaníes no les gustan los franceses porque apoyan a Massoud.

El 2 de agosto celebraron el cumpleaños de Claire. El 4 durmieron en Peshawar. La vigilia del regreso a Francia, Claire despertó hacia las tres de la madrugada y encontró a su anfitrión levantado. Revisaba los gastos del viaje, que había presupuestado en 11.926 francos. Hablaron del futuro, de la supervivencia y de cómo Jordi planeaba «rescatar» a los kalash.

—Si consigo el dinero suficiente...

Cuando Claire abrió el pliegue más hermético de la cartera, recordó a su padre un par de meses antes empuñando doscientos francos mientras decía: «Este dinero es sólo para ti, no para la misión».

Claire hundió los dedos en aquel reducto hasta entonces intocado, sacó los billetes y se los tendió a su amigo.

XXXI

> La cultura nuristaní está en peligro de muerte. Su único vínculo ya son los kalash [...] Y las ONG, en perfecto desconocimiento de esta cultura, han confiado sus escuelas a los religiosos musulmanes. Las escuelas son generalmente transformadas en madrazas. Esta situación excluye ipso facto a las niñas y limita la enseñanza a los chicos. Y éstos tampoco son muy numerosos por dos razones: por una parte, la mayoría de la población no aprecia las madrazas; por otra, el sistema educativo clásico no está adaptado a la mentalidad de los habitantes de las montañas ni a su modo de vida reglado por el calendario natural. Además, los salarios de los profesores son tan bajos que éstos prefieren buscar otra fuente de ingresos para alimentar a sus familias. (Informe de Jordi Magraner.)

El profesor Malek dijo a los niños: «Somos más de tres mil, quizá lleguemos a los tres mil quinientos, y cultivamos uva para producir vino. El vino, los vestidos y la cara destapada de nuestras mujeres y que los hombres nos afeitemos la barba son señas muy importantes de nuestra identidad».

El anciano Kasi Khoshnawaz afirmó: «Los kalash decimos que los hombres adquieren la inmortalidad por el recuerdo dejado».

El profesor Janiar Khan señaló: «El markhor es símbolo de fecundidad, nobleza, buen liderazgo. Es el animal de los espíritus de la montaña».

Y su colega Mirzamas explicó: «Otro de nuestros dioses es Guish, el dios de la guerra del panteón kafir».

El GESCH (Groupe d'Étude et de Sauvegarde des Cultures de l'Hindou Kouch) fue fundado por Jordi Magraner en 1998 para divulgar en Occidente la cultura de los valles. Con sede en casa de la familia Magraner en Valence, igual que la Association Troglodytes, las suscripciones contribuyeron a pagar los honorarios de cuatro profesores kalash que, bajo el nombre de Narradores de la Tradición, emprendieron una labor inédita hasta entonces: enseñar a los niños y jóvenes kalash la historia de sus ancestros.

—Necesitamos medio sueldo más —dijo Abdul al entrar en el jardín de su hotel, donde le esperaba Jordi. Abdul venía de hacer la periódica ronda de reconocimiento. Había visitado las escuelas y supervisado a los profesores, a quienes ese día, además, pagó su primer salario.

Jordi le entregó un fajo de billetes doblado.

—¿En paz?

Abdul se guardó el fajo en la kamize sin contar la cantidad.

—Esta asociación tuya es lo mejor que nos podía pasar.

Y mi hermano, pensó Jordi, porque Andrés continuaba prestándole dinero con una regularidad que ahora le permitía redondear salarios. El infalible Andrés, su constante sostén. Una vez Erik l'Homme le había dicho que, para Andrés, financiarle era su forma de participar de un sueño.

—Pero me has dado mucho dinero —dijo Abdul propinando unos golpecitos al bulto que se le marcaba bajo la kamize—. ¿Ahí va lo del siguiente mes?

—No. Ahí va el primer alquiler de la Sharakat..., si mantienes tu oferta, claro.

Abdul le abrazó.

En su nueva casa, Jordi acabó de sumergirse en la cotidianidad kalash. Por fin pudo sacar sus trastos del garaje de Khalil. En el jardín, plantó calabacines, calabazas, berenjenas, tomates, habichuelas verdes, pimientos, y entre los cultivos plantó matas de flores que repelían a los insectos.

En un tramo de río a unos cuarenta metros de la casa, Abdul poseía un criadero de truchas donde también iba de vez en cuando a pescar, y a partir de ahora pensaba frecuentarlo para, de paso, supervisar las obras de su inquilino. Pocos días después de pactar el alquiler, Abdul subió a apostarse en su rincón de cría y pesca habitual. Antes de adentrarse entre la maleza y los árboles, vio a Jordi amartillando una estaca.

—¿Qué haces?

Jordi acabó de apuntalar.

—Una valla. Es para los perros, no quiero que se coman a los pollos de los vecinos. Ni que peleen con otros perros. Tú ¿qué? ¿A pescar?

—Ahí voy.

Jordi se secó el sudor con el dorso de la mano. Centellearon sus dos gruesos anillos con forma de serpiente.

—Si pescas algo bueno y te apetece, ven y te lo cocino esta noche.

Abdul se presentó al crepúsculo cargando la mitad de capturas del día. Jordi braseó los pescados y abrió una botella de licor de albaricoque destilado por los propios kalash. Bebieron mientras cenaban resumiéndose las biografías.

—Nací en 1959 en Bumburet. Mi padre fue un líder religioso y oficial forestal. Su trabajo era controlar a los furtivos, proteger la tala de bosques... Tuvo tres mujeres, yo soy hijo de la primera. Hijo único. Eso no es muy normal aquí, supongo que me ha ido bien a la hora de estudiar porque mi padre enseguida me metió en una buena escuela de Ayun y luego me envió dos años a un colegio privado de Peshawar. Yo tenía unos dieciocho años y..., bueno, en la gran ciudad me sentí desconcertado, con todos esos burros y coches y camiones... Había demasiada gente para mí, ni siquiera sabía dónde quedaba el norte ni dónde el sur.

—Más o menos como ahora, ¿no? —le dijo Jordi, porque ambos estaban ya algo borrachos.

Se pusieron a reír. Bebieron más. Abdul rememoró la vez que escapó de un profesor que le pegaba en Ayun.

—Me largué con un amigo, queríamos desaparecer, llegar a Peshawar. Éramos unos críos, teníamos seis años, pero me acuerdo muy bien de algo —a Abdul se le descompuso el rostro—: En un momento de la noche, perdidos en el bosque, mientras intentábamos encontrar la carretera principal, vimos a mucha gente con barba a las puertas de una mezquita. Mi amigo era musulmán pero yo me asusté. No me gustó lo que vi. Yo no era de los suyos, nunca había visto a tanta gente con barba junta..., pero sí había escuchado historias sobre ellos. Pensé que me iban a matar.

Los hombres se miraron a los ojos inyectados en sangre.

—Y aún estás esperando, ¿no? —dijo Jordi.

Abdul dio un manotazo en la mesa.

—Aún —gritó riendo—. Aún.

De nuevo, hubo risas compartidas.

—Bueno, pero qué pasó —preguntó al fin Jordi.

—Nada. Mi padre envió a un hombre a buscarme y desde luego que ese batidor era bueno, porque me encontró.

—Te debió de dar una buena paliza cuando volviste a casa.

—Sólo me abrazó. Me pidió que no me marchara nunca más.

Abdul había amado y respetado sinceramente a su padre, quería dejarlo bien claro.

—Además de vigilar bosques, mi padre tallaba madera, era carpintero. Juntos construimos el hotel que ya conoces

—Abdul había vaciado su vaso de licor. Lo volvió a llenar—. Murió hace dos años. ¿Y sabes dónde estaba yo? Trabajando en la construcción en Irak. Intentando ganar dinero. Me dijeron que tenía una bronquitis, pero no que estuviera tan grave, él decía que no era nada. Y cuando volvieron a contactar conmigo, ya estaba muerto. No pude asistir al funeral de mi padre. Mi ausencia fue una vergüenza en la comunidad.

La desolación cubrió el rostro de Abdul. Jordi recordó a su padre, a su familia, pensó en cuánto los quería. Los añoró comprendiendo muy bien el dolor del que ya consideraba su amigo.

—Aquello fue un accidente —dijo Jordi.

—En Irak yo intentaba ganar dinero, ¿entiendes? Para comer.

—No tienes por qué avergonzarte, Abdul. Al coordinar a los Narradores de la Tradición estás demostrando muchas cosas a quienes duden de ti.

—El problema no es con mi gente. Los musulmanes nos quitaron todo por la fuerza —dijo Abdul sin levantar la voz, no suele levantarla—. Ni siquiera lo compraron. Somos indoeuropeos y nuestros antepasados hicieron posible esto —estiró el brazo con un gesto abarcador—. Cuando era pequeño, en los valles había musulmanes, pero no tantos. Un veinte por ciento quizá. Ahora son más del cincuenta o sesenta por ciento. Han venido musulmanes de fuera y se han casado con mujeres kalash, convirtiéndolas al islam. Nos compran los nogales, las casas, y ninguno de nosotros puede hacer nada que le permita ganar dinero, prosperar un poco. Al Gobierno le interesa que los kalash sigan pobres. En cien años, quizá no quedemos ninguno. Los propios kalash deberíamos intentar algo para que eso no ocurra, pero qué. No sé cómo podríamos cambiar esto. Está claro que nadie nos va a ayudar. Habría que tener un plan.

Un plan.

Eso se le daba bien a Jordi, ¿cuántos habría hecho ya? La cuestión era a quién le importaba, quién estaba dispuesto a escucharlos. Qué bien entendía a Abdul. Nadie los iba a ayudar.

A cada nueva charla con Abdul y otros kalash, Jordi se involucraba un poco más. Había tantas correspondencias entre la historia de aquel pueblo y la suya..., cómo no se iba a identificar. ¡Si incluso eran paganos! Por primera vez en su vida, se descubrió pensando de verdad en plural. No se trataba de conseguir un objetivo particular ni de revelar un secreto al mundo. No pretendía emerger por encima de mil cabezas, sino que sencillamente le preocupaba, ¡le preocupaba!, la supervivencia de aquella cultura y estaba dispuesto a ayudar.

De todas formas, resultaba difícil desprenderse de repente de cualquier ambición privada. Él no era un misionero, tampoco un eremita, no suspiraba por fundirse con la naturaleza, nada de eso. ¿Cómo explicar lo que quería? Anhelaba expandir algún tipo de pureza, una verdad tan limpia e intachable que le distinguiera de algún modo, y reflexionando así se encontró coqueteando con la idea de ser grande y anónimo, que se le antojó deslumbrantemente hermosa. Quizás estuviera llegando a algún lugar.

Una tarde acudió a su despacho y removió libros y apuntes hasta rescatar las sentencias romanas que había copiado años antes pero que aún no había aplicado ni afectaban a su vida de veras. Desde la juventud había percibido en ellas una fuerza y autenticidad impresionantes con las que identificaba su espíritu, por eso las copió, pero las circunstancias no le habían impelido hasta entonces a realmente comprenderlas.

> El individuo casi no cuenta al margen de su función en el grupo..., ante la necesidad, deberá sacrificar todo lo que aprecia, incluso su persona.
>
> Pierre Grimal

Cuánto tenía que agradecer a los valles. No sólo le ofrecían la posibilidad de establecer paralelismos entre su vida como resistente y la lucha de los kalash, sino que también le brindaban una causa noble por la que batirse.

Roma se decanta por la muerte por la virtud, y en consecuencia, por la gloria.

Pierre Grimal

Y los kalash..., los kalash le auguraban la posibilidad de ser un líder distinto. Y, sobre todo, de continuar viviendo allí.

De manera que cuando Erik l'Homme regresó a Chitral cuatro años después de la imborrable discusión en Shishiku, encontró a un Jordi en las antípodas de aquel al que tanto había costado aprender kalasha y khowar.

—¿En serio que lo fabricas tú? —dijo Erik sosteniendo el vaso lleno de licor de albaricoque.

—Claro, chaval. Tengo mi propia destilería.

Suspendió su vaso frente al rostro de Erik. Brindaron. Jordi dio un trago mucho más largo que Erik.

—Así que has venido a buscar historias para un libro de cuentos. Infantiles, ¿no?

—Ya sabes, con los niños me entiendo bien.

—¿Quién te lo publicará?

—La editorial L'Harmattan. Sólo he vuelto a por unas cuantas informaciones que me faltan, en realidad hay varios relatos que ya más o menos están.

—O sea, has vuelto por nostalgia.

Erik dejó el vaso sobre la mesita de piedra.

—También soy secretario de la asociación. Me apetece comprobar el resultado de mi trabajo. ¿Cómo van los Narradores?

Jordi devanó los detalles de un plan que pronto ejecutaría. Al aludir a los musulmanes radicales, el tono y la cara se le crisparon.

—Esa gente insiste en hostigarnos. Esos cabrones. Esa escoria que sólo piensa en destruir.

A Erik le impresionó cómo había soldado en su interior el rechazo a aquella gente.

—Bueno —dijo Jordi al final—. ¿Te instalas en mi casa?

—No, no. Este par de meses lo pasaré en Chitral, aquí está la mayoría de la gente con la que quiero hablar.

—Pero ven conmigo a pasar unos días. Tengo sitio. Ya sabes que no molestas.

Erik cogió de nuevo el vaso, dio un trago corto.

—Creo que la última semana podría ser un buen momento.

—Muy bien. Hecho.

Como acordaron, Erik se instaló en la Sharakat House la última semana de estancia.

Una mañana en la que acompañaba a su anfitrión a buscar el correo toparon con un chitralí que comenzó a gritar a Jordi. Erik creyó entender que su amigo no había acabado de pagar el jeep... y que alguien se impacientaba. Jordi avanzó hacia el increpador gritando a su vez. Tal y como llegaba, lanzó un puñetazo que acertó en el pómulo del contrincante. Estuvieron peleando un rato.

Además de violentarle, a Erik le sorprendió. Aquél era el hombre que años antes le había recomendado hacerse el idiota, mantener la calma.

Mientras se dirigían de regreso a Bumburet, Erik pensó que Jordi acabaría mal, que en aquella región esos excesos se pagaban. Al plantarse frente a la Sharakat House, también se preguntó cómo podía mantener semejante nivel de vida, con dos siervos, caballos, el jeep... ¿Cómo no iba a tener deudas?

El dinero era para él un demonio necesario, suele decirse de Jordi. Su carencia le obligaba a moverse, a inventar. Es cierto que con quinientos dólares podía vivir como un rey entre los kalash, con dos caballos, criados, una agradable, pequeña y relativamente confortable casa, en el sentido medieval de la confortabilidad. Pero siempre surgían pagos, deudas nuevas, obligaciones o compras que él mismo se imponía y terminaban minando su renta.

Y fueron los aprietos económicos los que le animaron a viajar a la sede de la ONG Aide Médicale Internationale (AMI), donde entró una mañana de mayo en compañía de Shamsur. Vestía pantalones negros de piel y una camiseta blanca ceñida sobre la que bailaba un collar de oro. *Este tío es gay,* pensó Gyuri Fritsche desde la mesa donde conversaba con miembros de su equipo.

Jordi saludó a varias personas, bromeaba continuamente.

—¿Quién es ése? —preguntó un empresario de paso.

—¿Ése? —respondió un veterano—. Ése es un mito en Peshawar. Cuando oigas ¡Jordi está en la ciudad!, es la señal de que pronto vas a ver su coche avanzando por University Town. No pasa desapercibido, no. Viene de Chitral cada dos o tres meses y todo el mundo tiene algo que decir sobre él, que si es un tío peligroso, que si tiene problemas...

—¿Por qué tiene problemas?

—¿Por su abierta oposición al islam? ¿Por su modo de vida? ¿Por su gusto por los chicos jóvenes? Eso es algo que escucharás sobre Jordi. No sé, yo nunca he visto nada que me hiciera creer que todo esto sea cierto, y siempre he preferido ignorar los cotilleos.

—Pero ¿quién es? ¿Qué hace?

—¿Jordi? Seguro que has oído hablar de él. El hombre que busca al yeti.

—¡Hostia! ¡Es él!

—¿Me presta alguien un ordenador? —dijo Jordi en voz muy alta—. Necesito consultar mi correo.

Enseguida le cedieron una máquina. Ese año era el primero que se comunicaba a través de Internet. *Vaya invento genial.* Mientras echaba vistazos a la pantalla iba soltando tonterías que provocaban carcajadas alrededor.

—Eh, tú —gritó Gyuri desde su mesa—. Aquí estamos intentando llevar adelante una reunión, así que o dejas de fastidiar o mejor te largas.

Jordi sintió el impulso de responder a aquel jefecillo novato al que aún no conocía. Pero habría sido muy contraproducente para sus intenciones. Se mostró cómicamente ofendido y siguió revisando el e-mail.

XXXII

¿Cómo nace un gigante? ¿A partir de cuándo puede intuirse lo grande que será? Dicen que los gigantes padecen una enfermedad y por eso son como son, así que no resulta extraño que a lo largo de la historia se les haya considerado más o menos aberrantes.

Inconquistables poseedores de una autoritaria insolencia, a menudo han tenido conflictos con el poder. Va con la condición de ser grande. Dicen que Eurimedonte, el gobernador de los primeros gigantes, optó por exterminarlos. Es cierto que muchos sucumbieron víctimas de mazas de bronce, antorchas, proyectiles de metal al rojo vivo, a otro lo aplastó un fragmento de isla arrancado de la sima. Pero en ningún caso fue fácil.

Son difíciles de matar.

Y quedan supervivientes.

XXXIII

El hombre alcanza la plenitud con la castidad; el genio, el heroísmo, la santidad y otras virtudes similares no son sino algunos de los frutos a que da lugar.

Henry David Thoreau, *Walden*

Su ambivalencia respecto al sexo recuerda la ambivalencia mostrada por algunos personajes célebres que abrazaron el retorno a la naturaleza con una fe inquebrantable, como el mismo Thoreau, quien conservó la virginidad durante toda su vida, o el naturalista John Muir, por no hablar de una multitud de peregrinos, trotamundos, inadaptados y aventureros menos conocidos. Al igual que un buen número de personas seducidas por el atractivo de la vida salvaje, parece como si McCandless hubiera estado movido por una especie de sed que suplantaba el deseo sexual. En cierto modo, esta sed era demasiado fuerte para que el contacto humano la saciase. Puede que McCandless se sintiera tentado por las pasiones que le ofrecían las mujeres, pero tales pasiones palidecían en comparación con la perspectiva de un encuentro tempestuoso con la naturaleza, con el cosmos mismo, que era lo que lo arrastraba hacia Alaska.

Jon Krakauer, *Hacia rutas salvajes*

Claire visitó Pakistán por tercer verano consecutivo, aunque esta vez viajó por su cuenta. Cat Valicourt había finiquitado la colaboración con Jordi. Cada vez mejor situada al amparo de Coppens, las incursiones en Pakistán perdieron para ella su original atractivo. Los discretos hallazgos científicos realizados ya no justificaban los peligros a correr en unas montañas cada vez más talibanizadas ni el esfuerzo de soportar los intempestivos arrebatos de Jordi. Ninguna gran institución científica volvería a financiar un proyecto entre ambos. Valicourt dejó definitivamente de ayudarle aunque continuaron siendo amigos, a fin de cuentas Jordi no quería perder todos los enlaces con «el exterior», menos aún con una científica que ahora alcanzaba el rango de autoridad. Y, bueno, admitía que durante años Valicourt había sido un verdadero puntal para él.

En ese viaje, a Claire la acompañaban dos periodistas franceses, Agnès y Stéphane. Empezaron instalándose medio mes en Peshawar, durmiendo unos días en la universidad y otros en la sede de AMI.

Aquel año, Claire se sintió singularmente agredida por las miradas de punjabíes y pashtunes. «Hay unos límites para la adaptación y, sobre todo, para el deseo de adaptación», anotó en su diario. Miró la ropa que llevaba encima. Vestía según la costumbre punjabí con pantalones anchos y *shalwar-kamize,* pero continuaba remangándose en la calle, y ahí fuera la mitad de las mujeres iban con burka. La otra mitad, con un gran velo que les cubría la cabeza y el rostro, excepto los ojos. Era insoportable. Sentía que los hombres la miraban como salvajes. De acuerdo, la respetaban por ser extranjera, gozaba de algunas dispensas, pero la situación era mucho peor que por ejemplo en India.

—En India las mujeres también lo tienen difícil, pero ves que aún se puede hacer algo —le dijo a Jordi—. Allí se puede discutir. En Pakistán eso es impensable.

El 26 de junio, a los once días de su llegada, Jordi apareció con Shamsur y Ainullah. Avanzaban al unísono, Jordi por delante y ellos medio paso rezagados. La visión del trío la impresionó. Había algo marcial, sólido, entrañablemente viril en el grupo. Jordi la abrazó y los chicos se mostraron afectuosos, se notaba que habían estado hablando de ella. Luego, Jordi les ordenó que cargaran las maletas, él mismo ayudó con una. Estaba claro quién mandaba ahí.

Durante las siguientes jornadas, Claire fue testigo de la cariñosa obediencia de Shamsur y Ainullah hacia Jordi. Eran el caballero, el aprendiz y el escudero. Los chicos siempre detrás de él, jamás al mismo nivel. Claire pensó que en Occidente podría parecer una relación un poco arcaica, pero en Pakistán funcionaba bien. Shamsur y Ainullah se llevaban como hermanos y sin duda a Jordi le confortaba el papel de jefe y mentor. A fin de cuentas, Jordi no sólo había leído a Camus, sino que se lo había creído, y no era Camus quien había escrito aquello de que «cada hombre necesita esclavos como necesita aire puro. Mandar es respirar, ¿no opina usted lo mismo? Incluso los más desdichados consiguen respirar. Al último en la escala social le queda su cónyuge, o su hijo. Si es soltero, le queda un perro. Lo esencial, en suma, es poder enfadarse sin que el otro tenga derecho a responder. El poder permite decidir».

—Vaya, hasta te has afeitado para venir a recogernos —dijo Claire.

—Estoy guapo, ¿eh?

—¿Con navaja, al viejo estilo de los tramperos?

—No, no. Tengo maquinilla eléctrica, querida. Me gusta la montaña porque me gusta vivir lo mejor posible, y donde se ponga una maquinilla...

En la Sharakat, Jordi concedió a Claire el privilegio de ver su habitación. Al abrir esa puerta, quería confesarle la estima que le profesaba. Trofeos de caza, entre ellos varios cuernos de markhor, dagas, cuchillos, espadas, pipas artesanas, un abanico y esculturas antiguas, herraduras, telas, cuadros de reptiles, de pájaros y muebles nuristaníes... presididos por la enorme bandera valenciana colgada en la pared contra la que apoyaba la cama. En el módulo también destacaba una foto de sus padres y sus abuelos. Era el único de los hermanos Magraner con una imagen de sus mayores en el dormitorio.

Claire se preguntó por qué la distinguía introduciéndola a su santuario. Como Cat, como Fjord, como Ainullah, Claire posee una biografía excéntrica y memorable. Su padre era artista, oscilaba del dibujo a la pintura y a la escultura. Su madre trabajó entre arquitectos. Ambos le parecieron siempre muy originales, fuera de lo común. El padre la educó insistiendo en que la mirada de los otros no importa. Por norma. Lo que opinen los otros no importa. Le enseñaron a amar la naturaleza, a ser práctica, y tomó las orientaciones en serio convirtiéndose durante la juventud en un prodigio de concentración: aprendió a aislarse para impulsar sus proyectos. Hasta que, sin saber muy bien cómo, se entregó a una especie de competición, empezó a despachar artículos para un sistema hiperproductivo que siempre pedía más... y que la succionó.

Un día puso el freno. *No puedo seguir así.* Fue convenciéndose de que debía disfrutar de otras cosas y encontró el camino para hacerlo. Hoy, en su rinconcito al final de todas las salas del Instituto de Paleontología Humana de París, rodeada de cráneos, piedras, tibias y docenas de fósiles que sólo parecen desordenados, Claire trabaja con luz tenue al amparo de una leyenda en caracteres chinos que ha situado a su espalda: «La verdadera victoria es la victoria sobre uno mismo».

Sea como sea, ninguna de estas cosas hace a Claire tan diferente. Tampoco que haya pasado de practicar el karate al aikido, un arte marcial basado en evitar golpes, sin propinarlos.

No. Su secreto, el que definitivamente la distingue y la hizo aún más fascinante a ojos de Jordi, su secreto está en el sexo.

—Hasta los cuarenta y ocho años no tuve una relación de pareja y no necesité el sexo —me dijo Claire en París—. Antes de esa edad, hubo dos encuentros sexuales, y uno de ellos fue con quien ahora es mi compañero. Nunca lo sentí como una necesidad, así que nunca tuve que controlarme. No pensaba en ello. Simplemente quería estar sola.

Jordi disponía de un gran repertorio de historias excéntricas. Como hablaba de todo con gracia, mucha gente le explicaba sus historias de amor, también de sexo, y él siempre estaba dispuesto a recuperar episodios sexuales escuchados por ahí, si bien se mostraba impenetrable a la hora de exponer sus inclinaciones. De todas formas, la historia de Claire le imantó porque ligaba de plano con una creencia que por lo menos teóricamente él mismo había defendido en público: el sexo no es una prioridad, se puede controlar. ¿Hasta el punto de mantener la virginidad? A saber. No había forma de que soltara prenda sobre sus enredos sexuales. La verdad es que resultaba raro no conocerle aventuras amorosas. Un amigo común de Claire y Jordi aseguraba que Jordi le recordaba a San Bernardo, el propagador de la orden del císter: un hombre muy guapo poseedor de una gran energía que volcaba en su fe y en sus empresas. Y con un lado místico muy desarrollado, muy puro. En fin, ¿por qué no podía ser virgen Jordi?

Cuando el 12 de julio las selecciones de Francia y Brasil calentaban minutos antes de jugar la final de la Copa del Mundo de fútbol, en Pakistán anochecía y los kalash estaban de fiesta. Claire y Jordi habían pasado el día planeando la inminente expedición, era hora de relajarse. Sentados en la hierba viendo a hombres bailar, Jordi miró a su amiga de soslayo. Qué bien habían conectado. Compartían mucho tiempo juntos, disfrutaban de casi las mismas cosas y, lo mejor, Claire sabía escuchar.

Stéphane, Agnès y Shamsur dejaron pronto los bailes para irse a ver el partido.

—¿Vienes, Claire?

—No, es que no soy muy futbolera.

Claire se quedó con Jordi entre los hombres que bebían y fumaban hachís. En algún momento, varias mujeres kalash se agruparon en torno a los hombres, que esgrimieron frenos de bici y empezaron a golpear bidones transformados en tambores mientras unos y otras proferían cantos, aullidos. Luego, la intensidad disminuyó hasta reducirse a un fondo de tambores y un dulce coro femenino. Un anciano levantó la voz. En su parlamento elogió a algunos habitantes de los valles y uno de ellos fue Jordi.

—¡Claire! —dijo—. ¡Claire! ¡Me ha nombrado!

Jordi acababa de recibir un halago público de los kalash. Ebrio de muchas cosas, aquel momento supuso una cumbre en su vida.

—¡Me ha nombrado! —repitió mientras los tambores bombeaban en sordina y el orador continuaba perorando y las mujeres cantaban en susurros.

Cuando reemprendieron el baile, Claire se animó, su *shalwar-kamize* ondeando armónicamente entre las telas de los campesinos sonrientes y entregados. Jordi parecía flotar.

Al terminar la fiesta, el partido aún duraba. Ganó Francia. Campeona del Mundo. Stéphane no se movía, quería ver cómo los *bleus* alzaban la copa. En el televisor, los franceses se abrazaban, lloraban. Jordi se detuvo frente a la pantalla observando la alegría desatada en el país que le había adoptado, el lugar donde creció y vivía su familia, y por una vez se sintió cerca, compartiendo con Francia algo de verdad memorable: la victoria.

Dos días después partieron a las montañas.

Se cruzaron con pastores y traficantes de opio; comieron cabrito despiezado por Jordi con cuchillos carniceros; contemplaron montañas de guijarros y glaciares que Claire no había visto más que en libros; fueron recibidos por el sah de Khadzé; superaron tumbas y mausoleos ismaelitas cerca de un afluente del Amu Darya y charlaron con miembros de una ONG especializada en la desintoxicación de fumadores de opio.

Antes de volver a Europa, mientras pasaban los últimos días en casa del sah de Zebak, varios afganos mostraron su asombro por las canas de Stéphane. Tenía veintinueve años pero un pelo ya tan blanco como los ancianos.

—Por cierto, hoy es mi cumpleaños —dijo Claire.

La felicitaron efusivamente, el sah regaló lapislázuli a todos. Jordi se aproximó al oído de su amiga:

—No creas que me olvidé: tengo tu regalo en Bumburet. Para mí, el 2 de agosto es un día señalado.

XXXIV

La voz inglesa *freak* alude a fenómenos anormales a la vez que señala a una especie muy determinada de «monstruos». Hace años servía para referirse a las personas que tenían alguna malformación o anomalía física y que se exhibían en los circos. Mujeres barbudas, hombres elefante, gigantes..., ellos eran los *freaks*. Con el paso de los años, la palabra comenzó a identificar también a personas que se consideraban «extravagantes, en especial por tener una obsesión extrema o extraña con un tema concreto, en el cual eran especialistas» (Wikipedia). Y de ahí nació una palabra más precisa que se ha hecho popular: friki.

> Los frikis se caracterizan por no estar aún aceptados ni bien vistos por la sociedad. Sus gustos se consideran normalmente infantiles, inmaduros e impropios de la edad del sujeto. Estos temas están relacionados comúnmente con el desarrollo y manifestación de la imaginación, creatividad e inteligencia y no tienen necesariamente relación con el nivel de desarrollo socio-emocional del individuo, dado que estas aficiones pueden vivirse de muy distinta manera y depende de cada cual. (Wikipedia.)

Bernard Heuvelmans, padre de la criptozoología, es un friki de manual. Bernard Heuvelmans tuvo un buen amigo historietista que en 1958 atravesaba una grave crisis personal, Georges Prosper Remi, conocido por *Hergé.* Un día, ambos amigos se citaron, no para hablar de problemas, sino del yeti, porque Hergé quería desarrollar una nueva aventura de su personaje de cómic Tintín. Heuvelmans le asesoró sobre el hombre de las nieves y Hergé se lanzó a crear.

En *Tintín en el Tíbet,* Hergé reduce los protagonistas a tres: el capitán Haddock, Tintín y el *sherpa* Tharkey. En ningún otro de sus títulos habrá tan pocos personajes. Parten en busca de Chang Chong-Chen, un amigo de Tintín. En el álbum, Hergé se entrega a los grandes bosques, a los espacios enormes y blancos, el color que copaba sus continuas pesadillas. Al terminar la obra, el autor piensa: *Ésta es mi mejor aventura. Mi favorita.* Poco después, sus pesadillas se disipan y se divorcia de Germaine, de la que se había separado quince años antes.

Al hablar de Jordi Magraner y su aventura, bastante gente emplea la palabra friki, aunque también abundan los que le emparentan con Tintín.

Franck Charton: Su sofisticado equipo era el de un científico, un cazador, un Tintín en Asia Central.

Maurice Lévêque (ex delegado general de la Alliance Française en Pakistán): Cuando le conocí en Islamabad me hizo pensar en Tintín.

Jean-Paul Thomas (naturalista): Era una especie de Tintín, un romántico impulsado por la exaltación del aventurero que se mueve en condiciones extraordinarias. Un eterno adolescente.

De Tintín se ha comentado con frecuencia, de manera peyorativa, que era un friki y homosexual. Sobre esto se puede debatir. De lo que no cabe duda es de que Tintín es uno de nuestros gigantes.

XXXV

Entre julio y agosto de 1998, la ofensiva talibán sobre Kabul obligó a AMI a retirar a su personal de Afganistán. Como el resto de los equipos humanitarios, los cooperantes se replegaron en la base de Peshawar.

Yves Bourny, el jefe de AMI en Pakistán, mantuvo varias y consecutivas reuniones con Gyuri Fritsche y otros colaboradores intentando discernir hacia dónde debían apuntar sus esfuerzos. Los corredores afganos estaban bloqueados por la guerra y, además, la crisis de Kosovo había requerido el desplazamiento de gran parte de los materiales y el personal de AMI a Europa, dejando a la delegación pakistaní bajo mínimos.

—Deberíamos abrir Pakistán. Ayudar a las regiones donde se concentran los refugiados aquí —defendía Bourny.

Jordi seguía la actualidad pero estaba al margen de los debates sobre ayuda humanitaria cuando entró en las oficinas de AMI para presentar a Bourny su plan: un proyecto médico en los valles kalash.

—... claro que para lograr resultados también hay que desarrollar la economía, eso es fundamental —afirmó Jordi—. Por ejemplo, cultivando viñedos. El vino hecho por los kalash de manera tradicional forma parte de su cultura y bastantes pakistaníes se acercan a ellos para disfrutar de ese vino barato. Porque ya sabéis que los musulmanes también beben, claro. Y cómo beben algunos, ¿eh? Así que el vino les dará dinero y...

Yves Bourny escuchó la exposición de Jordi, que hablaba ordenada y apasionadamente, transmitiendo las ideas que llevaba incubando meses y había plasmado en el informe que ahora recitaba.

Planes para los kalash:

–Salubrizar los *bashalis.*

–Construir casas de maternidad (2) por higiene, para reducir la mortalidad.

–Instalar letrinas y fosas sépticas dentro de las casas.

–Desarrollar medicación natural y local (homeopatía...) a través de una farmacéutica europea que estudiará plantas locales.

–Formar a mujeres profesoras.

–Elaborar material didáctico.

–Informar a la población.

Gyuri no lo veía claro. Bourny se quedó pensativo. Ese Jordi era bien raro, siempre entusiasmándose con cosas extrañas, el barmanu, nada menos. Pero lo cierto es que cada vez que conversaban les había impresionado el conocimiento que aquel bicho raro tenía de la provincia. Nadie a quien conocieran controlaba la región mejor que él. Nadie.

—Deja que pensemos en ello y volvemos a hablar pronto —respondió el jefe de la misión.

Esos días, Jordi visitó a algunos colegas expatriados para ponerles al corriente de su nuevo proyecto, esperanzado con las buenas vibraciones que le había transmitido Bourny. Durante una de las habituales fiestas de la comunidad extranjera, se fijó en una atractiva chica de pelo corto que, como él, había sido invitada. En realidad, ya la había visto algún día en AMI, donde trabajaba como administrativa. Marie Odile también se había fijado en él. Cómo no iba a llamar la atención aquel hombre pequeño de grandes ojos azules. Era todo nervio y hablaba sin parar. Explicó algunas cosas del barmanu, pero sobre todo habló de los kalash, como si fuera su representante o le tocara defenderlos.

—¿Qué haces aquí? —preguntó Jordi a Marie Odile.

—Supongo que lo que tú. Bebo, me divierto...

Jordi cerró los ojos histriónicamente. Volvió a intentarlo.

—Quiero decir en Pakistán.

—No sé..., quería trabajar fuera de Francia. Tenía ganas de salir de allí. Hice una formación de un año, AMI me propuso venir... Creo que no sobraban las candidatas, así que la cosa ha ido rápida.

—Y vas y caes en Peshawar. Vaya forma de estrenarse.

—No parece un país muy difícil.

—Uuuuuhh, qué valiente. Oye, ¿para salir de Francia enseñan administración?

—Bueno, también aprendí a montar radios, a atender urgencias médicas... Hasta depuro agua, fíjate.

—¿Sabes montar radios?

—¿Tan raro te parece?

Congeniaron enseguida.

Lejos de la espectacularidad, Marie Odile posee una gracia delicada. Esa noche vestía un discreto atuendo con motivos coquetos que imprimían desenfado a su seductor aire de princesa todoterreno. Hoy, las facciones de Marie Odile están al filo de la dureza pero conservan la suficiente suavidad. Vive en el *arrondissement* 19 de París, cerca del Petit Chicago, donde el sobrio curso del Sena se ve con frecuencia alterado por reyertas. Es un barrio difícil. Marie Odile estudia para ejercer como profesora de Qi Gong, un arte marcial destinado a esquivar golpes y que prescinde del ataque. Desde luego que nada que ver con el estilo exhibido por Jordi en la pelea que meses después tuvo por ella.

—Gyuri te acompañará a los valles kalash para conocer el territorio y valorar las posibilidades de desarrollar tu plan —dijo Bourny.

Estupendo. Menos mal que los humanitarios despertaban, aunque para que de verdad intervinieran ahora debía convencer al chulito holandés que le había hecho callar nada más conocerle. En las reuniones posteriores, el holandés le había caído algo mejor, pero a menudo le pillaba escrutándole como si fuera un insecto y por eso, al verle, Jordi pensaba en búhos.

Antes de partir, Jordi compró algunas publicaciones recientes sobre pashtunes y paganos en la librería inglesa de Peshawar, necesitaba ponerse al día, que nada se le escapara. Viajaron a Chitral en jeep, el Lowari Pass aún no había sido bloqueado por la nieve. Al principio prefirió hablar lo menos posible con el búho, pero Gyuri insistió, le tiraba de la lengua, así que se enfrascó en la charla y, contra pronóstico, simpatizó de inmediato con él. Gyuri era holandés, pero también hablaba español tras haberlo estudiado durante cinco años y trabajar nueve meses en Sudamérica. Vivía junto a su familia en Peshawar.

—Dos hijos y tu mujer embarazada otra vez, no está mal para los tiempos que corren —respondió Jordi. El jeep zigzagueaba por la infame carretera bordeando abismos.

—¿Y tú? —preguntó Gyuri.

—Mi familia está en Francia.

A Gyuri le escamaba la inclinación sexual de Jordi. Había oído tantos rumores..., tenía que preguntarlo.

—¿Alguna chica?

¿Por qué tenían que preguntarle esas cosas? ¿Por qué todo el mundo pregunta enseguida por la familia, por la novia? ¿Qué pasa con el pudor? Joder.

—Hubo una —respondió Jordi mirando al nuevo precipicio que se abría en la siguiente curva—. Pero tuvimos un accidente de coche y murió. Por eso empecé a viajar.

—Vaya...

La respuesta brotó automática, sin meditarla: calcó la mentira con la que ya había engañado a Ainullah. La ficción comenzaba a ganar peso, a arraigar, se estaba transformando en algo similar a una verdad, y estaba bien porque le ahorraba titubeos y dar explicaciones sobre su intimidad.

El holandés no quedó en absoluto convencido, si bien deseó creer que al menos había habido una mujer. Seguía sospechando que Jordi y el pequeño Shamsur tenían algo físico, pero bueno, Jordi parecía buen tipo, mira que era raro, un excéntrico purasangre, aunque bien mirado incluso podría llegar a ser su amigo. Además, en Holanda ser gay era bastante aceptado, ¿no? Y a él qué le importaba cómo se divertía Jordi, a quién amaba. Eso era una cuestión privada. Se propuso no volver a sacar el tema. Al fin y al cabo, Jordi tampoco iba a decirle más.

En los valles, Gyuri fue presentado a Abdul, a Khalil, al universo kalash-nuristaní de Jordi. Los musulmanes residentes los observaban en general a distancia. Jordi se mostró implacable con ellos. Le irritaba la ignorancia y los discursos demagógicos de los mulás, así que no iba a disimular su postura ante Gyuri. ¿Por qué? El asalto de los musulmanes a la cultura kalash, su lenta pero inapelable invasión, le disgustaba demasiado para contemporizar y, además, alguien tenía que denunciar la hipocresía de aquellos religiosos que se pasaban el día hablando de Alá y del cielo mientras acumulaban un pecado tras otro. Gyuri debía entender cómo estaban las cosas para implicarse, no podía ser de otra forma.

Gyuri pensó que si Jordi continuaba lanzando críticas tan contundentes en público, no sobreviviría mucho tiempo en aquella ortodoxa y radical sociedad musulmana.

De regreso a Peshawar, Jordi chasqueó la lengua, frunció los labios y reconoció que últimamente su amigo Khalil, el barbudo con flequillo al que le había presentado, hacía cosas incorrectas.

—Piensa demasiado en el dinero —le dijo a Gyuri—. Ahora quiere ganarse unas rupias a costa de los kalash y ha intentado organizar a sus mujeres como prostitutas. Cree que pueden ser un buen negocio con los turistas pakistaníes. Eso no está bien.

Jordi se expresó moderado pese a la magnitud de la acusación. Pese al enorme disgusto que se había llevado al descubrir los trapicheos de Khalil. De haber sido otro le habría pegado una buena paliza, no podía tolerar la humillación, y aún menos la de una gente a la que apreciaba y cada vez respetaba más. Pero debía contenerse. Después de todo, Khalil le había ayudado mucho y aún los ligaban fuertes lazos. Como con Shamsur. Porque por encima de todo Khalil era el hermano de Shamsur.

Cómo iba a hacer nada que pusiera en peligro la relación con su amado, insustituible Shamsur. Qué importante era aquel crío para él.

Contagiado por el entusiasmo de Jordi, Gyuri contribuyó a ultimar un plan de acción prokalash que incluía el respaldo de la embajada griega.

—A ver, a ver, cuidado con los griegos —dijo Jordi—. No es cuestión de desperdiciar ayudas, pero que quede claro que los kalash no descienden de Alejandro Magno.

—¿Y por qué subvencionan periódicamente los estudios de niños kalash? ¿Por qué financian proyectos en la comunidad? ¿Por qué iban a gastarse ese dinero en gente con la que no tienen nada que ver?

—Porque eso les sirve para mantener la leyenda de su ascendencia griega en estas montañas. Pero es falso.

—Bueno, mientras ayuden...

—Estoy de acuerdo. Pero son ayudas muy puntuales, nada estructural. Esta gente sigue viviendo de las nueces y la hierba que recoge. Son miserables, ¿no lo has visto?

—Si AMI aúna fuerzas con los griegos, los progresos se van a notar y eso es lo que queremos, ¿no?

—Mmmm.

—¿Cómo?

—Que sí, hombre, que sí.

Entregaron el plan al secretario de la embajada griega en Pakistán, quien les prometió implicarse a fondo en el asunto. Abandonaron el edificio meditabundos. Subieron al *pick up* a las puertas de Peshawar.

—¿Por qué no cenas un día en casa antes de volver a Chitral? —le dijo Gyuri al arrancar el motor. Jordi aceptó encantado.

Pocas jornadas después, conocía a su esposa Iris y a las pequeñas Kris y Maartje. Cómo confortó al aventurero sentirse en familia. Cuántos recuerdos le asaltaron. Qué nostalgia de Fontbarlettes y las veladas hogareñas. No es que deseara volver, pero ese calor jamás se olvida. Cuando acostaron a las niñas, pasaron la noche bromeando y hablando de dinero, sexo y geografía.

No muy lejos de donde ellos intimaban, en la misma Peshawar, el terrorista Zubaydá llevaba un año regentando a cara descubierta la Casa de los Mártires, un hostal para miembros de Al Qaeda. Los talibanes reclutaban sin descanso a tribus completas de pashtunes. El *pashtunwali,* el código tribal de honor y conducta, prendía en el país extendiéndose como una ley. El honor pashtún se mantiene mediante una serie de constantes peleas que giran en torno al *zar* (el oro), el *zan* (las mujeres) y el *zamin* (la tierra).

Dinero.

Sexo.

Y geografía.

XXXVI

Al poco tiempo de alquilar la Sharakat House, Jordi se enteró de que la transacción había molestado a Abib Noor y a su padre Hazar Khan, dos musulmanes. La intromisión de un extranjero los había irritado singularmente y presionaban a Abdul para que echara a su nuevo inquilino y les vendiera las tierras a las que aspiraban desde hacía años.

—Ten cuidado con ese par —advirtió Abdul a Jordi al cruzarse con ellos en el sendero. No hubo saludos.

Jordi sabía que ambos alimentaban las habladurías sobre él, difundían sospechas, se preguntaban en público qué hacía Jordi viviendo en Chitral tantos años, se burlaban de su búsqueda del barmanu. Bueno. De acuerdo que su nuevo foco de interés apuntaba a los kalash y por supuesto que no estaría mal frenar suspicacias de ese tipo, pero cómo iba a arrinconar el motivo por el que se le conocía en los valles. No podía. De algún modo, el barmanu justificaba su presencia ante las cada vez más inquisitivas miradas de los habitantes de las montañas. Si renunciaba a él, ¿qué le quedaría? Todos aquellos años sonarían a gran farsa, daría la razón a los que no cesaron de hostigarle, y si de pronto renunciaba al barmanu para alzarse como un activo defensor de los kalash, sería mera carne de cañón.

Ainullah también percibía el cerco en torno a Jordi, captaba cuchicheos de vecinos, alguno incluso se atrevió a interrogarle directamente sobre lo que su jefe y él se traían entre manos. A veces, Jordi caminaba por la casa lamentando en voz alta el trato que recibía por parte de los musulmanes más radicales o maldiciendo a la embajada griega por demorar tanto la respuesta a su plan de apoyo a los kalash, sobre los que continuaba tomando notas para el libro que iba a escribir. A esas notas dedicaba la mayor parte del tiempo, así que lo habitual era verle entre concentrado y taciturno. Por eso, Ainullah se sorprendió el día en que Jordi abrió la puerta exultante.

—¿Quieres conocer a Massoud? —preguntó Jordi, aunque en realidad era una orden.

Ainullah se quedó con el cucharón en la mano, pegado al hogar, donde cocía una sopa.

—¿Para qué?

—Para que nos deje entrar en Afganistán.

Jordi acababa de recibir una oferta de trabajo de Yves Bourny. Durante anteriores encuentros, Jordi había sugerido a Bourny formas de acceder a un Afganistán todavía muy complicado para la incursión de las ONG. Las ideas del zoólogo y su determinación y coraje a la hora de enfrentar posibles expediciones anidaron en Bourny, que no había dejado de darle vueltas a cómo transportar equipo y medicamentos al valle del Panjshir.

—Habrá que hablar con Massoud y los talibanes —había advertido Bourny.

—Lo haré.

Cuando AMI reabrió su programa en el valle del Panjshir en 1998, la ayuda humanitaria había tenido que viajar de Peshawar a Tadjikistán, y desde ahí a través de las montañas para alcanzar Safed Shir. Al menos cuatro días cada trayecto. Alguna vez se pudo cruzar la línea de frente en Tagab con autorización de los talibanes locales, pero era difícil, de manera que el envío de víveres y suministros llevaba una buena temporada estancado, sin alternativas de solución. De todas formas había que reanudar aquella ruta de algún modo. ¿Y quién controlaba el terreno mejor que Jordi? Él conocía cada valle, a cada comandante, a cada pastor. Y no era afgano, tadjik, pashtún ni pakistaní, así que ninguno podía sospechar de que perteneciera al otro bando. Con su carácter, podría resistir la presión de cada uno de esos jefes de valle que exigían una parte de la carga como peaje si el convoy quería continuar. Por eso, los responsables de AMI contrastaron con Jordi si era de verdad factible cruzar el

Hindu Kush hacia el Panjshir con medicinas. Se entusiasmó. En pocos minutos tenía planes precisos para todo.

—Conozco a todos los mercaderes de lapislázuli que van y vienen de Peshawar al Panjshir con los burros cargados de piedras —le dijo a Bourny—, y te aseguro que les va a interesar ayudarnos. Les pagaremos, harán negocio con lo que transporten y al final se llevarán una propina... Eso es importante para los musulmanes, ¿eh? El *zakat*.

Días después se dirigió al bazar de Peshawar, donde pactó las condiciones con los mercaderes que participarían en la marcha.

Ahora había que hablar con Massoud.

Se ocuparía de todo, que no se preocuparan. Al fin contaba con dinero, iba a hacer virguerías. Al fin dinero. Al fin. Tomó un paquete de folios, sacó uno, con un bolígrafo trazó varias columnas y empezó a detallar el precio de fármacos, gasas, esparadrapo, vendas y otros útiles de enfermería. Cogió otro folio para presupuestar los costes de hacer letrinas, reparaciones diversas, coser sábanas. Y siguió haciendo balances para saber cuánto valía la comida, especificando que el *staff* iba a necesitar sobre todo «mucho azúcar, algunas uvas, zanahorias».

Cuando Jordi hubo confeccionado un primer presupuesto orientativo y acordó con Bourny la ruta y las condiciones del convoy, logró que uno de sus intermediarios cuadrara una cita con Ahmed Shah Massoud, el hombre nacido en una aldea del Panjshir que había jugado un papel preponderante en la expulsión del ejército ruso del país.

Massoud había estudiado en el liceo francés Istiqlal de Kabul hasta alcanzar la universidad, donde cursó Ingeniería antes de encabezar partidas de milicianos armados con viejos fusiles. Con ellos demostró las dotes como estratega, y su carisma hizo el resto. Por algo le apodaban el León del Panjshir. Los franceses no sólo apoyaban su actual lucha contra los talibanes, sino que le publicitaban como un héroe. Había vetado el cultivo de opio en la zona, prohibió a sus hombres fumar tabaco y dicen que lamentaba los rumores que equiparaban su ferocidad a la de los peores líderes talibanes.

El debate sobre Massoud caló hondo en Francia, donde las discusiones se reproducían. El propio Erik l'Homme se encontró en una cena cargando contra el León:

—Massoud es un tadjik... y un fundamentalista musulmán.

—¿Cómo puedes estar tan seguro? —le preguntó un amigo.

—Porque he estado allí.

—¿Es que no puede haber un guerrero distinto? ¿Habéis oído eso de que recita poesía a sus soldados para ilustrarlos?

—Considerar que Massoud combate el fundamentalismo talibán es un error. Los mulás del Panjshir no son más blandos que los de Kandahar y las mujeres tadjiks no son más libres que sus hermanas pashtunes.

—Pues Jordi sigue en Pakistán y ni mucho menos opina lo que tú.

Erik carraspeó. Jordi. ¿Por qué se apoyaban en él? ¿Es que no sabían que era un radical y un mitómano?

Jordi acudió a la cita en compañía de Ainullah. Massoud los recibió en una típica casa afgana de Malaspa, en el Panjshir. Jordi se notó más nervioso de lo normal. Era la primera vez que se relacionaba cara a cara con alguien a quien de verdad admiraba. Quizá lo más parecido que había sentido antes fue el temblor que le agitó al recibir la primera carta de Bernard Heuvelmans, el Señor de la Criptozoología, si bien las emociones que le provocaba Massoud pertenecían a una esfera mucho menos sofisticada, más básica. A sus ojos, Massoud era un hombre completo. Un guerrero. Uno de verdad, de los grandes. Alguien a quien de algún modo podía considerar un igual. Al estar frente a él comprendió que lo que sentía no era admiración, sino respeto.

Se sentaron frente a frente, sin mesa de por medio. Jordi se aposentó más erguido que de costumbre, los hombros altos, la barbilla arriba, y explicó el plan que AMI y la Unión Europea pretendían llevar a cabo en el Panjshir.

—AMI está haciendo un buen trabajo ayudando a la gente, os felicito —dijo Massoud—. Pero dime, ¿te gustan los afganos? ¿Afganistán?

—Sí. Tengo amigos afganos. Ainullah —le señaló— es afgano.

—¿Te gusta nuestra vestimenta? ¿Nuestro gorro?

—Mucho. Como puedes ver.

Jordi tocó su *pakhol.* Satisfecho, Massoud habló sobre los ataques talibanes a Afganistán y la necesidad de sacudirse a aquellos perros de encima.

—Estoy de acuerdo —dijo Jordi—. Es difícil entender lo que están haciendo los punjabíes y los talibanes con Afganistán. Yo vivo en Chitral y ya estoy cansado de los punjabíes. La verdad: espero desde hace tiempo que ataques Chitral.

Massoud sonrió.

—No tenemos el suficiente apoyo para colarnos hasta tus valles —respondió—. De momento, tendrás que esperar. Pero cuenta con nosotros para llegar al Panjshir. Mis hombres no te molestarán. Espero que esos perros tengan la decencia de dejaros pasar.

Mientras se despedían, ya en pie, Jordi titubeó, *se lo digo, no se lo digo.* Caminaron hasta la puerta. Estaban a punto de salir. Jordi se detuvo, se volvió hacia el militar y preguntó:

—¿Podemos hacernos unas fotos contigo?

Cuando se estrecharon las manos, Massoud dijo:

—Adiós. Me gustaría volverte a ver.

Ainullah se encargó de lograr el consentimiento de los talibanes a la expedición. Maiwand, su mejor amigo, era sobrino de un comandante talibán, y logró convencer a su tío para que intercediera a favor de los planes de AMI.

—Felicidades, Ainullah, eso no lo consigue cualquiera —dijo Marie Odile.

Hacía rato que había concluido la jornada y en las oficinas de la ONG quedaban los de siempre charlando un poco de todo: junto a la francesa y Ainullah, el doctor Kayan, Jordi y Shamsur.

—Pues eso no es nada —dijo Jordi—. Ainullah ha movilizado al Panjshir entero, ya nos están esperando.

—Es que soy de allí, la gente me conoce, no es tan difícil.

—¿Y Shamsur de qué se ocupa? —preguntó el doctor Kayan.

A Jordi se le ensombreció el semblante al cabecear en dirección al chico, que cuando escuchó su nombre despegó los párpados al límite.

—Shamsur no viene. Es muy joven. Tiene que quedarse estudiando.

Shamsur miraba el rostro del doctor Kayan con los ojos bien abiertos, inexpresivamente petrificado, su forma de morderse la lengua. Él no quería ir a la escuela, cómo lo tenía que decir. Era nuristaní. A la gente de esa tierra no le gusta estudiar. Ama la vida lenta, natural. Ya está. ¡Cuántas veces lo había repetido ya! Pero Jordi insistía en inculcarle el instinto académico pese a la derrota que había sufrido meses antes, cuando Shamsur le sugirió que enviara a Ainullah a estudiar francés a la Alliance en su lugar. Jordi le había tomado la palabra y Ainullah asistió a la academia durante cuatro meses, exprimiendo las lecciones.

—Además —añadió Jordi—, la misión tiene bastante riesgo y no quiero dar un disgusto a sus padres. Se supone que debo enseñarle cosas, no ponerle en peligro.

—Hombre, no será para tanto.

—¿Habéis leído el artículo sobre el islam? —dijo Jordi cabeceando hacia la mesita en torno a la que charlaba el grupo. Sobre el tapete destacaba la portada de la revista *Marianne,* con el titular «¿Por qué progresa el islam?». Jordi abrió el ejemplar, buscó un párrafo—. «Los caballeros del Profeta —leyó— son más numerosos que los cristianos por primera vez en la historia» —alzó la vista—. Esta superioridad está confundiendo a más de uno. Hay quien cree que ha llegado la hora de tomar el poder. De vengarse.

Mientras hablaba, Jordi recordaba otra lectura reciente, una especie de crónica en la que un ex profesor de Kabul reflexionaba sobre su opresiva cotidianidad: «Los talibanes no quieren que el mundo conozca sus horrores. La información no debe pasar [...] Hay gente golpeada o asesinada por cantar nanas a sus pequeños [...] en este territorio de la arbitrariedad y el absurdo», donde se practicaba incluso el «racismo lingüístico» tratando de aplastar la lengua persa porque a los talibanes les resultaba intolerable que fuera más antigua que el árabe.

No, Jordi no iba a llevar a Shamsur al Panjshir, aquel agujero de los horrores. Y estaba harto de presionarle con los estudios. Tenía (por lo menos) quince años, ya era mayorcito. Si no quería estudiar de forma reglada, en adelante se limitaría a enseñarle él mismo lo que considerara necesario, sería su único profesor. El problema radicaba en qué haría Shamsur mientras Jordi estuviera de viaje.

—Shamsur —le dijo cuando se quedaron solos—, creo que deberías empezar a buscar trabajo.

En abril, la embajada griega seguía sin responder al plan para los kalash, así que Jordi firmó sin titubeos el contrato como *manager* del proyecto de emergencia en el Panjshir, asegurándose unos importantes ingresos regulares. Trabajaría con Gyuri, a quien designaron *chief of party* de la misión. Antes de partir, Gyuri le invitó a cenar a su casa. Comenzaban a ser frecuentes las veladas con la familia de su amigo, a las que acudía contento. Le gustaba el ambiente y consideraba un privilegio tener la oportunidad de compartir un entorno familiar tan lejos de los suyos.

Cuando Iris acostó a Maartje y Kris, las niñas rogaron que Jordi les contara una de sus historias.

—Cómo no, guapísimas señoritas —dijo Jordi frotándose las manos.

En la habitación, les explicó otra aventura del bosque con el suspense y las onomatopeyas que chiflaban a las pequeñas.

—¡Un momento! —dijo poco después de empezar.

Salió del cuarto y regresó con una pequeña cámara de vídeo.

—Gracias a esta maravilla de la ciencia voy filmando las pistas que deja ese hombrecillo.

—¿Tienes ahí las huellas del barmanu que estuviste a punto de coger? —preguntó Maartje.

—¿Del que perdí el rastro al llegar al riachuelo?

—Sí, ése, ése —contestaron las niñas al unísono.

—Ese día salí sin la cámara..., pero por eso desde entonces siempre voy con ella —Jordi abrazó el artilugio teatralmente.

Luego, cenó con Gyuri e Iris, que de vez en cuando se levantaban a atender a Imre, el bebé nacido en diciembre. Debatieron la situación de Afganistán, describieron los campamentos que montarían, las ayudas que AMI iba a aportar. Jordi rememoró detalles del encuentro con Massoud.

—Ya sabes que después de esto algunos te van a ver como amigo suyo —dijo Gyuri.

—¿De Massoud?

—De Massoud.

—Bah, sólo estuvimos hablando un rato. Lo que digan los idiotas no me interesa. ¿Por eso no quisiste venir a la reunión con él? ¿Por los chismorreos?

—No, no... Ya sé que todo el mundo habría querido verlo, pero a mí esas cosas..., no sé, no me van.

A Jordi le costaba entender semejante actitud. Comprendía el rechazo de su amigo a lo excesivamente popular, de hecho se identificaba con el sentimiento, pero la figura de Massoud estaba para él tan por encima de las demás, le resultaba tan evidente la relevancia histórica de aquel guerrero, que le costaba entender cómo alguien podía desechar una oportunidad de acercarse a él. Jordi perseguía precisamente esa fuerza, esa llama, ese modo valiente de afrontar la existencia. En fin.

Tras dar las buenas noches al matrimonio, encontró en la calle a uno de los vigilantes de la casa de Gyuri. Sabía algo sobre aquel tipo y aún le quedaban fuerzas para charlar un rato, así que le preguntó cómo había llegado a trabajar para el holandés después de haber formado parte del ejército.

—Me despidieron —dijo el hombre—. Una noche que estaba de guardia vi a dos oficiales follándose a un perro.

—¿Follándoselo?

—Sí, eso es. Metiéndosela, ya sabes.

El vigilante hizo un movimiento gráfico. Jordi alzó las cejas, dio una palmada.

—¿Y?

—Arresté a los oficiales y al poco tiempo me despidieron. Pero ¿sabes lo que me pareció raro? Que el perro parecía disfrutar.

Cuando Jordi comentó este episodio a Gyuri, ambos estuvieron de acuerdo en que el guarda debía de ser una especie no identificada de retrasado mental.

XXXVII

El convoy de cuarenta burros salió en primavera rumbo al Panjshir. Conducidos por los mercaderes de lapislázuli, Ainullah y Jordi atravesaron angostos desfiladeros e imponentes llanuras custodiando las medicinas y herramientas que debían ayudar a reconstruir el valle. Hombres armados asistieron a su paso apostados en salientes, emboscados tras peñascos, algunos los saludaron. El desprendimiento de una ladera aplastó a un par de burros. La caravana recuperó el material aprovechable y continuó su camino alternando gargantas sombrías alfombradas por el musgo con soleadas vastedades en flor entre las que zigzagueaban caudalosos ríos, que a veces sortearon gracias a puentes movedizos de madera crepitante. Avanzaron por el filo de barrancos siguiendo pasajes tan estrechos que otro burro se despeñó. De cualquier forma, las pérdidas fueron mínimas comparadas con anteriores expediciones.

En el Panjshir los recibieron hombres que Ainullah había reclutado en Peshawar, y fueron guiados hasta la extensión donde establecerían la primera base. Jordi y Ainullah acababan de abrir un corredor humanitario que en adelante utilizarían el Comité Internacional de la Cruz Roja y las Naciones Unidas.

Descargaron fardos, levantaron tiendas, se acomodaron en dependencias separadas y repasaron con los afganos el mejor modo de distribuir la ayuda en el valle y la vecina región de Salang. La velocidad de la operación fue inaudita para las costumbres locales, una exhibición de eficacia. En pocos días, la base funcionaba a pleno rendimiento gracias en gran parte al protagonismo adquirido por Ainullah, en quien Jordi delegaba muchas de las iniciativas de campo, las discusiones con los autóctonos y la incorporación de nuevos colaboradores.

Formaban un equipo perfecto. Lograban cada objetivo con una rapidez y facilidad que les reportaron estupenda fama entre los afganos de la región, y al comprobar las posibilidades de su actividad, y ante la certeza de que todas sus aportaciones eran positivas, en pro de la tierra y los hombres, Jordi se permitió fantasear.

Imaginó un país autónomo compuesto por Chitral, Gilgit, Nuristán, Badakhshán y el Panjshir. Su nombre sería Hindu Kush. No dejaba de pensar en cómo hacer cosas por la gente del Hindu Kush.

—Es posible, Ainullah, es posible. La gente nos apoya y tengo los contactos. Mira: el jefe de la Fundación Aga Khan en Chitral; el representante de Equo en Afganistán; Allan, el jefe de la ONG Madera; y un montón de líderes de Chitral y Nuristán, aparte del comandante Massoud Najomuddin Khan, el verdadero mandamás de Badakhshán.

—No sé. Es difícil. Quizá —respondía Ainullah.

La verdad es que su jefe allí era muy famoso. La gente le apreciaba. ¿Por qué no iba a ser posible?

Jordi conocía a los jefes tribales y sus anhelos, que no distaban tanto de los suyos, o eso creía. Además, estaba demostrando que podía recuperar un área devastada si le concedían los medios y la libertad necesarios. Como Rudyard Kipling soñó a un hombre que quiso ser rey, Jordi se soñaba a sí mismo, aunque de una manera más realista y pacífica que aquel aventurero suicida. Que donde Kipling imaginó el reinado por la guerra, Jordi proponía un Gobierno alentado por la ayuda humanitaria.

De todas formas, Ainullah se limitaba a escuchar acompañando silenciosamente a su jefe mientras viajaba con frecuencia a Kabul para coordinar la adquisición y distribución de suministros. Y fue en la capital donde contrajo matrimonio con la que aún es su segunda esposa.

—Felicidades, Ainullah. Aunque ya sabes que esto te va a costar dinero. Una boca más que alimentar.

—Trabajaré el doble. Y tú qué, ¿no te decides a casarte otra vez?

—Claro. Pero mi próxima mujer no será francesa ni española. Voy a casarme con una kalash. Me haré kalash y la pediré en matrimonio. Conozco a una chica muy guapa, se llama Goul Baegom, lo que pasa es que aún es menor de edad, tendré que esperar unos años.

—¿Una chica? ¿Me la vas a enseñar?

Goul Baegom le gustaba, era realmente guapa. Poco más podía decir de ella. De acuerdo, en Europa jamás se habría casado en esas condiciones, pero esto no era Europa y tenía que demostrar a la comunidad que iba en serio, aún más en serio. Si se lo explicaba a Ainullah..., era afgano, probablemente lo entendería..., aunque el chaval siempre estaba hablando de amor. No, para qué complicarse la vida. A Ainullah le hablaría de cosas que entendiera:

—Hay que fundar algo, Ainullah. La estirpe es lo que te continúa, lo que da sentido a la vida.

—Es verdad. Pero ¿me la enseñarás un día o no?

La semana siguiente Jordi le llevó a ver a Goul Baegom. Caminaron hasta los campos donde la chica cortaba hierba para el invierno. Entre la espesura asomaban los polícromos tocados de sus primas y de las vecinas que trabajaban con ellas. Jordi la saludó cortésmente a unos diez metros de distancia gritando un poco. Le preguntó por su familia y por si se habían hecho las reformas en el *bashali* donde ella acudía a pasar la menstruación.

—No —respondió la chica mirándole a los ojos. Se agachó y siguió cortando.

—Estos paletas son un desastre —dijo Jordi con voz cómica—. A ver si tendré que venir yo a arreglaros el *bashali.*

Del campo salieron voces femeninas.

—Sí, sí, mucho hablar pero seguro que no se te ve el pelo.

—No te atreverás a acercarte a tantas mujeres juntas.

—Menos hablar y más acción.

Las mujeres reían echando traviesos vistazos por encima de la hierba hasta que Jordi y Ainullah se despidieron.

—Qué. Qué te ha parecido.

—Es preciosa. Tiene la cara como las europeas. ¿Cuántos años tiene?

—Unos diecisiete. Y tendré hijos. Hay que tener descendencia. Tú ya lo sabes.

Ainullah pensó que Jordi repetía muy a menudo lo de la descendencia y la estirpe, quizá se estuviera obsesionando. Normal, porque llegar sin hijos a su edad era un buen motivo para, como mínimo, dar que pensar.

Cuando las mujeres kalash volvieron a sus casas, contaron que Jordi había ido a visitarlas. La noticia corrió por los valles.

—Está claro que al cazabarmanus le interesa Goul Baegom —dijo la esposa de Abdul Khaleq a su marido.

—Ella nunca se casará con él —respondió Abdul—. No le conoce de nada. Y sus padres respetan sus decisiones.

Jordi salió al patio cercado del campamento lanzando migas de pan al suelo y media docena de patos se arremolinó a su alrededor. Tres afganos observaban desde la puerta.

—Pasad, pasad —les dijo Jordi.

Los curiosos habían oído hablar de las lecciones sobre patos que daba el jefe a quien quisiera escucharle y se animaron a asomarse un rato por allí. Jordi colmó sus expectativas.

—... aunque en esta zona tenéis otros muchos animales estupendos, algunos conocidos y otros no. Para mí, es una suerte moverme por la región. Esta naturaleza es distinta a la de Pakistán, hay mucho por descubrir.

Cuando los afganos se despidieron, Ainullah preguntó cuánto tiempo iban a quedarse en el Panjshir.

—No sé, ya veremos —respondió Jordi. Y se puso a revisar sus cuentas mentalmente.

Era como una deformación. Al mirar adelante, al futuro, los números se le agolpaban en la cabeza impulsándole a sumar, multiplicar, dividir. Cobraba entre tres mil y cinco mil francos al mes. Si permanecía un año recaudando todo el dinero posible, al volver podría continuar con la reivindicación de los kalash disponiendo de unos medios insólitos hasta entonces. Un año. Sí, en aquel valle podría resistir muy bien un año.

La recuperación económica le dio fuerzas para, a finales de mayo, sentarse frente a la mesita de madera donde solía trabajar y escribir por fin una postal a Marie-Louise Marie France comentando que había atravesado la zona talibán sin problemas, que le molestaban los dientes, que la misión llevaba algún retraso por la guerra pero todo iba bien y que esperaba poder reembolsarle en otoño el dinero que le debía.

Marie-Louise Marie France le había prestado diez mil francos tras otra de sus típicas emergencias. Andrés llevaba algunos meses con dificultades para enviarle dinero porque él mismo atravesaba una situación precaria. Andrés había discutido varias veces con Philo, molesta con las cantidades de dinero que su novio enviaba a Pakistán. Se daba cuenta de que Andrés estaba viviendo una aventura a través de su hermano, que financiar a Jordi era su forma de participar de un sueño. Pero todo tenía un límite. Philo quería formar una familia y para eso se requería un dinero que ni mucho menos les sobraba. No se hallaban en condiciones de ir costeando las vidas de otros.

—Para ya, Andrés. Tu hermano te explota —le había dicho Philo un día.

Y aunque habían vuelto a discutir, aquel grifo de dinero dejó de manar como antes.

Los ingresos provenientes de las asociaciones tampoco alcanzaban para costear los sueldos de los Narradores de la Tradición y el mantenimiento de la Sharakat House, así que Jordi había optado por sondear nuevas fuentes de financiación. Marie-Louise Marie France funcionó.

Sí, había pasado una época dura.

Pero al fin remontaba. Pronto podría saldar deudas. La bonanza influyó en su humor a la hora de los correos, en los que intentó desdramatizar tanto su situación como la del país donde vivía remitiendo mensajes tranquilizadores. No quería añadir preocupaciones a Andrés. De todos modos, su hermano le respondió en un fax:

> Le he dicho a mamá que la cuestión de los talibanes no influye en Chitral, que es un territorio autónomo. Espero no equivocarme. El problema es que ella no es tan sorda como imagina uno, y se entera de todo por la radio o la tele.

Lo que Jordi no esperaba era encontrar a un Andrés tan desmoralizado pocos meses después:

> Me quiero ir a España. Este año he dejado los aviones. Mis aviones están en venta. Estoy harto de este país de mierda donde la gente es falsa, donde no hay proyectos ideológicos interesantes. Y eso en esta Europa de mierda donde no puedes hacer nada porque todo está controlado o bajo una reglamentación que te impide ser un hombre libre. La gasolina súper va a desaparecer. ¿Qué voy a hacer con el Ibiza y el 600?

XXXVIII

Los ortodoxos no tienen tiempo para ser extraños unos a otros. Hay páginas de *Mi lucha* que parecen capítulos del Corán.

KAREN BLIXEN, *Cartas desde un país en guerra*

Tras varios días consultando los archivos de Jordi en Fontbarlettes, Dolores me anunció que esa noche vendría su hijo Andrés a cenar. Los estertores del invierno enfriaban el barrio después del crepúsculo y Andrés se presentó enfundado en una ligera gabardina negra cuya falda se hinchaba al menor golpe de aire, como la capa de un superhéroe o de un antiguo oficial militar. Besó a su madre, nos dimos la mano y se frotó el pelo muy corto, recién rapado. Retocó la posición de sus gafas redondas antes de sentarse a la mesa aún sin vasos ni cubiertos y cruzar las manos sobre el mantel. El comedor olía al caldo de verduras que preparaba Dolores. La televisión emitía un informativo.

Andrés acababa de salir de su trabajo en Markem-Imaje S. A. Dijo que la empresa también enviaba marcadores, recambios y tinta a Pakistán. Mientras, las noticias describían cómo los talibanes habían invadido los valles del Hindu Kush. Portavoces de la ONU hablaban de «una crisis humanitaria mayor», con aproximadamente dos millones de desplazados, el movimiento humano más grande de la historia en tan poco tiempo. Se habló de cincuenta y dos talibanes eliminados en veinticuatro horas y de un atentado en respuesta que había matado a diez personas. Se habló de un número indeterminado de gente que había quedado atrapada en una especie de zona fantasma, sin asistencia ni defensa.

—Si quieres ir ahí, no es el mejor momento —dijo Andrés de cara al televisor.

Dolores trajo vasos y cubiertos para tres.

—El problema es cuándo va a ser buen momento —respondí—. Cuándo terminará eso.

Volvió a frotarse el pelo.

—Yo estoy de acuerdo en que vale la pena viajar —dijo—. He estado tres veces en Pakistán y ya sé de qué va esta historia. Viajando aprendes cosas. Por ejemplo, ahora sé que de aquí en adelante sólo viajaré por Europa. Pero todo el mundo debería ir a esos países alguna vez, se aprende mucho. Si los conocemos lo bastante, podremos descubrir mejor los errores que estamos cometiendo con los que han venido a nuestra tierra. Me parece bien. Lo que no podemos permitir es que los traten mejor a ellos que a los que estamos aquí.

—Hombre, Andrés, no creo que sea así. Eso se dice mucho, pero...

—¿Pero? Los intelectuales y los políticos hablan todo el tiempo, papapapapapapa, pero ellos no viven en el barrio, ¿sabes? A los morangos les han empezado a dar derechos y se han creído los amos. Ya piensan que están aquí desde antes que los que estábamos realmente. Y si un día se levantan de mal humor y quieren quemar un coche, lo queman. Ya lo has visto ahí fuera. ¿Has visto el coche quemado? Pues lo hicieron esos animales, aquí es normal. Y me dijo mi hermana que el otro día no pudiste tomar el autobús para volver al centro porque el fin de semana no hay buses a partir de las siete o así, ¿verdad? Pues si no vienen los buses, es porque los chóferes tienen miedo a entrar en el barrio cuando empieza la noche, tienen miedo de que les roben o les quemen el autobús y por eso les han cambiado los horarios. Y los bomberos sólo vienen con la policía, porque los moros les empiezan a tirar piedras y a gritarles «franceses de mierda». Esto es Fontbarlettes, uno de los barrios moros de Valence. Y los peores son los argelinos, que siempre están buscando pelea.

Dolores empezó a servir cucharones de sopa. El telediario abordaba los deportes.

—Sé de lo que hablo. Oh, sí, lo sé muy bien. Philo —Philòmene es su mujer, a la que me había presentado días antes junto con su hija de tres años, Émi— trabaja de cajera en el Écomarché de Polygone, que es un barrio aún peor que Fontbarlettes. A Philo la conocen todos los moros de Polygone, porque la miran a la cara cuando pasan por el mostrador, delante de ella, enseñándole los productos que están robando. Los tíos pasan cargados sonriéndole y ella no sabe qué hacer. Es pequeña, mujer, y su jefe no la defiende. Tiene miedo de que si protesta, le peguen cuando salga del trabajo. Los moros le roban todos los días y lo más terrible es que varias veces al año atracan el súper con armas. Ella me explica esas cosas y entonces yo, qué voy a hacer, digo que tengo ganas de exterminarlos a todos, y me pongo a gritar, y ella se asusta, dice que no hable así. Pero ¿qué quieres?, ¿qué puedo hacer? El problema es que el año pasado hubo un tiroteo entre moros y Philo vio a uno ensangrentado ahí delante, a sus pies. El tío se murió y esto la ha traumatizado un poco. Aparte de las peleas continuas con cuchillos de carnicero, también entre los propios empleados del almacén. Y los jefes, como tienen miedo de los moros, no hacen nada para resolver la situación. Y todo es una cadena, ¿sabes?, porque entonces vienen otros clientes, ven cómo esa gentuza se larga sin pagar y dicen que o pagan todos o ninguno, y también se quieren ir sin pagar. Así que la tienda no es rentable y los jefes de verdad, los que no vienen al barrio, les han dado tres meses para recuperar los beneficios, y si no, cerrarán. Todos de patitas en la calle. Al paro. Philo está muy deprimida.

Andrés había hablado mientras comía rapidísimamente la sopa, que estaba a punto de terminarse. Dolores continuaba sorbiendo a un ritmo lento sin levantar la cabeza. Sentada al otro lado de la mesa, estaba más cerca de mí que de su hijo y quizá no podía seguir la conversación al detalle. De vez en cuando había que repetirle las cosas, el oído la traicionaba.

—¿Qué votas? —pregunté a Andrés.

—Nada. Mi voto no tiene importancia. No me creo a ninguno de esos mentirosos. Pero si votara, lo haría por Le Pen.

Jordi seguro que también votaría por él. Algunas veces hablaba sobre sus ideas con el señor Herbouze, al que conoció muy joven, cuando estaba en Les Loups du Dauphiné. Yo mantengo el contacto con él. Ha estudiado lo que está pasando y tiene soluciones.

En una charla anterior, Claire me había asegurado que Jordi era hipertradicionalista. Que defendía la unidad nacional. La caza. Que simpatizaba con los movimientos de extrema derecha. Que sin duda hoy votaría a Le Pen.

—¿Quién es Herbouze?

—El señor Herbouze es un profesor de filosofía muy bueno que enfermó de cáncer y lleva unos años en silla de ruedas, no puede caminar. Vive en Bollène, cerca de Avignon. Pero no deja de pensar, dice cosas que son muy ciertas y también cree que Le Pen es una de las opciones menos malas posibles.

La historia de Philo apabullaba. Andrés tenía razones para acumular odio, y resultaba fácil, casi lógico, focalizarlo en aquella dirección. Recordé que la impotencia, en su caso, había adquirido una dimensión temible cuando después de cultivar durante años el amor por los aviones, después de que Jordi le enseñara a dibujar aviones y de comprar en el supermercado de Valence maquetas de aeroplanos que Jordi montaba para él, después de sufragar con sus ahorros, en 1990, una avioneta desmontada y de pedir a su empresa dos años más tarde que le adelantara el cobro de su participación en los beneficios de la compañía para adquirir al fin una avioneta capaz de volar, descubrió que jamás podría gobernarla a causa de su maldito ojo izquierdo.

—Lo tenía casi ciego y me prohibieron pilotar —me había contado el propio Andrés—. Eso me reventó. No puedo volar, sólo si voy de copiloto. Pero una vez me dejaron los mandos en el cielo y fue..., estar libre ahí arriba..., lejos de los problemas... No sé cómo explicarlo.

Dije que no me extrañaban sus sentimientos, pero que no creía que Le Pen fuera una solución.

—Creo que no es un problema sólo de raza. Creo que tiene más que ver con el dinero, la riqueza y la pobreza, y eso es lo que habría que ajustar —dije.

»Una vez volé en un avión rumbo a Nueva York junto a un negro norteamericano —dije—. Me preguntó a quién iba a votar en las próximas elecciones y respondí que no lo haría, que desconfiaba de los políticos. Él se indignó. Dijo que los negros de su país habían luchado durante mucho tiempo, y miles habían muerto, para conseguir ese derecho. Desde entonces voto en todas las elecciones.

»Tu padre combatió en la guerra española contra alguien que defendía ideas parecidas a Le Pen —dije.

Discutimos. Andrés exclamó que su padre defendía otra cosa. Que en este momento seguro que entendería su posición. Criticó la hipocresía de los biempensantes, su desapego de la realidad. Repitió palabras como «mentira», «furioso», «mierda», «engaño», «rabia».

—No grites, Andrés, por favor. No grites —dijo Dolores.

El ruego le aplacó, como un bálsamo instantáneo. Bajó la voz, se frotó el pelo. Intentó desviarse del tema y sólo mientras me acompañaba en coche a mi hotel aludió cuidadosamente a lo que acababa de ocurrir:

—Me gusta hablar de estas cosas. Lo necesito. Con Jordi había muchas conversaciones de éstas. Me hace bien.

Condujo a través de las frías y bien alumbradas calles de Valence. La cabina compartida invitaba a las confidencias.

—¿Y si se descubre que Jordi era homosexual? —pregunté.

—En la familia no nos gustan los homosexuales. Es un tema del que no hablamos mucho. Si se descubriera un caso de homosexualidad en la familia, nos afectaría. Pero no renegaríamos del que lo fuera.

A la mañana siguiente, como si de un guión predecible se tratara, en una de las carpetas de Jordi encontré un sobre sin remitente. En el interior, con el encabezado «A difundir entre los nuestros» escrito a lápiz, diez folios sin firmar y sin logos de ningún tipo resumían un ideario neonazi con consejos para impartir doctrina de la forma más discreta posible, evitando los clásicos términos que sin duda alarmarían de inmediato a los medios de comunicación y la policía. Toda una lección de fascismo eufemístico que empezaba abogando por «la interacción de la Raza y el Espíritu» para continuar con sentencias así:

> Identifiquemos a algunos tipos ideales en el seno del grupo étnico europeo. [...] Hay una masa, ni buena ni mala en sí, hasta que adquiere definitivamente los valores de nuestros enemigos. [...] Retengamos a los albo-europeos como la aristocracia de la etnia europea y no confundida con ella. [...] Partamos del principio de que los albo-europeos se han opuesto a los renegados en una «guerra cultural». Se trata entonces de una guerra global que no

> puede interrumpirse más que con la desaparición de uno de los adversarios. [...] Procrear una familia numerosa es el acto más revolucionario. [...] Si no tomamos concretamente, físicamente, materialmente lo que nos interesa, nadie lo hará y desapareceremos incluso antes que el resto de la raza blanca. [...] No es posible condenar a los nuestros a la pobreza o al desclasamiento porque ellos (los políticos) no hayan hecho sus deberes con su pueblo.

Al terminar de leerlo fui a la cocina, donde Dolores ordenaba alacenas.

—Quiero decirle algo sobre Andrés.

—¡Ay, mi hijo! Qué nerviosa me pongo cuando le veo así. Cómo se alteró anoche. Últimamente le da por gritar demasiado, ¿sabe?

—Creo que Herbouze tiene algo que ver con eso.

—¿El profesor de Bollène? A veces le llama.

—Dígale que no le haga caso —yo estaba temblando—. Sé que no es cosa mía, pero dígaselo. Herbouze es una mala influencia. He encontrado unas cartas que no le hacen ningún bien a Andrés. A ver si puede convencerle de que rechace la correspondencia de ese hombre.

—Ay, ay, Andrés. Si a mí ese hombre ya me parece raro. Siempre que Andrés habla con él, luego se pasa el día nervioso. Ay, ay, ay.

XXXIX

A finales del invierno de 1999, Philippe Bonhoure se había desplazado hasta el valle de Chitral en jeep. Como jefe de misión de AMI en Afganistán, quería conocer al hombre reclutado para liderar el convoy de la ONG. Bonhoure había oído hablar de Jordi cuando éste dirigió la Alliance Française en Peshawar y se rumoreaba que tenía problemas con el ISI, decían que por eso a veces hablaba por teléfono en catalán.

Los vehículos de ambos se cruzaron en la carretera. *¿Bonhoure?*, se dijo Jordi. Sabía que el mandamás iba a visitar los campos y le había visto en fotos y en alguna reunión. Tenía que ser él. Pisó el freno, dio media vuelta en la primera curva que le fue posible y comenzó a hacer sonar el claxon. El coche al que perseguía ralentizó la marcha hasta detenerse. Jordi sacó la cabeza por la ventanilla y gritó:

—¿Eres Philippe Bonhoure?

—Sí. Y tú eres Jordi, supongo.

Jordi sonrió señalándose con el pulgar.

—Hablamos más adelante —dijo el cazabarmanus—, aquí estamos estorbando el paso.

Dio gas hasta una pronunciada curva donde ambos vehículos pudieron aparcar.

Quería contar muchas cosas, pero no sabía si Bonhoure iba a concederle demasiado tiempo, había que aprovechar cada segundo, así que en cuanto el de AMI se apeó del jeep, Jordi empezó a hablar, mucho y deprisa. Dijo que le estaba esperando, soltó sus logros y sus proyectos en cadena, enumeró obstáculos, si se paraba a pensar seguro que se despistaba, cuando exponía elaborando poco a poco las frases parecía dubitativo y siempre soltaba alguna chorrada, así que lo mejor era hablar,

hablar, hablar, todo fluía mejor, las ideas se asociaban de manera automática si las exponía sin pensar.

Bonhoure corroboró lo que más o menos le habían dicho: Jordi conocía bien la zona y a los principales actores políticos de la Alianza del Norte, que defendían el valle de los ataques talibanes. Aunque también tenía buenos contactos del lado talibán.

De todas formas, se decían muchas cosas raras sobre aquel tipo, y la empresa que le habían encomendado era de envergadura. Pese a la buena impresión inicial, el cooperante había topado con demasiados fiascos para ilusionarse. Habría que esperar resultados.

Ahora, meses después, Bonhoure contemplaba la obra de Jordi en el Panjshir constatando que su contratación había sido un acierto. Había creado dos bases a partir de las cuales AMI podía sostener la mayoría de los dispensarios en el valle y la región de Salang. Y las bases funcionaban muy bien gracias al personal captado por Ainullah.

Jordi alternaba el control de las bases con pequeñas escapadas exploradoras que le reportaban una calma necesaria amortiguando su hambre de naturaleza salvaje. Como había calculado, en esta vida basada en la ayuda humanitaria, las lecturas y las excursiones hallaba un equilibrio que también le confortaba moralmente. De todas formas, la gente continuaba cuchicheando sobre sus extravagancias.

—Así que ése es el loco del yeti —dijo a Gyuri un europeo enviado junto a un grupo de observadores. El jeep de Jordi había aparecido en lontananza.

—Dicen que es de la vieja guardia —añadió otro—, de los que aún se meten en peleas.

—Menuda fama tiene.

—No sé, yo le veo muy bien. Y estable —respondió Gyuri. La nube de polvo levantada por el jeep se aproximaba—. Puede que alguna vez haya tenido algún problema, pero sólo una persona muy estable podría llevar una vida como la que él lleva con los kalash... y aquí mismo, en el Panjshir. Los problemas que a veces nos plantean muyaidines y talebs no son ninguna tontería, y Jordi está demostrando una resistencia y una personalidad más que equilibradas. No sé si ninguno de nosotros tendría las agallas... y la fuerza. Nunca le ha importado salir a caminar a través del Hindu Kush durante semanas seguidas. Uno debe ser muy sólido para hacer esa clase incursiones. Yo, tras tres días de trekking por el Panjshir, ya estoy destrozado mental y físicamente.

El jeep se detuvo a pocos metros.

—¡Mirad lo que he encontrado! ¡Mirad! ¡Esto sí que es un tesoro! —gritó Jordi mientras se inclinaba para coger algo del asiento del copiloto.

—¿De dónde viene? —preguntó el observador. Jordi estaba demasiado lejos para oírlos.

—De la provincia de Nangarhar.

—¿Para qué? ¿Qué se le ha perdido ahí?

Gyuri se encogió de hombros. Jordi saltó del auto levantando un saquito con una mano, como si se tratara de una cabeza enemiga. Ante ellos, corrió el lazo del saquito y mostró el trofeo.

—Una rana —dijo Gyuri.

—Es una especie nueva. ¡Desconocida! Increíble, ¿eh?

Pasó el día pletórico. La naturaleza correspondía a sus esfuerzos premiándole con animales nunca vistos. La rana demostraba que había alcanzado lugares lo bastante remotos. Lo bastante únicos. Este hallazgo sumado a la certidumbre de estar haciendo lo que tenía que hacer le procuraba una seguridad inusitada que se traducía en una especie de clarividencia. Veía el mundo. Y lo entendía.

Esa tarde, en los campamentos, observando el flujo de desposeídos, rememoró la vida en las grandes ciudades, y le asaltó una avalancha de reflexiones que de pronto necesitó expresar. Aguardó impaciente la hora de retirarse a su mesita para escribir:

Uno se da cuenta de que a partir de la sedentarización y la posesión de bienes consecuente, el crecimiento de la población implica más un gregarismo que un desarrollo de la sociedad. ¿Qué es la sociedad?

Miles de personas continuaron acudiendo a las bases a abastecerse de comida y medicamentos, a ser vacunados. Andrajosas hordas de miserables guardaban largas colas rogando ser atendidas, detonando pensamientos en Jordi, que no dejaba de apuntar:

> Hoy pensamos que lo que venga mañana traerá progreso y será más moderno, más evolucionado que lo que ya estaba bien. Grave error. La vida se expresa en muy diversas direcciones. Puede haber evolución pero también contraevolución.

Al analizar los factores que habían arrastrado a la región a la hecatombe, escribió:

> Si el monoteísmo y la política están tan cerca, es porque el monoteísmo no es de hecho una religión, sino más bien una ideología política deificada.

Fue una temporada de apogeo intelectual que combinaba a la perfección la vida espiritual con la física, sintiéndose útil, valioso y capaz.

De Chitral llegaron noticias a través de un caravanero de lapislázuli: Shamsur iba a casarse. Uno de sus hermanos había muerto y había dejado una viuda, con la que el chico estaba obligado a desposarse.

—En los valles cuentan —dijo el caravanero— que Shamsur no quería, se resistió, y su hermano Khalil le pegó una paliza que le ha despejado las dudas.

Jordi sufrió un impacto. No había calculado que Shamsur pudiera ser reconducido de ese modo. No quería imaginar cómo afectaría aquel matrimonio a la relación que mantenía con su protegido. Nadie le alejaría de él. ¿Esa boda no sería un truco de la familia para separarlos definitivamente? Sus simpatías con los kalash no eran bienvenidas. ¿No querrían desprenderse del extranjero? *Bueno. ¿Y qué importa el estado civil de Shamsur? Le rescataré. Él quiere salir de aquí, lo ha repetido mil veces. Me lo llevaré a París.*

Otra noticia: Marie Odile, su querida princesa todoterreno, había tenido problemas con Attiq, un afgano que colaboraba con AMI. Marie Odile había sido nombrada coordinadora de la oficina de la ONG en Peshawar y los afganos no habían encajado bien recibir órdenes de una mujer. Aunque Gyuri Fritsche les insistió en que valoraran que Marie Odile trabajaba allí por pura solidaridad, la nueva jefa tuvo problemas con varios empleados. Algunos empezaron a mostrarse violentos.

Attiq era uno de esos vehementes afganos. Fan de lo occidental, bebía whisky y a menudo aparecía luciendo su camiseta de la película *Titanic,* pero no toleraba que una mujer decidiera cómo debía trabajar. La relación con Marie Odile se fue emponzoñando y una mañana, cuando la francesa iba a aparcar el coche cerca de la oficina, apareció Attiq en la calzada. Empezó a golpear el coche con un bate. Marie Odile consiguió apearse y ponerse a salvo. Primero llamó a conocidos para que acudieran a protegerla. Después contactó con Jordi.

—En cuanto pueda voy a arreglarlo —respondió.

Transcurrieron quince días hasta que Jordi puso rumbo a Peshawar. Pisó el acelerador del jeep. En esas dos semanas se había preguntado demasiadas veces hasta dónde podían llegar las barbaridades de los afganos. Por entonces, el país recuperaba las directivas para la propagación de la virtud y la extinción del vicio proclamadas en 1975. Jordi las había releído —como si le faltara combustible para su ira— y no podía quitárselas de la cabeza. Mientras doblaba una curva tras otra. No podía.

XL

El 26 de septiembre de 1975, el Gobierno islámico de Afganistán difundió directivas para la propagación de la virtud y la extinción del vicio en un comunicado que recibió el número 6.240. Una de las ordenanzas relativas a las mujeres les impedía «salir de sus casas con vestimentas provocadoras. Si no, se castigará a un hombre de su familia. Y los chóferes no tienen derecho a llevarlas en sus vehículos».

Se prohibió la música en medios de comunicación, coches, hoteles, *rickshaws* y cualquier recinto que pudiera considerarse público. Y todos los hombres se dejaron barba tras anunciarse que si en el plazo de un mes y medio se veía a algún hombre afeitado, se le detendría y encarcelaría hasta que su barba espesara.

Se exigía eliminar los juegos de palomas y *alouettes.* Y las cometas, «que alejan a los niños de la educación y provocan accidentes». Las fotos, los tambores, la costura y la toma de medidas femeninas, todo eso se volvió a prohibir dos décadas después, y Jordi se repetía que estaban locos, locos, locos, conduciendo a través de extasiantes vaguadas de una belleza que millones de personas jamás verán. Locos. Y aferrando con fuerza el volante casi rió mientras intentaba controlar las lágrimas al recordar que esos bastardos también habían condenado la magia. «Los libros de los magos serán quemados y ellos encarcelados hasta que prometan no volver a hacer magia.»

El nombre del viceministro que firmó estas directivas es Maolawi Enayatullah Balagh. Es un nombre que todos deberíamos recordar. Maolawi Enayatullah Balagh. Un nombre que nos hace peores, más salvajes. Maolawi Enayatullah Balagh. Un motivo para ser feroz.

XLI

Jordi vio a Attiq en el jardín, se acercó a grandes zancadas y soltó un puñetazo que hizo trastabillar al afgano. Luego se convirtió en una máquina de golpear, y cuando Attiq cayó al suelo, Jordi también pateó su cuerpo, aquel saco aborrecible, sólo quería destrozarle. Los nudillos descargaban la furia acumulada durante las dos semanas de espera y las jornadas de conducción alimentando la furia y el desconcierto. Cada vez que estampaba un puño contra la carne o un hueso, liberaba años de tensión. Attiq se recompuso y logró devolver algún golpe. La pelea no se igualó, Jordi conectaba crochets demoledores, aunque hubo un ligero intercambio antes de que el personal de AMI interviniera, separándolos.

Attiq abandonó la ONG. Pero aquello había sido una auténtica pelea salvaje, los miembros de AMI temieron por Jordi, de nuevo había transgredido los códigos, había hecho el tipo de cosa que no le puedes hacer a un afgano sin temor a represalias mortales. Porque, estando allí, ¿dónde puedes esconderte?, se preguntaban los extranjeros.

Jordi comenzó a preparar un nuevo convoy al Panjshir. Junto a Ainullah, debió renegociar con los talibanes para mantener abierto el corredor humanitario.

—Últimamente veo a demasiada gente rara —dijo Ainullah—. Creo que nos siguen. He oído que hay agentes de la CIA en las montañas.

—No te calientes la cabeza. Además, si viene alguien de la CIA aquí, ¿qué puede hacer? Venga, no imagines tanto que acabarás viendo cosas donde no hay.

Las palabras de Jordi no le calmaron. Quizá se equivocaba al señalar a la CIA y quienes los observaban eran los servicios de espionaje pakistaníes, aunque eso no resultaba tranquilizador, más bien al contrario. El caso es que alguien los vigilaba, estaba seguro.

Días más tarde, en la ruta que une Badakhshán con Chitral, Jordi y Ainullah fueron detenidos por tres hombres que dijeron ser policías. Querían hablar con Jordi. Fue el único que se bajó del jeep. Ainullah y el chófer escuchaban el interrogatorio, que acontecía a unos tres metros del capó. Le preguntaron de todo.

—¿Qué llevas ahí? Abre el maletero —ordenó finalmente un policía.

—¿Quién eres tú para meter las narices en mi equipaje?

—Te he dicho que lo abras. Ahora.

—No.

Los policías se miraron entre ellos. Jordi retrocedió unos pasos con cuidado hasta la ventanilla abierta de Ainullah y murmuró:

—No te preocupes. Preparaos.

Tenemos dos kaláshnikovs y algunas pistolas, pensó Ainullah. *Si Jordi ordena disparar, estamos listos.*

Los hombres de Jordi empuñaban las armas manteniéndolas sobre sus piernas. Los policías alternaban las miradas a Jordi y a los ocupantes del vehículo, cuyas manos no podían ver.

—Está bien —dijo el que había hablado hasta entonces.

Con un brusco gesto indicó a su compañero que se retiraban. De todos modos, él caminó hacia el auto hasta situarse a un par de metros de la ventanilla del jeep.

—Ainullah —dijo—, un día iremos a verte.

Ainullah se asustó.

—No te van a hacer nada —dijo Jordi mientras el polvo del jeep difuminaba la imagen de la patrulla—. Tranquilo, estoy contigo.

Ainullah se frotó la cara con las dos manos. *¿Conmigo? No es suficiente. ¿Quiénes somos nosotros? ¿Quién es Jordi para defenderme de estos carniceros?* Desde aquel momento, Ainullah fue consciente de que los tenían encima. Cada día, cada noche, fantaseaba con huir, con su propia muerte. Los miedos hasta entonces latentes emergieron para atormentarle. Perdió el sueño. No lograba pensar en nada más que en el peligro que se cernía. Y es que ¿qué importaba más que la propia vida? Pidió a Jordi volver a Afganistán y quedarse allí trabajando. En cuanto llegaron a las oficinas de AMI, insistió en su ruego y pidió por favor a su jefe que él también abandonara Chitral.

—No es seguro para ti, Jordi. Están contra ti.

Eso fue lo que le dijo.

Ainullah se va a marchar, pensó Jordi. Fue una punzada. Curiosamente indolora. *¿Por qué no me afecta? Con lo que aprecio a este chaval. ¿Por qué no lo siento?* Para entonces, Jordi se enfrentaba al dolor de otra forma, a cualquier tipo de dolor y de miedo, como si la rabia le acorazara. Se preguntó hasta dónde alcanzaría su inmunidad, qué otras cuchilladas toleraría. Incluso físicamente sufría menos. Quizás estuviera alcanzando uno de esos estadios en los que cuerpo y espíritu realmente se funden. Siendo así, ¿hasta dónde podría resistir su cuerpo?

Poco después, durante una salida con varios colaboradores y Marie Odile, el grupo pernoctó en una caserna de la Cruz Roja. Marie Odile observó que Jordi tenía una herida con mal aspecto en el pulgar, aunque en él los rasguños y las cicatrices eran frecuentes.

—Deberías curarte eso —le dijo.

—Ya.

Al día siguiente, Marie Odile descubrió que Jordi se había cortado ese trozo de carne. No llegó a amputarse el dedo, pero se había cortado un pedazo, como si fuera una loncha.

Convivir con Jordi se complicó. Estaba agotado del Panjshir, ya sólo deseaba volver a Chitral, no podía pensar en otra cosa y aunque a veces intentaba reprimir su mal humor, no había forma. Qué le iba a hacer, no sabía disimular pese a ser consciente de que su agresividad y sus desprecios no hacían más que dificultarle aún más el día a día.

—Algunos colegas se han quejado de ti —le dijo al fin Yves Bourny, el hombre que le había seleccionado para aquella misión—. Dicen que tienes unos puntos de vista muy... personales.

—Muy personales, sí. ¿Y qué? Mira, Yves, para vosotros yo soy un mercenario. Lo tenéis claro vosotros y lo tengo claro yo. Entonces ¿dónde está el problema? Cumplo con mi trabajo y sólo pido que me dejen en paz. Si los colegas —subrayó la palabra pronunciando lenta cada sílaba— quieren que vaya a jugar a las cartas con ellos y les ría las gracias, les dices esto: que les jodan.

—Bueno, yo ya te he advertido. Tenlo al menos en cuenta.

—¡Puntos de vista muy personales! —repitió Jordi—. Si la organización pretende usarme para poner sellos, repartir comida y redactar informes, se equivoca. ¿Es que no os dais cuenta del tipo de hombre que soy? Me contratasteis para conducir caravanas y me queréis transformar en un burócrata. Siempre la misma historia.

—Vale, vale. Pero ten en cuenta lo que te digo, por favor.

Sus relaciones con algunos miembros del equipo de AMI se tensaron cada vez más. Hasta que Bonhoure y Bourny comprendieron que debían elegir entre ellos o él.

Los dirigentes de la ONG organizaron una reunión con varios responsables para evaluar el caso de Jordi.

—Pero cómo se os ocurre confiar tanta responsabilidad a un chalado como ése.

—Bueno, es un aventurero —dijo otro, burlón.

—Con una reputación de mierda. ¿Con quién no se ha peleado ese tío? Y lo de la pedofilia...

—Eso son rumores.

—Ya, rumores, pero...

—Durante muchos meses no habéis tenido queja de él.

—Hombre, hay que reconocer que ha sabido montar el campamento y tiene unos contactos que valen la pena.

—Unos contactos de la hostia.

—Es el hombre clave de esta movida, eso hay que aceptarlo.

—Y en muchas cosas, un ejemplo a seguir. Otro tema es su vida privada y...

—Vale, vale, pero le sobra soberbia. Cree que sin él todo desaparece.

—¿Y no es así?

—Dicen que en Francia tiene contactos con grupos neonazis.

—Se ha endiosado. ¿Habéis oído eso de que quiere hacer un reino del Hindu Kush o no sé qué historia por el estilo?

—¿Un reino?

—Un reino.

Algunos empezaron a reír. Otros redoblaron las burlas contra Jordi. La sala se alborotó, y así concluyó la reunión.

Bonhoure y su equipo hicieron balance: ¿tenemos elección? ¿Podemos reemplazarle por un novato ignorante de la coyuntura sin relaciones en la zona ni conocimiento de la lengua? Porque ¿quién más hay como él alrededor? ¿Tenemos elección?

Jordi continuó coordinando las bases del Panjshir hasta el día en que él mismo decidió que se le imponían demasiadas condiciones.

—No quiero que nadie coarte mi libertad de acción —dijo.

Su salida fue sin ceremonias.

XLII

El gigante, cuando habla, ruge. Cuando estrecha la mano, estruja. Cuando pisa, aplasta. No es cuestión de mala fe, sólo de potencia y envergadura. De todas formas, es cierto que la inercia de alrededor invita a que el gigante acabe actuando de manera monstruosa. Normalmente su rareza le margina y es fácil que la rabia o la tristeza le induzcan al aislamiento. Retirado, contempla un mundo que discurre alegremente sin él e incuba el dolor que le causan los desprecios.

En la guarida se cuece la furia, los deseos de revancha, la incomprensión. El gesto se vuelve severo, la voz cavernosa, los modales se pierden —al fin y al cabo, no hay nadie a quien molestar— y el gigante se va transformando en bruto, en ogro, un ser desapacible y huraño que tiene todo lo que para muchos debe tener un monstruo.

XLIII

¿Quién seré yo cuando deje de ser la persona que me creía y que pasaba por ser? Y, entonces, la respuesta más exacta a mi pregunta será: un ser humano. Y así, pura y simplemente, como un puro y simple ser humano, es como debiera enfrentarse con esos seres humanos primitivos y oscuros. Para mí, esta experiencia fue una especie de revelación, y no sólo del mundo, sino de mí misma. Y debo añadir que fue una suerte grande e inesperada, una liberación. Éste es el momento de mandar, por fin, al diablo todos los convencionalismos; he aquí una nueva clase de libertad que hasta ahora uno sólo en sueños había tenido. Es como salir de una zambullida y poder estirarse a gusto, como dar un salto y salir volando, como tener la impresión de que uno ha dejado a sus espaldas la ley de la gravedad. A lo mejor se siente uno algo mareado, a lo mejor, después de todo, fue un poco peligroso; hace falta valor, siempre lo hace cuando de lo que se trata es de reconocer la verdad.

Karen Blixen, *Ensayos completos*

Mi obra de arte más bella ¿será mi vida?

François Augiéras

El periodista Éric Chrétien investigaba al legendario oso Irkuiem de Kamchatka cuando le invitaron a ver el documental de Arte protagonizado por Jordi. El perfil de aquel explorador encajaba perfectamente con la serie que Chrétien estaba elaborando, así que escribió una carta:

He comenzado un trabajo sobre los osos seguido por una serie de reportajes consagrados a los franceses que han elegido un modo de vida anacrónico en los albores del tercer milenio...

—Anacrónico —repitió Jordi en voz alta, entre molesto y orgulloso, con el papel en la mano.

—¿Qué quiere decir? —preguntó Shamsur sentado en las escaleras de la Sharakat House.

—De otra época. Antiguo, más o menos.

—Ah. ¿Y qué le vas a decir?

—Ya veremos. Péinate, Shamsur.

—Si es que sí, ¿llamarás a Ainullah para que venga a ayudarte?

—Ya te he dicho que Ainullah se ha quedado en el Panjshir. Allí tiene a su familia, su gente. Va a hacer cosas muy buenas en el valle..., pero no puede estar en dos sitios a la vez, así que no podemos seguir trabajando juntos. Y péinate un poco, que siempre vas con los pelos de cualquier manera.

Shamsur se echó el flequillo a un lado, como solía hacer su hermano Khalil.

Por supuesto que aceptaría recibir al reportero, poner un nuevo foco en sus campañas. Aunque desde la ruptura con Valicourt ningún gran medio de comunicación se había interesado por él, la aparición de Chrétien demostraba que su trabajo aún podía atraer la atención. Y, lo mejor, sin mediadores. Resultaba gratificante sentirse valorado por uno mismo, constatar que no todo depende del amigo de un amigo que es presidente o director de. De nuevo se demostraba que ahí fuera había alguien escuchando, alguien que apreciaba la magnitud de su empresa. Quizá con la ayuda de aquel periodista...

Hizo unas cuantas llamadas y envió mensajes para que personas influyentes se enteraran del interés. La noticia llegó al Museo de Historia Natural.

«A ver si el español va a llegar lejos, al final», se comentó en los pasillos. Algunos se dirigieron directamente a Valicourt para preguntarle novedades del que había sido su protegido, pero la científica no pudo procurarles gran cosa, la relación había perdido intensidad. A cambio, Valicourt ofreció una respuesta bastante inesperada:

—Jordi tiene suerte. En el último momento, cuando parece que no podrá continuar, siempre aparece alguien importante que le echa una mano. Porque está claro que sin el apoyo de personajes o incluso de personalidades, Jordi no habría consumado jamás su sueño de explorador. Yo le permití conocer a Théodore Monod, a Jean Chaline, ser invitado a la Language Origins Society de Cambridge... Para mí, mucho de su crédito lo ha conseguido gracias a su amigo Erik l'Homme, un joven serio que no espera reconocimiento alguno de la sociedad, mientras que Jordi, consciente de su gran inteligencia, sí necesita el reconocimiento. De no ser por Erik y Yannik, nunca habría conseguido la hazaña de las misiones de 1987 y 1988. Sólo sería un desconocido. Aunque, seamos sinceros, o mejor, seamos objetivos: ¿qué deja de su vida? ¿Una obra? ¿Un descubrimiento?

Ajeno a Valicourt, a Francia, Jordi continuó con sus planes. La carta de Chrétien le había animado, si bien ya no miraba a Occidente con su vieja ansiedad depredadora. Desde luego que mantenía la esperanza de ser coronado en Europa como investigador ejemplar, pero ya no analizaba el Hindu Kush desde el exterior, ahora deseaba algo más del mundo que moldeaba sus sentimientos, de su entorno inmediato. Formaba parte de los valles, respiraba el mismo aire y le amenazaban idénticos peligros que a sus queridos paganos. Ellos le trataban como a uno de los suyos, le confesaban miedos y anhelos, estaban dispuestos a prosperar junto a él. ¿Y cómo podía responder no sólo a ese cariño sino, sobre todo, a la convicción de haber hallado su espacio natural?

Con el beneplácito de sus vecinos, se hizo kalash.

Degolló un macho cabrío ante el altar del dios Mahandeo y, mientras los kalash oraban, volcó unas gotas de sangre en su propia cabeza antes de untarse otras partes del cuerpo con ella. Después recibió un documento que le acreditaba como uno más de la comunidad.

Aquella noche se sentó en la cama junto a Fjord. Inspiró y espiró hondo. *¿La plenitud será esto?* Había adquirido responsabilidades con otros y le parecía bien. Se sintió parte de algo, de un lugar. Repasó su vida hasta aquella noche, la gente a la que amaba, mientras acariciaba a su perro. Ahora sí. Jordi era ya sin duda un hombre de las montañas.

Aún como miembro de AMI, Jordi pidió autorización y apoyo al departamento de educación de Chitral para pagar los sueldos de otros cuatro Narradores de la Tradición kalash. Le fueron denegados, menuda novedad. Ya insistiría. Y si le continuaban cerrando la puerta, incluso podría financiarlos él. Ahora disponía de las suficientes rupias para ensayar la ampliación de proyectos, ¿para qué si no sirve el dinero? No es que le molestara, pero el caso es que nunca tenía demasiado, siempre había una casa, un jeep, un proyecto donde invertir. Le llamaba la atención esa tendencia suya al desprendimiento y la repugnante incomodidad que le invadía en momentos como aquél, en el que se sentía confortablemente arropado por un buen montón de billetes. De todos modos, qué bien le iba el dinero.

Los socios de GESCH, siempre entre treinta y cuarenta, seguían pagando sus cuotas, y la colaboración con AMI no sólo había aumentado los ahorros de Jordi de forma considerable, sino que también le permitió ser tanteado por los laboratorios farmacéuticos parisinos Beaufour Ipsen International para que se convirtiera en rastreador de flores y plantas curativas.

Cuando en agosto de 2000 consultó su cuenta corriente leyó: 67.811 francos. Era una de las cifras más altas que gestionaba en Chitral. Al fin podría cumplir un sueño. Subió deprisa el sendero de Bumburet pensando que no citaría a Chrétien hasta primavera y llamó a gritos al señor Rahman. El anciano salió al balcón de madera cincelado con símbolos solares.

—Sube, Jordi, sube.

En el interior de la casa no estaba Shamsur. La mujer del anciano sirvió té.

—Shamsur está trabajando en el campo, hoy no vendrá hasta tarde. Cuida muy bien de su esposa, su hermano estaría muy feliz y muy orgulloso de él.

—Ya..., precisamente vengo a hablarle de Shamsur. Cuando nos conocimos usted me dijo que quería que Shamsur prosperara, ¿recuerda?

—Claro. Y estamos muy agradecidos por...

—Verá, pronto voy a volver una temporada a Francia. Y quiero pedirle permiso para que Shamsur viaje conmigo. Es una gran oportunidad.

XLIV

Antes de aquel vuelo a París hay un episodio oscuro, mal explicado por todos los que lo conocen. Dicen que durante un viaje de Jordi y Fjord a Peshawar, se detuvieron a pernoctar en una aldea. La noche era cerrada. Jordi salió a pasear con Fjord, un camión le deslumbró, otros dicen que fue un coche, el caso es que tropezó en la oscuridad y cayó por un barranco. Unos dicen que quedó inconsciente y que Fjord le abrigó con su cuerpo hasta que el propio animal decidió buscar socorro. Otros aseguran que Jordi, inmovilizado por el dolor, le ordenó ir en pos de ayuda. Jordi afirmaba que, dirigiéndose al malamut, gritó: «¡Al hotel! ¡Al hotel!», todos, eso sí, ensalzan la determinación y la inteligencia de un Fjord que de cualquier modo parece que le salvó la vida.

Cuando ya en Fontbarlettes Ángel Magraner vio entrar a su hermano tan enhiesto a causa del corsé que usaba desde entonces, le preguntó por el perro.

—Este año se queda en Chitral. Empieza a estar viejo para tanto aeropuerto, lo cuidarán bien. He ordenado que en Navidad le den de comer salmón, como siempre le damos aquí.

Después, Ángel pidió ver el golpe. Jordi tenía la espalda llena de marcas y moratones. Ángel no dijo nada hasta que se quedó a solas con Esperanza:

—Le han pegado y se ha inventado esta historia para tranquilizarnos.

XLV

—Qué, ¿cómo lo llevas? —preguntó Jordi a Shamsur antes de salir a un nuevo estrado francés.

—Bien.

—No toques las cortinas, que la gente de fuera se despista.

—Francia es buena para mí. La gente se porta bien conmigo, hay buena comida..., no sé qué más se puede pedir. Estoy bien.

Jordi apretó satisfecho los labios y le sacudió con cuidado los hombros mientras decía:

—Perfecto. Sólo queda una conferencia más y descansaremos hasta dentro de unos meses.

Desde luego que la asociación había hecho bien su trabajo consiguiéndole aún más charlas de las esperadas.

—Venga, vamos —dijo Jordi empujando suavemente a Shamsur para presentarse ante el público. Se sentaron ante unos cincuenta espectadores junto a un historiador griego y conversaron sobre el Hindu Kush y los kalash. Shamsur habló poco. Su papel consistía en estar ahí, y por eso se entretuvo mirando a los ojos de las personas, que le miraban a él. *Claro, me miran todo el rato porque soy el habitante auténtico,* pensó.

En Valence, Jordi matriculó a Shamsur en una escuela de francés por correspondencia, y continuó indagando en la historia de los kalash y el barmanu bebiendo un café tras otro hasta la madrugada. Preparó con meticulosidad las varias conferencias sobre paganismo que le habían organizado, sorprendiéndose ante la inmejorable recepción de sus ideas. El público se mostraba casi invariablemente seducido por el modelo pagano.

Tenía lógica. Las grandes religiones estaban evolucionando mal, millones de personas descreían cada vez más de las monolíticas ideas propagadas por gurús muy inflexibles, ajenos al escoramiento hedonista de una sociedad occidental hastiada de popes y ordenanzas. Ahítos de artificios, los nuevos seres humanos clamaban por una vida más natural, conectada con las montañas, los océanos, el sol. Bastaba descubrir la opción pagana para comprender sus inmensas posibilidades. Tenía lógica, para Jordi.

—Me aburro —dijo Shamsur de cara a la televisión.

Llevaba más de tres horas viendo programas, ya no sabía cómo ponerse en el sofá de Dolores. Jordi acababa de aparecer en el comedor sujetando un montón de papeles que seguía leyendo en pie.

—Vete mañana al Vercors —dijo Jordi sin mirarle.

—¿Vienes conmigo?

—Mañana no puedo. Pero en cuanto dé la última charla nos pasamos un día entero por ahí.

Shamsur volvió a mirar la tele sin registrar qué estaba viendo. Las vacas del Vercors eran espectaculares, tan gordas y con aquellas ubres enormes, al menos comparadas con las de Bumburet. Pero empezaba a estar harto de contemplarlas.

—Me voy a dar una vuelta —dijo.

Recorrió tan sólo tres calles. En una esquina desolada cerca de la carretera, quemó una piedrecita de hachís y se hizo un porro. Al volver a casa olía escandalosamente a droga, pero Jordi no lo mencionó. ¿Estaría resfriado? En Pakistán le habría caído una severa bronca. Las siguientes tardes, Shamsur continuó saliendo a fumar hachís. Jordi lo pilló varias veces, nunca se lo recriminó.

Shamsur pasaba muchas horas solo en Valence, y aunque Jordi detestaba que se drogara, había decidido mostrar una inusual tolerancia. Shamsur dedujo que, al ser su anfitrión, Jordi sentía que debía permitir ciertas cosas a su invitado. Y algo de eso había. Pero, ante todo, Jordi entendió que Shamsur necesitaba sus propias vías de escape para que la lobreguez de la *banlieu* no le aplastara. El chico domaría mejor el aburrimiento y la incertidumbre en el limbo narcótico, ojalá los porros le ayudaran a paliar la melancolía. A fin de cuentas, en Chitral los fumaba a montones a sus espaldas.

Durante una cena con amigos de Jordi, uno de ellos arrinconó a Shamsur a la hora de las copas.

—Fumas, ¿verdad? —le preguntó.

—Ya sé que los doctores no lo recomendáis, pero lo hace todo el mundo.

—No me veas como un doctor, nosotros también fumamos —intercambiaron sonrisas—. Y no estoy hablando de tabaco. Te pregunto si fumas... —el médico echó un vistazo alrededor— de verdad.

Shamsur afirmó despacio con la cabeza.

—¿Puedes conseguirme algo?

—Claro. Pero antes me das el dinero.

—Contaba con eso, no te preocupes.

A través del doctor, otros amigos de Jordi se enteraron de la afición de Shamsur por el hachís, ingeniándoselas para pedirle suministros clandestinos. Shamsur se sacó un dinero extra en las transacciones. Creó su propia red de doctores y empleados del ámbito sanitario. Jordi no se enteraba de nada, ocupado en recobrar las fuerzas para seguir imaginando. Qué insignificantes parecían desde allí las angustias y peligros padecidos en el Hindu Kush. Como si los kilómetros convirtieran lo vivido en fantasía. Quizá por eso lo añoraba aún más. La nostalgia ganaba espacio cada día, animándole a imaginar que todo saldría bien, ganaría dinero y, para empezar, sacaría a su madre de Fontbarlettes.

—Va, en serio: ¿dónde quieres vivir los próximos años, mamá? —le preguntó Jordi a Dolores, como le había preguntado mil veces.

—Ya lo sabes: al lado de tus hermanos.

Jordi, de nuevo, se enfadó.

—No te puedes quedar aquí, mamá. Este barrio no te conviene, eres muy mayor y cualquier día te dan un tirón del bolso o te entran en casa y qué, ¿eh? ¿Qué haces tú sola? No puede ser. Tienes que mudarte.

—Pues he vivido toda mi vida aquí y no me va mal.

—Estoy a punto de cazar al barmanu y cuando lo haga va a ser un *boom* mundial, voy a ganar dinero de verdad y te voy a sacar de aquí.

—Bueeeeeeno. ¿Quieres un poco de pastel de ayer?

—Podría llevarte a Pakistán. Aquel oxígeno te hará bien.

—Que me vaya... Todo lo que me cuentas de allí lo he visto yo en Marruecos. Y yo no voy para atrás. Yo quiero la comodidad. Es muy bonita la comodidad. Soy como los conquistadores, siempre para delante.

—¿Comodidad? Te hablo de estar mejor de verdad. ¿Para qué quieres estar cómoda pero enferma?

—¿Quieres pastel o no?

Y así iba Jordi, soñando, propagando aún la historia de aquel barmanu que le permitiría regresar a Chitral al cabo de pocos meses para continuar, como mínimo, en las montañas.

Tras una de las conferencias sobre hombres reliquia, Shamsur le dijo:

—¿Por qué no lo dejas de una vez? Han ido cientos de personas a cazarlo y nadie lo encuentra. ¿No te da que pensar?

—Está —respondió Jordi impertérrito. La palabra, como una roca—. Existe.

Era su búsqueda. ¿Perseguía un mito? Puede. Pero no le importaba tanto como haber encontrado una razón para vivir. Y a ciertas alturas no importa si lo que haces no tiene sentido para los demás.

Al regresar a Bumburet, Fjord había muerto.

—No saben cómo ha sido —dijo Jordi por teléfono.

Ainullah le escuchaba desde el Panjshir, donde ya se había instalado. Sultán, el sirviente que ahora vigilaba la casa y se ocupaba de los caballos, había encontrado el cadáver pocos días antes del retorno de Jordi, y él mismo lo enterró.

—¿Dónde está? —le había preguntado Jordi—. Llévame a donde lo enterraste.

Caminaron unos metros hacia el río y fue suficiente, porque bastó con seguir la nauseabunda estela de olor para alcanzar la sepultura.

—Lo han matado. Alguien lo ha matado —dijo Ainullah al teléfono—. Quieren asustarte, que te vayas de ahí.

—No digas tonterías. Fjord ya tenía sus años. Y basta, no quiero hablar más de esto.

Fjord tenía poco más de diez años, aunque había llevado una vida exigente. Sultán pertenecía a la familia de Shamsur, era un hombre simpático, trabajador, cumplía con sus deberes, nunca dio problemas y Jordi no estaba dispuesto a espolear suspicacias. Fjord era viejo. Se acabó.

De cualquier forma, los cambios se precipitaban. En poco tiempo, el universo afectivo de Jordi se vio profundamente alterado. Shamsur se había hecho mayor, el discípulo añoraba libertades nuevas; y su inseparable Fjord no volvería a tumbarse sobre su cama al anochecer. Ningún otro perro lo haría jamás porque Fjord no iba a tener sustituto.

XLVI

Una mañana de marzo de 2001, Jordi se levantó, saludó al sol, se afeitó con maquinilla eléctrica, comió un pedazo de pan con miel, bebió té y montó en uno de sus caballos, le apetecía cabalgar un poco. Atravesó Krakal gritando a los niños que se apartasen, a veces se cruzaban por delante de sus patas a la carrera o actuaban con temeridad. En un margen del camino, junto a un hombre que tensaba arcos, Jordi vio a un grupo inusualmente numeroso de kalash en el que se conversaba en voz baja.

—¿Qué pasa? —preguntó desde la montura.

Le hablaron de kilos de dinamita y tanques disparando cañonazos por orden del Gobierno talibán afgano. Después de más de mil quinientos años de historia y de que los declararan Patrimonio de la Humanidad, dos de los budas gigantes de Bamiyán habían sido desintegrados. El Gobierno decretó que esos budas eran ídolos y, por tanto, contrarios al Corán.

XLVII

Tratar con una mujer en tierras extrañas, aunque uno sea un rey veinte veces coronado, era inevitablemente peligroso.

RUDYARD KIPLING, *El hombre que quiso ser rey*

No existen los hechos, sino el complicado vaivén del corazón, el lento aprendizaje sobre dónde, cuándo y a quién amar. El resto sólo son habladurías e historias para los tiempos venideros.

ANNIE DILLARD, *Holy the Firm*

—Abib Noor y su padre me han hecho otra oferta por la casa —dijo Abdul—. Mucho dinero. Pero no se la voy a vender. Esta casa es la frontera con los musulmanes, la última casa kalash. Si la compran, seguirán bajando y al final se apoderarán de todo.

Terminaba el invierno. Jordi y Abdul bebían a solas licor de albaricoque en el despacho de la Sharakat House.

—No dejan de avanzar. Ya han conseguido echar a los kalash que vivían en el terreno de arriba y ahora levantan ese establo ahí al lado... —dijo Jordi señalando con el pulgar por encima de su cabeza—. ¿Era necesario ponerlo ahí? Como si no hubiera tierra...

—Te lo ha alquilado Abib Noor, ¿no? Pues ahora es tuyo.

—Lo alquilo para no decirle que se lo lleve a otra parte. Intento arreglar las cosas, que vea que no quiero problemas..., pero como siga así, cualquier día quemo el jodido establo.

—Qué bestia eres.

—No se pueden permitir estos abusos. Y qué hace el Gobierno, ¿eh? Cabrones. No puede ser, Abdul. Mira las carreteras que hay para llegar aquí. Y el agua..., no hay teléfono...

—Dicen que pronto van a tender los cables.

—¡No es normal, Abdul, no es normal! ¿Quién cuida de los kalash?

—Athanasious quiere hacer cosas.

Pese a compartir muchas opiniones de Jordi, Abdul se había impuesto contemporizar. Era su mecanismo de supervivencia. Frenar a tiempo, domar la lengua. Prohibido calentarse.

—Athanasious es un timador, un orgulloso autoritario, un nacionalista griego que manipula a su antojo el mito idiota de que sois descendientes de Alejandro. ¡Descendientes de Alejandro! Eso es una herejía histórica y una impostura intelectual. Entiendo que sirva para hacer publicidad y que vengan turistas, pero lo de Alejandro es mentira. Eso sí, mientras, el Gobierno griego le suelta una fortuna.

Abdul se tocó el *pakhol* hacia delante hasta casi taparse las cejas. Se retrepó en la silla. Dio un sorbo al licor y torció el semblante en una mueca entre triste y espantada.

—A quien tienes que vigilar es a Abib Noor, no al griego.

Ninguno lo expresó, pero ambos sabían lo que Abib Noor estaba diciendo por el valle sobre Jordi y Shamsur, y Abdul siguió pensando en ello mientras bajaba el sendero borracho, camino de su hotel. Dio un traspié y cayó sobre uno de los hilos de agua que riegan la senda. No era la primera vez que le ocurría. Como en otras ocasiones, se echó a reír hasta que le entró tos.

En los días siguientes, Jordi intentó estrechar lazos con Abib Noor. Cuando quiso comprarle hierba para los caballos, Noor pidió un precio desorbitado. Una mañana, al volver de un paseo, Jordi encontró caballos desconocidos en el establo que había alquilado, y tuvo que resguardar a los suyos en otro lugar. Poco después, Abib Noor acusó a Jordi y Shamsur de haber cogido madera de aquel establo sin permiso y de cortar árboles para leña, actividad condenada por ley. Al fin, el musulmán redactó una nota en la que denunciaba las relaciones homosexuales de Jordi y Shamsur especificando los problemas que esta situación podía crear en el valle. Hizo copias y las repartió entre los habitantes de Bumburet.

Jordi se arrepintió de haberse contenido como nunca hasta entonces. A diario maldecía a Abib Noor. *Tenía que haberle parado los pies mucho antes a ese hijo de puta.* Había imaginado distintas formas de romperle la cara, las piernas, de darle una auténtica lección, pero comprendía que el contexto jugaba en su contra, así que tras la última ofensiva de aquel malnacido se encerró en su despacho ordenando que nadie le molestara, soltó un puñetazo contra la pared y se sentó a escribir una carta que tituló *Insultos, problemas, amenazas y propaganda contra mí.* En ella explicó su relación con Abib Noor desde el principio, asegurando que el musulmán había llegado a organizar reuniones con el objetivo de atacarle «porque yo soy, dice, extranjero y kafir». En cuanto a Shamsur:

> Shamsur Rahman es como mi hermano pequeño y Abib Noor nos acusa de homosexualidad [...] Nos está creando mala reputación y azuza a la gente en contra nuestra [...] No respeta las leyes del pueblo [...] Todo eso no es verdad.

Entregó la carta a la policía junto con una de las infamatorias hojas redactadas por Abib Noor. En la carta, exigía a las fuerzas de seguridad que cumplieran con su deber, subrayando que si le pasaba algo, era responsabilidad suya.

XLVIII

Esperanza Magraner: Mi padre era muy cerrado con el sexo, en casa no se hablaba del tema. A mi hermana y a mí sólo nos dejaba salir si volvíamos antes de que anocheciera. Y cuando mi hermana ya fue mayor de edad, no tenía permiso para verse con chicos si yo no estaba delante. ¡En 1969! Para mi padre el sexo sólo se podía practicar en el matrimonio, nunca fuera de él, como si temiera las enfermedades o el deshonor. Creo que a Jordi se le quedó clavada esta educación..., como a todos.

Erik l'Homme: En el fondo era homosexual. Un reprimido, aunque ni Yannik ni yo recibimos nunca una propuesta suya. Eso sí, hablaba libremente de sexo, decía que su modelo era la Antigüedad. Siempre comentaba que desde el punto de vista histórico, de la filosofía, se aplaudía el placer de la compañía masculina y femenina.

Claire G.: Podía ser bisexual, como los romanos. Esa complicidad con Shamsur y Ainullah..., pero estoy segura de que no era exclusivamente homosexual. Tras una noche con Marie Odile encontré el cubo de la basura lleno de condones.

Marie Odile: Nunca hablamos de sexo y nunca vi en él un comportamiento homosexual, pero no, no tuve relaciones con él.

Junaid Ali (alpinista): En Chitral, la homosexualidad es normal entre musulmanes. El propio Siraj Ulmulk, todos los príncipes..., entre los kalash no es así.

Gyuri Fritsche: Bueno, en la antigua sociedad griega, ser homosexual o amar a un niño era común. Se consideraba algo normal en una relación entre profesor y alumno. Y en la cultura afgano-pakistaní, entre los hombres también es considerado bastante normal tener sexo con chicos. La razón es que si eres heterosexual y quieres acostarte con una mujer sin estar casado, podría suponer el fin de tu vida y el de ella. Por eso, los talibanes son conocidos por estas prácticas, sobre las que ellos mismos bromean.

Erik l'Homme: Hay leyes distintas. Lo que aquí está penado, allí es normal. Y al revés.

Abdul Khaleq: La verdad es que una vez Jordi llegó de Peshawar con un chico afgano. Después de cinco días viviendo juntos, el chico, que no sabía escribir, vino a pedirme que le redactara una denuncia contra Jordi por haberle pedido sexo. Le dije que no lo hiciera, que sería una vergüenza para él, y luego fui a ver a Jordi. Me dijo que el chico le pidió cobrar más dinero del que habían pactado por trabajar para él, que por eso le había despedido y ahora el chaval se vengaba de esa manera. «¿Qué necesidad tengo yo de traerme a un afgano si quisiera hacer algo?», me preguntó. La verdad es que a mí mucha gente me ha pedido droga, alcohol, mujeres y hombres..., pero Jordi nunca pidió nada de eso. Y no tenía por qué hacerlo. Una vez dormimos juntos en el Club Americano de Peshawar y no me propuso nada.

Gyuri Fritsche: Creo que Jordi era pedófilo. Pero intentaba guardárselo para sí porque era consciente de las implicaciones sociales de eso. Cuando empecé a pensar más a fondo sobre el tema y a confrontar las diversas teorías, tuve que reconocer que ése podía ser el motivo de su asesinato. Hablé con buenos amigos suyos, que admitieron saber algo, y me refiero a gente que había visto cosas, nada de informaciones de segunda mano, dieron ejemplos concretos. Uno de esos ejemplos lo contó un buen amigo de Jordi que ciertamente no tenía ningún interés en dejarle en mal lugar.

Gabi Martínez: ¿Qué ejemplos? ¿Qué amigo?

Gyuri Fritsche: Abdul. Él también se había resistido a creer los rumores hasta que ocurrieron un par de cosas que le hicieron cambiar de parecer. Una vez vino un chico quejándose sobre lo que Jordi le había hecho. Abdul le dio algo de dinero para que callara y se guardó la información. Otra vez, al pasar frente a la casa de Jordi se asomó por la ventana y vio a Jordi con Shamsur en la cama.

Shamsur: Jordi era como mi hermano mayor. Nunca me pidió sexo.

Jalili Ainullah: ¿Conmigo? Qué va, nunca intentó nada. Alguna gente decía que le gustaban los chicos, pero yo nunca hice caso. De cualquier forma, se trataba de una elección personal de Jordi. A mí me gustan las mujeres, es mi elección. Jordi nunca forzó a nadie a liarse con él. Me cuesta hablar de estas cosas. Él nunca dijo: «Me gustan los hombres». Y tuvo varias historias con mujeres.

Gabi Martínez: ¿Con quiénes?

Jalili Ainullah: Bueno, no sé. Al menos tenía muchas amigas.

Abdul Khaleq: Yo no vi a Jordi y Shamsur en la misma cama. El hombre que te ha dicho eso debió de malinterpretarme.

Andrés Magraner: Otra hipótesis sobre por qué mataron a mi hermano es la pedofilia. Según varias informaciones, incluso en Internet, Jordi era pedófilo, también con el malogrado Wazir Ali Sha. Se rumorea que quizás el padre de Wazir mató a Jordi por haber abusado de su hijo. Alguien me dijo que poco antes de su muerte, el joven Wazir, que ya había pasado un cierto tiempo con mi hermano, no quería volver a Krakal, o sea, a casa de Jordi. Y su padre le regañó diciéndole que debía volver con Jordi, que era un buen hombre. Pero entonces ¿por qué habría matado a su propio hijo?

Yves Bourny: Los cotilleos son a veces suficientes para sentenciar que alguien debe morir.

—¡Recordadlo! ¡Si me pasa algo, será vuestra responsabilidad! —gritó Jordi a los policías.

XLIX

En el verano de 2009 realicé veintisiete llamadas telefónicas a la embajada española en Pakistán. Cada una me tuvo esperando varios minutos hasta que la línea se cortaba, excepto en dos ocasiones. La segunda vez que descolgaron pude hablar con Juan José Giner, delegado en Pakistán desde hacía casi tres décadas. Giner había conocido a Jordi. No quiso hablar sobre él ni sobre su asesinato ni sobre la repatriación del cuerpo jamás consumada. Aseguró que lo que tenía que decir ya lo había recogido la prensa en su día. La prensa no había recogido prácticamente nada.

Cuando le pedí asesoramiento para internarme en Chitral, me recomendó que desistiera. Cuando semanas más tarde escribí para solicitar una entrevista con él a mi llegada a Islamabad, nadie respondió. Cuando meses más tarde pedí el nombre del embajador español en Pakistán durante el año 2002, se negaron a proporcionármelo.

El texto colgado en esos días en la web de la embajada española rezaba:

> Existe un elevado riesgo de terrorismo y violencia sectaria en todo el territorio de Pakistán. Los ataques, incluyendo atentados suicidas, se dirigen mayoritariamente contra las fuerzas de seguridad pakistaníes, aunque también contra lugares frecuentados por extranjeros. Numerosas zonas del país son asimismo el escenario de enfrentamientos armados entre la militancia talibán y el ejército pakistaní.
>
> Se ha elevado considerablemente la amenaza contra ciudadanos extranjeros, principalmente occidentales, y se registran cada vez más secuestros de extranjeros, especial-

mente en la Provincia Fronteriza del Noroeste (NWFP) y Baluchistán.

El ejército pakistaní acababa de terminar su contraofensiva en el valle de Swat, colindante con Chitral, cuando solicité un visado en el consulado de Pakistán en Barcelona. Tardaron un día en expedirlo. Afirmaron que Chitral estaba en calma, aunque me obligaron a presentar un aval bancario para garantizar que podría pagar los costes de una posible repatriación.

Por entonces, algunos campesinos y habitantes de las montañas huidos de Swat comenzaban el retorno a sus casas, mientras los talibanes escapaban sobre todo hacia Waziristán del Sur. No se contemplaba la posibilidad de que cruzaran las montañas en dirección a Chitral, una ruta demasiado dura, además de custodiada por los Chitral Scouts.

En Francia, Esperanza fue entrevistada telefónicamente desde la embajada pakistaní en París. Había decidido viajar conmigo para poner la lápida en la tumba de Jordi, aunque a su madre le diría que se marchaba de vacaciones a cualquier lugar pacífico, no quería preocuparla. Transcurrieron varios días, y Esperanza mantuvo una segunda entrevista con la embajada.

Disponíamos de los billetes de avión, reservas de hotel para las primeras noches en Islamabad y Chitral. Esperanza había planchado las dos *shalwar-kamize* y los pantalones bombachos que su hermano Andrés había utilizado en anteriores viajes, con la intención de que los vistiera yo.

A falta de tres días, la embajada comunicó a Esperanza que no tramitaría el visado. No podría volar a Pakistán.

—Dicen que secuestran a demasiadas francesas y están hartos de pagar rescates —me resumió por teléfono.

Tuve miedo. El viaje sin ella tomaba una dimensión muy diferente. Su ausencia me convertía en un entrometido sin raíces ni amigos allí, con cámara, bolígrafo y libreta, preguntando por un extranjero asesinado. De todas formas, no podía dar al traste con el trabajo de tanto tiempo. Aplazar el proyecto suponía salir de la burbuja en la que vivía, llena de expectativas, temores e ilusiones, abandonar la aventura que, era hiperconsciente, estaba viviendo. Además, un aplazamiento reventaría los cálculos económicos que había hecho, condenándome durante meses a una delicadísima situación financiera. Al menos así lo interpreté.

No podía no viajar.

Además, ¿cómo renuncias a la aventura? Formaba parte de ella y me regodeaba en la palabra y sus ecos. Aventura. Te multiplica. Te hace sentir más grande, más fuerte, mejor.

Qué fácil entender a Jordi.

Cat Valicourt escribió: «No es el momento para viajar a Chitral, y menos para intentar comprender el asesinato». Claire G. preguntó: «¿De verdad quieres ir?». Dolores Magraner exhortó: «No vaya ahí, que sólo hay muerte, no vaya, no vaya». Andrés Magraner advirtió: «Aquello está lleno de minas. Hay pastores que pisan una en las montañas y aunque sólo queden heridos nadie va a ayudarlos por miedo a explotar también». Gerardo Marín, uno de mis editores y amigo mío, dijo: «Supongo que será bueno para el libro..., pero ten cuidado». Erik l'Homme sugirió esperar a que amainaran los combates que continuaban produciéndose en las montañas cercanas. Elsa, mi mujer, afirmó: «Como diga lo que diga irás igual...». Mis padres se enfadaron cuando por accidente tuve que contarles mis planes poco antes de la fecha establecida para el vuelo.

En el aeropuerto Charles de Gaulle, Esperanza me entregó la ropa de Andrés junto con un *pakhol,* regalos para algunos amigos, y me deseó suerte.

L

Como Satán, se revuelve contra su caída condición con la ira de su autoafirmación tajante, irrenunciable [...] Como él, es adicto al discurso de la libertad, no de la obediencia [...] allí donde se encuentre explota el discurso de la libertad e independencia al que es tan adicto hasta ese punto de demagogia en que sus estandartes ideológicos se convierten en la mentira en sí mismos.

Bel Atreides, introducción a *Paraíso perdido*

A medida que pasaba el tiempo, nuestra necesidad de luchar por el ideal aumentaba hasta convertirse en posesión indiscutida, cabalgando con espuelas y riendas sobre nuestras propias dudas. Lo quisiéramos o no, se convirtió en una fe. Nos hicimos esclavos de ella.

T. E. Lawrence, *Los siete pilares de la sabiduría*

Al borde del precipicio, Jordi puso una rodilla en tierra apoyando la culata del rifle sobre el muslo en alto. Vestía ropa de camuflaje, botas, prismáticos, las gafas infrarrojas en el zurrón. Parecía una escultura, recortado contra el vacío y las laderas lejanas. No era la temporada idónea para exhibiciones pseudobélicas, pero Éric Chrétien había comenzado su reportaje sobre el «anacrónico» cazador de barmanus y se imponía actuar un poco. Además, no se iba a amilanar ni a cambiar sus procedimientos porque unos cuantos gallos le asediaran.

Trabajó a gusto con Chrétien pero, como siempre en los últimos tiempos, volvió a casa sin quitarse de la cabeza la torturadora cifra de su cuenta corriente, que rayaba de nuevo en los números rojos tras haber pagado sus cuantiosas deudas y haber cubierto el viaje a Francia junto a Shamsur. Por eso, cuando una semana después encontró bajo la puerta un sobre remitido por Beaufour Ipsen International, se agachó deprisa a recogerlo, destripó el sobre de mala manera: la empresa confirmaba que le interesaba contratarle, sólo faltaba estipular cuándo y cómo haría llegar su firma. Trabajaría para el departamento B21 supervisado por *monsieur* Chollet, e ingresaría trescientos euros al mes a cambio de un protocolo de investigación sobre las terapias tradicionales seguidas con plantas autóctonas, en especial del área de Nuristán. *Si soy representante de B21 cambia todo, tengo una fuente de ingresos y un empleador definido, no soy un turista. Así que puedo pedir un visado anual de entradas múltiples.*

También contaría con un billete anual de ida y vuelta a Francia.

—Aunque Chollet podría dar más. Trescientos euros es poco, insuficiente —dijo Jordi a Khoshnawaz, el Narrador de la Tradición del valle de Rumbur. Los niños salían en tropel de una escuela kalash—. Necesitamos más dinero para mantener a los Narradores, y lo que está claro es que el Gobierno no nos va a ayudar.

—Se nota el trabajo —dijo Khoshnawaz—. Los chicos son más respetuosos con las fiestas religiosas y los ritos. Debemos intentar mantener estas clases.

Poco después, Jordi supo que los kalash iban a recibir ayuda de una nueva ONG encabezada por Athanasious Lerounis, el griego. La presunta buena nueva venía manchada por la traición.

—No me lo puedo creer, Gyuri. Van a aplicar nuestro plan. ¡La embajada griega nos ha robado el plan! —advirtió Jordi a su amigo.

—Por eso pidieron que no se lo enviáramos a nadie más —dijo Gyuri.

—Somos idiotas. Cuando me veo prometiendo que íbamos a respetar el acuerdo... Idiotas. Sólo han tenido que dejar pasar el tiempo y ahora nos la clavan por la espalda soltándole el dinero a esa ONG griega. Qué vergüenza. Espero que al menos echen una mano con lo que les pidamos.

Pronto descubrieron que la ONG no iba a tener demasiado en cuenta sus solicitudes y que tampoco iba a invertir en los Narradores, así que la noche en que cenaron en casa de Gyuri hubo mucho que criticar.

—AMI podía haberse esforzado más para conseguir que ese dinero llegara a nosotros en lugar de a Lerounis —dijo Jordi—. Pero no, claro, siempre dudando. ¿Qué hay que hacer para que tus jefes vean algo claro? O a lo mejor el problema era que el plan lo había sugerido yo, porque esos tíos nunca han acabado de confiar en mí.

—Hombre, Jordi, no es fácil mandar. Y piensa que esos mismos jefes son los que siguieron contando contigo pese a los rumores que corrían.

Los niños jugaban en su cuarto.

—¿Qué rumores?

—No sé..., ya sabes...

—¿Qué sé? ¿Qué?

—Un día vino un franco-afgano que decía trabajar para la embajada de Afganistán en París y empezó a acusarnos de estar siendo manipulados por ti. Decía que estabas a sueldo de los servicios secretos pakistaníes.

Jordi se enfureció. ¿Cómo era posible? ¿Por qué no le dejaban tranquilo de una vez? Como si fuera un reflejo, un modo de demostrar lo que de verdad le interesaba, comenzó a enumerar sus expediciones, a explicar los planes que tenía una vez localizara al barmanu, incluso comentó que había pensado en las personas a las que recurriría el día que lo capturara.

—Y una de ellas serás tú.

—¿Yo?

—Necesitaré un doctor que cuide de la criatura durante el traslado.

—Ya. Constantes vitales y todo eso...

—No es broma, Gyuri. No será fácil.

—¿Por qué? —preguntó de repente una voz infantil. En una esquina del comedor estaba escuchando la pequeña Maartje.

—¿Y tú qué haces ahí? ¿No estabais en la habitación? —dijo Gyuri incorporándose para acompañarla de vuelta a la cama.

—Por qué ¿qué? —preguntó Jordi.

—¿Por qué no será fácil llevarse al barmanu?

—Uf..., hay que mover a muchas personas, piensa que el barmanu pesa un montón.

Gyuri cogió a su hija en brazos.

—Venga, a dormir. No son horas de hablar de monstruos.

—¿El barmanu es un monstruo?

—No, cariño, no lo es —dijo Jordi dedicando a Gyuri una mirada reprobatoria—. Pero aunque tu padre crea que sí, le llamaré igual cuando llegue el momento. Tengo una lista telefónica con todas las personas a las que llamaré cuando encuentre al barmanu. Incluso tengo pensado el cebo.

—¿Qué es el cebo?

—Algo que se pone para atraer al bicho que se desea capturar.

—¿Y cuál será el cebo?

Gyuri miraba a Jordi entre amenazante y divertido.

—Charly.

—¿Vuestra amiga?

—Sí. A los barmanus les gustan mucho las chicas.

—¿Comérselas?

—Va, a jugar al cuarto, pequeñaja —repitió Gyuri, adentrándose con su hija en el pasillo—. Los mayores vamos a cenar pronto, aprovechad el último ratito antes de ir a la cama.

Gyuri entornó la puerta de la habitación de las niñas a la vez que se giraba hacia Jordi taladrándose la sien con el dedo índice, como si a su amigo le faltara un tornillo.

—¿Por qué necesitas un cebo humano? —preguntó Iris, que había seguido la conversación mientras ponía la mesa.

—Tú conoces esa leyenda pakistaní en la que una mujer le explica a su marido que el barmanu es un amante formidable,

¿no? Y entonces va el marido y, ciego de rabia, mata a la mujer. Eso es porque a los barmanus les encanta el sexo. Como olfateen a una mujer, se pierden.

Se escuchaba a las niñas jugando en su cuarto.

—¿Y por eso has pensado en Charly Govaerts?

—Ajá.

—Hombre, no está mal... —dijo Gyuri.

—He pensado en atarla a un árbol del bosque. Nos escondemos en algún lugar cercano a esperar a que baje el barmanu y en cuanto aparezca, chas.

Gyuri e Iris le miraron con la torcida sonrisa del estupefacto expectante. Vacilaban. No querían creerse lo que habían oído. Cuando Jordi empezó a reír fue una liberación.

En adelante, la fantasía de Charly empleada como cebo de barmanus sirvió para animar bastantes veladas, desatando risas como las de Gyuri, Iris y Jordi, que esa noche no dejaban de reír, y al calor del buen rato el holandés recordó a su amigo que aún tenía que enseñarle a hacer una de sus inolvidables paellas.

—Vale, cualquier día —respondió Jordi exultante.

Para Gyuri, Jordi encarnaba la felicidad, siempre comiendo y bebiendo de todo. Hacía del sentirse bien y ser feliz y vivir la vida a fondo una parte fundamental de su identidad. Demostraba una devoción casi mística por el *carpe diem,* sin duda eso tenía que ver con su deseo de vivir de acuerdo con los kalash y los elementos fundamentales que nos definen como seres humanos: la camaradería, el amor por la diversión, la música, el baile, la cultura, proteger a los pobres, el medio ambiente, el amor en general.

—Brindemos —dijo Gyuri.

Los niños acababan de salir del cuarto. El pequeño Imre apresó una pierna de Jordi y, como de costumbre, se sentó en su pie para simular que cabalgaba. Después de unos cuantos balanceos, Jordi le hizo su clásica sesión de cosquillas en las ingles con los dedos del pie.

—Cómo le gusta, ¿eh? Anda que no se lo pasa bien —dijo Jordi mientras el niño se contorsionaba riendo sobre su pie.

Gyuri los veía jugar. Una vieja idea le traspasó, pero fue demasiado fugaz e incómoda para detenerse en ella. No podía imaginar a Jordi intentando nada con su hijo.

Acostaron a los niños y cenaron recordando episodios en Afganistán, maldiciendo a los griegos. Fue agradable. Al final de la velada, Jordi se decidió:

—Sé que para estas cosas nunca es buen momento, pero ¿podríais prestarme algo de dinero? Es que voy a ir pronto a Europa y, en fin, estoy muy pelado...

—Quizá pueda conseguirte algún empleo —dijo Iris—. Sé que necesitan gente en ACNUR.

Iris detentaba un cargo administrativo en la organización.

—Bueno..., pero os pido dinero ahora porque es urgente. Si luego consigo el empleo, mejor, claro.

Gyuri le prestó dos mil dólares que Jordi prometió devolver.

LI

> Sea como sea, tengo que conducirlos a su destino.
> De esta forma justificaré mi vida.
>
> Patrick White, *Tierra ignota*

En junio de 2001, grupos de musulmanes arrasaron varios viñedos kalash a patadas y con palos exclamando que el vino tentaba a sus jóvenes. La policía intercedió en defensa de los agricultores.

—Sois vosotros los que debéis controlar a vuestros hijos para que no vengan a beber. Además, no digáis tonterías. Todos sabéis que muchos musulmanes están cultivando uva para vendérsela más cara a los kalash y que sigan produciendo vino. Dejad en paz a esta gente. Largo de aquí.

> Las autoridades han defendido que el vino forma parte de la cultura kalash y que no se les puede prohibir la producción [...] Desde la llegada de Musharraf en primavera tenemos algunos problemillas, pero las autoridades resuelven porque no quieren altercados en los valles. Les sirven de vitrina para su imagen de tolerancia y apertura de las minorías. Es falso e hipócrita, pero de momento salva a los kalash. Aunque ¿por cuánto tiempo? (Carta a Andrés.)

Aquella noche volvió a correr el licor de albaricoque en la Sharakat House. Fue una cena inolvidable para Abdul. Él y Jordi aferraban sendos vasos frente a la mesita con restos de comida. Ambos se habían inclinado hacia delante como si fueran a confesarse secretos. La débil luz nácar de una bombilla desnuda acentuaba las sombras de sus rostros.

—Esa gente puede atacar en cualquier momento y vosotros sois muy pequeños, Abdul, estáis indefensos.

—¿Y qué quieres que hagamos? Pero sí..., me preocupa el futuro. Si la situación se complica, ¿adónde podríamos ir? ¿Y cómo? No tenemos dinero ni lugar. ¿Cómo conseguiríamos billetes para tanta gente?

Jordi se puso en pie arrastrando ruidosamente la silla. Habló arrebatado, las mejillas adquirieron un tono escarlata, los puños prietos.

—Lo haré yo. Sólo hay que hablar con la ONU, para ellos es muy fácil, ahí dentro hay muchas naciones y entre todas están pagando un montón de dinero a refugiados de varios países. Por ejemplo, están ayudando a los refugiados afganos. Si conocen vuestra situación, os sacarán de aquí, seguro.

—¿Hasta cuándo?

—Durante años, para toda la vida. Os llevarán a otro lugar.

Jordi aspiraba a terminar para siempre con los problemas de los kalash. Cómo le apreciaba Abdul. El griego, la ONG y otros podían ayudar con cosas puntuales, pero Jordi quería resolverlo para siempre, que vivieran sin el sentimiento de peligro.

—¡Hablaré con Musharraf! —gritó Jordi. Pervez Musharraf era el Presidente de Pakistán.

Abdul cabeceó despacio, ganado levemente por el ímpetu de su amigo. A veces pensaba que las ideas de Jordi eran posibles. Otras, que no.

—Te llevaré a hablar sobre los kalash por Francia, por Europa, por todas partes —le dijo Jordi—. Serás el embajador.

LII

Los estudios sobre la vida animal han determinado que la solidaridad se entiende por la búsqueda de alimento. Son famosas las partidas de caza de los leones, por ejemplo. Los pelícanos también se agrupan para conseguir comida. Pero la solidaridad no sólo alcanza a individuos de una misma especie. El hambre ha hecho que en algunas regiones lobos y licaones cacen juntos, y se cuenta que los neandertales salían con grupos de leopardos de las nieves a matar yaks. Quizás en algún lugar de las montañas, leopardos y yetis continúen asociados. La naturaleza demuestra que los vínculos insólitos son más posibles cuando se trata de sobrevivir.

Por otra parte, el pacto se considera un signo de debilidad.

> La sociedad disminuye las resistencias del individuo. Le hace menos apto para la lucha por la vida. El rebaño es más vulnerable que el animal solitario.
>
> Raymond Fiasson, *L'homme contre l'animal* («El hombre contra el animal»)

LIII

Ese año, el hotelero Siraj Ulmulk subió a los valles kalash por primera vez en mucho tiempo para asistir a la celebración de las fiestas con las que los paganos dan la bienvenida al solsticio. Le agobiaba un poco la angosta geografía del valle. Y la verdad es que aquella gente no le había demostrado nunca mucho aprecio... o ninguno. Pero de vez en cuando había que hacer gestos, siempre sirven de algo, al menos para estar en paz aunque sea más con uno mismo que con los demás.

Ulmulk tenía nociones de las actividades de Jordi en la zona pese a no haberle visto durante años, y le sorprendió que, al encontrarse, el zoólogo sólo le hablara de los kalash, ni siquiera mencionó al barmanu. Se sintió algo decepcionado, las historias rocambolescas siempre le habían gustado, le hacían gracia los chalados. Pero parecía que aquel francés, ¿o dijo que era español?, aquel lo que fuera debía de haberse vuelto razonable con los años y ahora le daba por apoyar a los kalash. Aunque bien mirado, quizá no fuera tan sensato. *No ha hecho un buen cambio,* pensó Ulmulk. *Le convendría volver al barmanu.*

En agosto, Jordi recibió la visita de Esperanza y Andrés. Fue un paréntesis agradable. Bailaron en fiestas nocturnas después de que Jordi sacrificara corderos, recorrieron los valles dando un buen repaso a la familia, hablaron de propósitos, del invierno que Shamsur volvería a pasar en Francia. Esperanza notó a su hermano más delgado.

—Buf, no sabes cómo echo de menos el chocolate, el pescado y el salchichón.

Esperanza soltó una carcajada, y le sorprendió hacerlo gracias a Jordi, porque en esos días su hermano no bromeaba como de costumbre. Hablaba más despacio, y a menudo suspendía sus reflexiones un buen rato antes de pronunciarse, si es que lo hacía. Eso sí: a Jordi le recorrió un cosquilleo de genuina felicidad al descubrir que un socio de GESCH le había enviado como regalo el teléfono vía satélite que llevaba tanto anhelando.

A principios de septiembre de 2001, Jordi embarcó junto con sus hermanos y Shamsur en un avión de la PIA rumbo a París. Cuando aterrizaron, el día 10, las televisiones del aeropuerto difundían el asesinato de Massoud. Jordi se quedó clavado a los pies de una pantalla. Dos presuntos periodistas habían logrado llegar hasta el León del Panjshir y habían detonado una carga de explosivos en nombre de Alá. ¿Cómo afectaría su muerte a la zona? ¿Quién iba a detener ahora a esos salvajes?

Necesitó imponerse calma. Tenía varios meses para pensar. Desde la cómoda tribuna francesa observaría el curso de los acontecimientos. No había prisa. Calma.

El día después, mientras recogía la mesa tras comer en Valence, el telediario de mediodía comenzó a repetir una serie de secuencias sin descanso, como si se tratara de una grabación rayada. Jordi, Dolores y Shamsur en el comedor, Esperanza frente a una pantalla de su oficina, el mundo entero, todos parecían presas de hipnosis. Las secuencias eran bastante similares. Unas, protagonizadas por dos aviones que se estrellaban contra cada una de las Torres Gemelas de Nueva York. En las otras, las torres se desmoronaban dejando una geometría de polvo donde segundos antes campearon el hormigón y el cristal.

Los Magraner, cada uno de ellos, pensaron en el precio que pagaba Estados Unidos por sus injerencias en Asia Central, aunque, sobre todo, pensaron en Pakistán. En cómo iban a cambiar las cosas. Jordi también se preguntó: *¿Por qué ocurre precisamente ahora? ¿Por qué cuando los kalash más me necesitan estoy tan lejos de allí?*

Durante los meses posteriores intentó concentrarse en las conferencias y debates que le habían programado desde

GESCH, pero resultaba titánico sustraerse a la avalancha de sentimientos que le acosaban. Todas aquellas charlas, todos los actos carecerían de sentido si no regresaba al Hindu Kush a culminar su obra. *Las cosas no se dejan a medias, yo no soy de los que abandonan. Además, los valles se mantienen como reserva pacífica, allí no hay peligro. Al fin y al cabo, el problema de Estados Unidos no es con Pakistán.* Se engañó mucho y, cuando sobrepasaba la tolerancia a sus propias mentiras, se aferró de nuevo a la seguridad que tenía en su destreza para superar problemas; o a su ideario romano, imaginándose como mártir: «El individuo no cuenta al margen de su función en el grupo..., ante la necesidad, deberá sacrificar todo lo que aprecia, incluso su persona». Porque, ahora sí, aunque sin perder su orgullo casi regio, comprendía ya sin duda, ¡comprendía!, la dimensión de aquellas frases magníficas que contenían palabras como compasión, ayuda, solidaridad.

El peligro de muerte emergió con una fuerza insólita hasta entonces. Y le tocaba a él decidir si quería correrlo o no. Se volvió aún más duro, trabajaba más si cabe, escribía todo el tiempo. Cuando le hablaban, tardaba mucho en responder. Dejó de irritarse cuando le llevaban la contraria. El repliegue de Jordi coincidió con la expansión de Shamsur. Verse capaz de funcionar en un país extraño, tan lejos de los suyos, le imprimió seguridad y una nueva fortaleza. El chico percibía físicamente su transformación, el vientre hecho roca, los brazos como auténticas mazas, el corazón latiendo a un ritmo inalterable. Y aquello no estaba mal. Ser duro. Sentirse capaz.

—Si vuelvo y tengo que luchar, mataré a los americanos. Yo soy musulmán —dijo Shamsur una tarde en la casa de Valence mientras Dolores le vertía un poco de leche en el vaso de té—. Gracias, mamá.

Una afirmación arriesgada en casa de los Magraner. El tintineo de la cucharilla de Shamsur al remover el azúcar pareció amplificarse. Nadie respondió a su comentario. Al fin y al cabo, era un moro, qué se podía esperar de él. Jordi abrió la boca para contestar pero prefirió dar un sorbo a su café. *Piensa lo que dices*. Debía ser cuidadoso al hablarle. Shamsur descendía de una estirpe guerrera y honorable y las relaciones entre ellos se habían deteriorado bastante en los últimos tiempos. Jordi era consciente de que Shamsur le había vuelto a acompañar a Francia porque deseaba un permiso de residencia y alejarse de unas responsabilidades familiares que le asfixiaban, si bien llevaba demasiados años soportando el temperamento del cazabarmanus, que además ya no le mimaba como al principio. Sí, debía tratarle con cuidado. Pero de nuevo no pudo contenerse.

—¿A ti qué te pasa? ¿Has visto dónde estás?

Es que no podía dar la causa de Shamsur por perdida.

—En Francia.

—Eso es. Francia. Un país civilizado. Aquí no se va matando a la gente. Tú concéntrate en estudiar y olvídate de los americanos.

—Ja. ¿Cómo me voy a olvidar?

—Estudia para volver a Shekhanandeh y liderar a los nuristaníes en la recuperación de sus tierras y sus derechos. Olvida lo demás. Olvídalo.

—No empieces, Jordi. ¡Siempre con el rollo de que quiero que seas un gran hombre! ¡De que si un gran kafir de Nuristán! No soy un gran hombre ni quiero serlo. Quiero que me dejen en paz.

Shamsur se levantó y salió de la casa dando un portazo. Se dirigió a un parque cercano. ¿Adónde ir? ¿Subía al Vercors o se quedaba vagabundeando por Fontbarlettes?

—Eh, tú, capullo de mierda, ¿adónde te crees que vas?

Dos jóvenes musulmanes saltaron del banco donde estaban apostados y caminaron hacia él. Peligro. Bastaba con echarles un vistazo.

—Qué te pasa, es que no ves que por aquí los pringaos como tú no molan.

Le dijeron algo así, en realidad no los entendió muy bien, pero quedaba claro que los chavales le estaban provocando. Shamsur les empezó a gritar en urdu.

—Ah, ¿no eres americano ni inglés?

Esto sí lo entendió.

—¡Soy de Pakistán!

La pareja desplegó un chulesco repertorio de gestos, saludos, muecas.

—Hostia, perdona, hermano. Es que no había visto nunca a un paki tan rubio y con esa pinta... ¿En serio que eres paki?

Charlaron amistosamente. Los franceses sacaron un porro ya liado y fumaron los tres. Cuando la misma pareja de musulmanes se cruzó otro día con Shamsur, le invitaron a acompañarlos. Le condujeron a un subterráneo donde almacenaban armas y le dijeron que si en algún momento quería cualquier cosa, no dudara.

En cuanto llegó a casa, pidió a Jordi ir a su habitación, y allí le contó el encuentro.

—¡Serán desgraciados!

Jordi tuvo ganas de aporrear la pared. Salió del cuarto y puso al corriente a Dolores.

—¿Ves como te tienes que ir del barrio? Conseguiré el dinero, mamá, pero en cuanto lo junte te vas a un sitio mejor, ¿vale?

—Qué pesado eres, hijo. Deja ya de dar la lata, que aquí estoy bien. ¿Cuándo te vas a París?

—El jueves. Pero mamá...

—Tráeme algo bonito. Ésa sí que es una ciudad estupenda, ¿eh? Pero mira que allí tampoco me iba. Yo ya soy de aquí. No te calientes la cabeza conmigo. Toca que te preocupes por ti.

Jordi y Shamsur recalaron varias veces en París, al chico le fascinaba la ciudad. Al descubrirla en el anterior viaje había pasado tres noches de insomnio, algo muy extraño en él, pero es que la fuerza que irradiaba aquel coloso le desvelaba. En la calle, proponía entrar en todas partes, husmear todo tipo de comidas aunque luego no probara casi ninguna porque él no se comía cualquier cosa —«tengo un paladar refinado», había aprendido a decir con sorna— y porque había que ahorrar. Y cuánta gente de colores y vestidos distintos... De todas formas, no preguntaba mucho para no parecer ignorante, o así lo interpretó Jordi, que en París solía esmerar su faceta de guía modélico poniendo a Shamsur al corriente de la vida en los barrios, de la historia de algunos lugares, llevándole a sitios que le dejaran lo más boquiabierto posible.

—Teníais que haberle visto la cara en el Moulin Rouge —dijo Jordi a Claire y Alexandre después de uno de sus intensos *tours.* Como tantas veces cuando visitaba París, Jordi se había instalado en casa de su amiga.

—¿Entrasteis? —preguntó Claire limpiándose los labios. Acababan de cenar.

—Qué va. No quiero que le dé un ataque.

Shamsur se sonrojó pero tuvo arrestos para responder:

—Habla por ti. Yo más bien pasaría al ataque.

—¡¡¡Uuuuuhh!!! —exclamaron los anfitriones.

Shamsur se quedó dormido en un sillón, estaba agotado y los mayores se habían entregado a una de esas clásicas conversaciones nocturnas sobre naturaleza y animales que le servían de nana, un rumor familiar punteado por algún fervoroso arrebato de Jordi, que era quien en realidad llevaba el peso de la conversación. A Claire, el tono y las palabras de Jordi la despertaron como un chute de cafeína. Las eruditas exhibiciones del español continuaban impresionándola, sobre todo sus discursos sobre peces y anfibios, y su sagacidad para desarrollar teorías sociales. Con él, Claire volvió a sentir la libertad suficiente para exponer ideas sin los tapujos de la corrección política, harta de las consecutivas restricciones que, por ejemplo, habían llevado a que tantos científicos prácticamente suprimieran de su vocabulario términos como «raza».

—Es que los antropólogos están traumatizados por las consecuencias que pueda traer pronunciar esa palabra —dijo Claire la noche del jueves—. Ahora es como si todos los hombres fueran biológicamente lo mismo, como si todos debieran pertenecer a la misma especie. Como si la posibilidad de que aparezca un espécimen de otro orden estuviera fuera de lugar. Ni siquiera se da espacio a esa hipótesis.

Jordi tampoco podía entender cómo las convenciones habían llegado a promover la autocensura en la comunidad científica, y se emocionó al hablar de ello. Con Claire se excitaba a menudo. Quizá por eso ella no compartía los comentarios que muchos hacían de Jordi. Algunos afirmaban que se le veía desesperado, que lo debía de estar pasando fatal en el Hindu Kush, que sin duda necesitaba dinero. Pero conversando con él, Claire seguía sin atisbar esa presunta desesperación. Observándole, escuchándole, lo que sí percibió fue furia.

Shamsur hallaba un cierto placer en verle irritado. Durante un homenaje a Jordi en Saboya, Shamsur se arrimó al organizador Jean Rivollier y le espetó:

—Todo esto está muy bien, pero Jordi y yo no hemos encontrado al barmanu.

Pese a que en Europa intentaba apaciguarse y controlar los arrebatos, Jordi se crispó. Shamsur, Shamsur, qué iba a hacer con él. El chico, el hombre, ya no se contentaba con ejercer de acompañante, sino que se lanzaba a participar por su cuenta... criticándole.

Prolongó la estancia europea más de lo habitual. Los telediarios informaban de que Osama bin Laden, el líder del grupo terrorista Al Qaeda que había reivindicado los atentados de las Torres Gemelas, se ocultaba en las áreas tribales del noroeste pakistaní. Mientras, el ISI estrechaba lazos con el partido islámico radical El Jamiat a la vez que se mostraba dispuesto a colaborar con Estados Unidos en la caza y captura de talibanes, intentando sostener un doble juego imposible.

En Estados Unidos, la inercia revanchista y la necesidad de ofrecer a la opinión pública a los culpables de la matanza del 11-S provocaron que el 7 de febrero de 2002 el presidente George Bush decidiera negar el estatus de POW (*prisoner of war*, prisionero de guerra) y acceso a la justicia a los miembros de Al Qaeda, a los talibanes y a otros sospechosos de terrorismo que habían sido capturados.

> Fue un paso atrás para Estados Unidos y para la humanidad —escribiría el analista político Ahmed Rashid años más tarde—. El hecho de que la primera potencia de la Tierra librase su *guerra contra el terrorismo* sin respetar las reglas de la guerra que ella misma había firmado, negando la justicia en casa, debilitando la Constitución norteamericana y luego presionando a sus aliados para que hicieran lo mismo, puso en marcha una devastadora negación de los instintos civilizados.

Los contendientes se igualaron por el lado más oscuro. Los emboscados en las montañas encontraron insuperables razones para ser definitivamente salvajes. Nunca fue tan sencillo convertirse en monstruo.

—¿Y ahí es adonde quieres volver? —preguntó su hermana Rosa. Jordi había viajado hasta su casa de L'Eliana, a unos minutos de Valencia, junto con Andrés, Philo, Dolores y Shamsur a pasar las fallas.

—En Chitral no pasa nada, es una zona turística —respondió Jordi.

Era media mañana, y Jordi estaba tumbado en el sofá del comedor con una *shalwar-kamize* celeste que a Rosa le parecía de lo más *chic*. Dolores escuchaba más o menos la conversación mientras los demás departían en la terraza.

—¿No tienes miedo de volver allí tal y como está todo? Envía a Shamsur en avión y quédate tú en Francia —sugirió Rosa cabeceando hacia el nuristaní.

—Tengo que volver. El hermano de Shamsur está cuidándome los caballos, las gallinas, los conejos, la huerta...

—¿Y los sirvientes?

—Los despedí antes de venir, pero tengo apalabrados dos nuevos para cuando vuelva.

—¿Kalash?

—No. Afganos. Me los ha recomendado gente de confianza.

—¿De confianza? ¡Cómo puedes ser tan tonto! ¡Te van a tender una trampa!

—Que no, Rosita, que estoy bien.

—¡No ves el peligro que corres!

—Mira, hay cosas que no puedo contar, pero no tengas miedo, más peligro corréis vosotros, con tanto terrorismo y decadencia alrededor. Y pasarán más cosas... y más graves aún.

Discutieron. Jordi añadió que al volver acogería a un niño kalash al que pensaba educar para que en el futuro ayudara a su pueblo.

—Ya, como Shamsur, ¿no? —ironizó Rosa.

—Shamsur no es un auténtico kalash.

El miércoles 20 de marzo, los Magraner «franceses» y Shamsur se despidieron de Rosa. Jordi fue el primero en abrazarla. Después, el resto. Entonces, Jordi hizo algo inusual: avanzó de nuevo hacia su hermana y volvió a abrazarla. Apretada contra Jordi, Rosa se conmovió de una manera distinta, le había emocionado aquel segundo abrazo. Le estrechó con más fuerza. Notó en él una tristeza profunda. Sintió que no era una despedida normal, como si Jordi quisiera retener su imagen, su mirada. Tuvo un mal presentimiento.

En Valence, Andrés intentó persuadirle otra vez.

—Los que mataron a Massoud eran kamikazes disfrazados de periodistas. Ya no te puedes fiar de nadie, ni de un niño de ocho años ni de una embarazada. Tómate un año de descanso, espera a ver cómo evolucionan las cosas y entonces decide.

Jordi compró varios útiles, entre ellos una cámara de vídeo de última generación, empaquetó lo necesario y en abril le dio un par de besos y un fuerte abrazo a su madre. Subió al coche. Mientras se alejaba, fue diciendo adiós con la mano a Dolores. Es el último recuerdo que tiene de él.

LIV

> No podía haber honor en un éxito seguro, pero podía salvarse mucho de una derrota segura. La Omnipotencia y lo Infinito eran nuestros más dignos enemigos; en realidad, los únicos con los que un hombre cabal podía enfrentarse, pues eran monstruos forjados por su propio espíritu [...] Para el hombre perspicaz, el fracaso era el único objetivo. Debíamos creer a fondo que no había victoria, excepto la que consistía en hundirse en la muerte mientras se luchaba y se clamaba por el fracaso, pidiendo, en un exceso de desesperación, que la Omnipotencia nos propinara golpes aún más fuertes; que, con su mismo golpear, templase nuestros seres torturados convirtiéndolos en armas de su propia ruina.
>
> T. E. LAWRENCE, *Los siete pilares de la sabiduría*

> Pero donde existe el peligro también se desarrolla aquello que salva.
>
> FRIEDRICH HÖLDERLIN

Jordi visitó a Gyuri e Iris poco después de llegar a Pakistán. Necesitaba el calor de una familia, que la desconexión no fuera tan brusca.

—¡Ah, *mon ami*! —exclamó Gyuri al verle. Se abrazaron. *Mon ami.* Gyuri nunca habría imaginado que se iba a alegrar tanto de reencontrarse con aquel ser extravagante... a quien ya llamaba amigo—. *Mon ami!* —repitió.

Cenaron juntos. Jordi explicó alguna de sus historias para antes de dormir a las niñas, les dio las buenas noches y, de nuevo a solas con el matrimonio, resumió su invierno europeo. Le notaron especialmente preocupado.

—Voy a atrapar al barmanu. Esta vez no se me escapa.

—¿Cuántos perros tienes ahora?

—Tres. Son buenos rastreadores. Pero esta vez hay algo más —dijo Jordi levantándose de la mesa—. Veréis, he vuelto muy preparado.

Abrió la maleta que había colocado en un rincón del comedor y se incorporó blandiendo su nueva cámara de vídeo.

—¿Qué os parece?

Gyuri e Iris estaban petrificados.

—Muy... —empezó Gyuri—, muy...

—Muy bonita, Jordi —dijo Iris—. Si el barmanu supiera que lo ibas a grabar con eso, hasta se iba a la peluquería.

Gyuri ni siquiera sonrió, incluso le molestó que Iris bromeara. Creía que el dinero que le habían prestado era para sobrevivir y de repente aparecía con una videocámara de lujo. A Jordi ni se le ocurrió aludir a su deuda de dos mil dólares, la cámara probaba que había invertido adecuadamente el dinero, ¿no? De hecho, por eso se la enseñaba. Gyuri calculó que el aparato había debido de costarle más o menos dos mil dólares. Se sintió utilizado pero no protestó.

—¿Y qué dices sobre la opción de trabajar en ACNUR? —preguntó Iris, que mientras estaba en Europa le había ido refrescando con mensajes aquella posibilidad. Jordi arrugó la frente.

—¿Me puedes concretar algo? ¿Qué tipo de trabajo haría? ¿Quién vendría conmigo?

—Como te comentaba en el último correo, te encomendarían la jefatura de una subdelegación en Afganistán.

—¿Y el dinero?

—Alrededor de nueve mil dólares mensuales.

—¡Nueve mil! —intervino Gyuri—. ¡Vaya pellizco!

Jordi forzó una sonrisa.

—Gracias, pensaré en ello —respondió, sabiendo que no dedicaría un minuto a la posibilidad, ni siquiera se preocupó por fingir, su forma de expresarse delataba que lo iba a rechazar.

Gyuri no lo podía creer. Ahí tenía a un tipo que por su estilo de vida, por los proyectos que pensaba desarrollar con los kalash, necesitaba imperiosamente dinero..., un tipo al que le estaban poniendo en bandeja un empleo excelente... ¡y decidía no tomarlo! Un gesto así sólo estaba al alcance de unos pocos. Ahí tenía a alguien que había decidido no conformarse con lo que sentía sólo a medias y seguía intentando vivir genuinamente fiel a las cosas que le apasionaban. Había que reconocer que aquel tío era genial. Lo de la cámara escocía lo suyo pero, de acuerdo, *mon ami,* de acuerdo... Qué tío.

A mediados de abril, las tormentas de nieve mantuvieron cerrado el Lowari Pass, impidiendo la llegada de Jordi a Chitral. Había descartado el avión por escapársele de presupuesto, y de todas formas la nieve tampoco le habría permitido volar. Vivió enervantes jornadas de espera —«una odisea», escribió en el diario— deseando ver a sus amigos kalash, preguntándose cómo estaría la Sharakat House, sopesando las dificultades que aquel invierno habría tenido la ayuda humanitaria griega para llegar «a estas tres mil personas y su democracia». La impotencia y la ansiedad repercutieron en su relación con Shamsur. Las discusiones se encabalgaban, cada vez más hirientes, seguidas de largos silencios.

Corrió la noticia de que en el vecino Dir había sido visto Osama bin Laden.

En cuanto llegó a Bumburet, ordenó la casa, subió al jeep rumbo al valle kalash de Birir. Iba en busca de su nuevo discípulo.

Dos periodistas que merodeaban por la provincia le habían hablado de Wazir por primera vez. Los reporteros habían congeniado con aquel pastor de doce años durante un viaje a Birir.

—Nos gustaría llevarle a Francia —le habían comentado a Jordi—, es un chaval muy despierto, no debería quedarse aquí, y menos tal y como están las cosas..., pero no hay forma de conseguirle una visa. Hemos pensado que quizá tú podrías echarle una mano, enseñarle francés, educarle un poco. Cuando cambie el panorama a lo mejor hasta podrías llevártelo a Francia. Más o menos lo que has hecho con ese chico rubio.

No le pareció mal. Shamsur estaba demasiado baqueteado y le estimulaba la posibilidad de educar a un nuevo discípulo, una nueva ilusión, una segunda oportunidad. Pero antes de pronunciarse quería ver al niño.

—Le visitaré cuando regrese —dijo al escuchar la propuesta.

Bien, ya había regresado.

Descendió en jeep hasta Ayun y tomó la inquietante carretera a Birir, una sucesión de curvas sin vallar donde el suelo a menudo se desprende. El camino es un reguero de tumbas en memoria de los despeñados.

Sorteó riachuelos pedregosos remontando sendas más propias de ganado hasta alcanzar la casa frente al río, empotrada en un terraplén sobre el que pasa la carretera.

Samsam, el padre de Wazir, prefirió charlar en casa de su hermano Irfan, una joya de madera engastada en una colina. Desde su balaustrada se dominan las montañas que, escalonándose, abrazan el valle. Los bosques son tupidos y la falda, una fiesta de maíz, en este cajón tan hermoso, tan remoto, atravesado por un ancho y manso río.

Sirvieron té con mucha leche, el acontecimiento lo merecía.

—Mi hijo sabe ayudar con las vacas y las ovejas, es un buen pastor. Le gusta pescar, jugar al fútbol y al balonmano..., pero sobre todo es un buen estudiante. Lo aprende todo rapidísimo, de verdad. Esos periodistas nos han dicho que si se lo llevan a Europa, podrá ser doctor.

—¿Y usted qué cree?

—Que será lo que él quiera, si le ayudan.

—No se preocupe. Voy a estar con él. Tendrá buenos profesores en Francia.

Samsam no sabía gran cosa sobre Jordi, le había visto un par de veces y sus referencias se basaban en rumores, pero el extranjero le daba buena espina... y, la verdad, tampoco se presentaban muchas oportunidades así a lo largo de una vida.

—Nos hace muy felices que acepte educar a nuestro hijo —respondió.

Hoy, Samsam posee la expresión lánguida y desconcertada del sufrimiento. Entre todas las arrugas prematuras de su rostro, las del entrecejo evidencian la magnitud de su incomprensión. A veces, en la cara se le posan moscas a las que no espanta. Tiene cuarenta y cinco o cuarenta y seis años —«no sólo yo, aquí casi nadie sabe bien su edad»— y cuatro hijas cuya educación está dispuesto a pagar, sea cual sea, la que ellas decidan. Ni él ni su esposa, Tsran, saben leer y tampoco escuchan noticias, porque no hay cobertura en el valle.

Este año, el calor extremo y prolongado ha reportado una lamentable cosecha de uvas, todas pequeñas y secas, imposible sacar vino de ahí. En Birir, el celo por almacenar agua ha terminado corrompiendo las reservas de los pozos y el cólera se ha extendido. Las cien familias kalash y las cien musulmanas de Birir van a tener que recoger mucha leña y mucha hierba para acaudalar las mínimas rupias que les permitan superar el invierno.

—Sí, Wazir era un buen pastor —dice Samsam, y es la única vez que sonríe—. Era mi único hijo varón. El hijo es el más importante, ayuda de otra manera. Y que haya desaparecido...

LV

Al montar Wazir en el jeep, Jordi cobró plena conciencia de que iba a incumplir por primera vez en quince años una especie de norma privada. Hasta entonces, todos los empleados y discípulos con los que había convivido habían sido musulmanes. Wazir se iba a convertir en el primer kalash que compartiría casa con él. Mientras conducía, intentaba calibrar las consecuencias de aquella iniciativa, la alegría de los kalash, el resquemor de los musulmanes, pero no dedicó mucho tiempo a especular. La carretera ya resultaba suficientemente peligrosa y, además, sobre el futuro quién puede aventurar nada.

Wazir se reveló tan buen alumno como le habían augurado. Costaba no comparar sus rápidos progresos con la pereza y displicencia de Shamsur, a quien de todas formas Jordi continuaba sintiéndose ligado sin remedio. Habría deseado hacer un rey de Shamsur y, aunque iba comprendiendo que tampoco culminaría este proyecto, las ilusiones y el cariño depositados en el nuristaní a lo largo de tantos años lo ataban a él de una manera contradictoria. Observando el empeño de Wazir, le asaltó una oleada de furia hacia aquel torpe desagradecido que nunca llegó a entender cuánto habría podido conseguir tan sólo atendiendo a sus consejos y aportando un poquito de perseverancia. A la vez, admiró la tozudez con la que Shamsur reivindicaba una vida silvestre, por mucho que le atornillaran.

Pero ¿qué representaba Shamsur? ¿Qué lugar ocupaba en su vida?

—Shamsur.

Pronunciar su nombre le proyectó a una vida anterior, ya demasiado lejana. A otras ilusiones. Al barmanu. Para entonces, el barmanu y Shamsur pertenecían a los sueños de juventud, las aspiraciones más hermosas y desbocadas. No los abandonaría definitivamente, formaban parte de su universo, siempre queda una esperanza, pero concentraría las fuerzas en otros dos objetivos: los kalash y Wazir —de hecho, un niño kalash— marcaban de alguna forma el adiós a la épica y el regreso a la tierra. Al fin y al cabo, defender a los kalash también implicaba grandes dosis de heroísmo, sólo que esta gloria, de alcanzarla, se inscribiría en un registro más común, menos mítico que capturar al barmanu. Con los kalash y Wazir, Jordi sintió que aterrizaba en la arena donde a diario se baten los hombres.

Al cambiar la caza por la lucha también optaba por un estilo de vida algo más sedentario. Supuso que así inauguraba su particular período de madurez.

Shamsur continuaba frecuentando la Sharakat House y ayudaba en tareas domésticas que Jordi le pagaba bien. De todas formas, faltaba a menudo al trabajo. Era fácil encontrarle tumbado junto al río o entre la maleza fumando hachís, así que las refriegas con Jordi se multiplicaron.

—Se te va a poner el culo cuadrado —le dijo Jordi al encontrarle como de costumbre sentado en una piedra ante la casa—. Va, sube y cena con nosotros.

—¿De dónde vienes?

—Y a ti qué te importa. ¿Subes o no?

Entraron en casa. Wazir estaba en su cama hojeando un libro ilustrado.

—¿Están terminados? —preguntó Jordi echando un vistazo a los cuadernos de los deberes. Wazir afirmó con la cabeza. Shamsur se abalanzó sobre él y empezó a despeinarle.

—Déjale en paz —ordenó Jordi.

—Es mi hermanito, ¿eh, enano?

Volvió a enmarañarle el pelo. Wazir forcejeaba divertido, soltaba manotazos cariñosos.

—Tú ya tienes hermanos —Jordi agarró a Shamsur por un hombro y tiró de él hacia atrás—. Preocúpate de jugar con ellos.

Shamsur dio un traspié, casi se cae. Entrecerró burlonamente los ojos y dijo:

—Bueno, es verdad. Wazir es un hermano distinto. No es musulmán.

—Ah, ¿tú eres musulmán? —preguntó Jordi.

Shamsur se quedó quieto, descolocado.

—¿Y por qué no te dejas barba si tan musulmán te sientes? —preguntó Jordi.

—Me afeito porque me gusta —el tono de Shamsur había cambiado—. Creo en Alá porque es mi Dios, y en el profeta Mohamed. Y me afeito porque me gusta.

—Mírate. Tú eras un kafir rojo. Erais grandes.

—Eh, para, para. Hablas de mis antepasados. Yo soy musulmán.

Wazir intentaba dibujar un leopardo de las nieves en la pequeña mesa rinconera del despacho.

—Buen chico —dijo Jordi, peinándole con los dedos.

—Sácalo a que le toque el aire —dijo Shamsur—. Se va a pudrir aquí encerrado. No conoce a nadie en Bumburet.

—¿Estás mal, Wazir? —preguntó Jordi.

—No, muy bien. Me gusta estudiar. Y lo paso bien con Shamsur.

—Vale, vale —intervino Shamsur—. Pero qué te gusta más, ¿estudiar o pasarlo bien con Shamsur?

Wazir sonrió dubitativo. Su mirada basculaba de Jordi a Shamsur.

—Ya basta —dijo Jordi ocultando con el cuerpo a Wazir—. Me estás empezando a hartar, niñato.

—¿Y eso qué quiere decir?

Ahora, las miradas de Wazir y Shamsur confluyeron en el adulto. *Qué se ha pensado este crío*. Debía trazar la raya. El chico conocía demasiado bien sus debilidades y se aprovechaba de la estima que sentía por él. Tenía que pararlo, impedir que le perdiera definitivamente el respeto.

—Que estás despedido.

¿Por qué se sentía tan desgarrado al discutir con Shamsur? ¿Por qué relampagueaban tantos momentos buenos vividos junto a él, escalando montañas, jugando con Fjord, revolcándose en la cama? Da igual. Se acabó. Habría que asumir la tristeza de la separación, pero al menos en la práctica su ausencia no iba a trastocar nada. Jordi ya tenía dos buenos trabajadores. Ahí seguía Sultán, quien además de ocuparse de los caballos echaba una mano al otro empleado, Mohamed Din, con los huertos y en la poda de marañas.

Shamsur había pasado a ser de nuevo el foco de atención. Frunció los labios.

—Muy bien. Adiós.

Se marchó sin creer que el despido fuera en firme. *Ya cederá ese tonto fanfarrón*. Pasaron tres días. Sultán y Mohamed Din funcionaban sin echar en absoluto en falta las ayudas ocasionales de un Shamsur cada vez más deprimido al perder la gracia de su eterno protector. Empezó a pasar muchas horas cerca del camino o en la hierba, mirando la casa.

—Está triste de verdad —dijo Sultán a su colega Mohamed Din mientras conducían los caballos al abrevadero.

—Está hundido.

—Da pena.

Los caballos sumergieron los hocicos en el agua.

—Se lo ha buscado. Es un vago y un incompetente, tú mismo lo has dicho mil veces.

—Ya, pero no sé...

Horas después, Sultán fue en busca de Abdul. Le pidió que le ayudara a convencer a Jordi de que debía readmitir al chico. Y lo hicieron. Jordi volvió a contratar a Shamsur.

Celebraron el reencuentro un día con nieve. Mataron dos pollos, compraron vino y brindaron por el futuro.

A las pocas semanas, Jordi despidió a Sultán. El argumento fue que Sultán había dañado una vasija de plata con preciosos grabados y que, además, le había mentido varias veces. Pero lo cierto es que Sultán y Shamsur habían continuado sin llevarse bien, avivaron anteriores rencillas y Shamsur se las ingenió para que Jordi expulsara a su contrincante.

—Cómo se puede ser tan malvado —a Mohamed Din le gustaba aquella palabra, la deslizaba en cuanto podía—. Menudo traidor.

—Agarra de ahí —ordenó Abdul. Entre los dos colocaron el tronco en la pequeña presa donde Abdul almacenaba salmones—. Con esto ya no se escapan.

Se sentaron jadeando en la orilla del río.

—Shamsur y Sultán se llevaban mal —dijo Abdul—. Lo que no entiendo es por qué Sultán intercedió por Shamsur.

—Le daba pena, ya te lo he dicho. Y ya ves cómo se lo agradece. Ya no te puedes fiar de nadie, y menos de los más jóvenes. ¿Qué les han enseñado a esos demonios? Qué malvado... Yo no sé qué tiene Jordi en la cabeza..., espero que me ponga pronto un ayudante. Mientras venía para aquí le he visto hablando con Asif.

—¿El afgano?

—Sí.

—¿Para contratarle?

—No sé, pero estaban hablando muy serios. ¿Qué te pasa? ¿No te gusta Asif?

Abdul no respondió.

—Necesitamos a alguien, ¿no?

Abdul se puso en pie. Avanzó deprisa entre la maleza. *Jordi está loco*. Entró en la Sharakat House saltando la valla que daba al camino, subió al despacho, llamó a la puerta. Oyó una silla al correrse y la puerta se abrió.

—¿Vas a contratar a Asif? —preguntó desde el umbral.

—Ya lo he hecho.

—No lo contrates, Jordi.

—¿Por qué?

—Es afgano. No lo hagas.

Abdul se lo repitió varias veces.

—No lo hagas, los afganos no son de fiar.

—Ainullah era afgano.

—Siempre hay una excepción.

—Oído. ¿Algo más?

Abdul se limpió la pechera de la kamize, dio media vuelta y bajó los escalones hasta la salida. *Qué pesado este Abdul.* Se excedía con tanto miramiento, ¿qué de malo tenía Asif?, como si Ainullah no hubiera demostrado suficientemente que el origen no importa. Además, a Jordi le gustaba la calma que envolvía a aquel delgado veinteañero, sus buenos modales y su precisa e inteligente forma de hablar. La juventud y el desparpajo de Asif servirían para equilibrar el aura más bien grave del veterano Mohamed Din, cocinero y responsable de la logística, que vivía en una casa cercana con su familia y con quien Jordi mantenía una relación buena pero muy superficial.

Mohamed Din era un refugiado proveniente de Nuristán. Lucía la piel atezada y la hechura enjuta típica de los hombres de aquellas tierras. Tras desposar a una joven de Shekhanandeh heredó un pedazo de tierra que se dedicó a cultivar sin relacionarse demasiado con nadie, entregado a la familia. Contaban que había matado a un hombre en Nuristán. A saber. En Bumburet siempre se había comportado con moderación y cortesía. Era un hombre de casa adentro.

Sí, Asif aliviaría su circunspección. Espabilado sin abrumar, pronto demostró que sabía emplear las herramientas y las palabras. Deslizaba sarcasmos, aportaba una cierta chispa intelectual. Ni mucho menos se le percibían los lastres emocionales que sin duda arrastraba Mohamed Din, y destilaba fuerza y vigor.

Jordi le asignó como dormitorio la pequeña construcción anexa a las caballerizas, frente al portón de entrada. Hasta el despacho y los aposentos de Jordi y Wazir había que recorrer un caminito, superar el módulo que incluía la cocina, subir las escaleras y atravesar la terraza, de manera que todos disfrutaban de suficiente independencia.

Cuando Khalil se enteró de la contratación de Asif Ali también se lo reprochó.

—¿Por qué contratas a gente de fuera del valle? En tu servicio sólo deberías meter a locales.

Asif era un pathan afgano. Había llegado con su familia tres años antes, pero su mujer y sus hijos se marcharon al terminar aquel invierno, se quedó solo y fue entonces cuando Jordi le dio trabajo.

Asif y Wazir representaban dos mundos mal vistos por los musulmanes de Bumburet. Los afganos tenían fama de ladrones y mentirosos y, sobre todo desde el 11-S, su presencia provocaba aún más desconfianza entre los lugareños. Los kalash eran infieles. Y el afgano y el infiel coincidían ahora en la casa del extranjero. Jordi pensó que ambas presencias se compensaban mutuamente, como si una contrarrestara a la otra, demostrando que la convivencia entre credos tan dispares era factible.

Eligió un momento delicado para los experimentos sociales. Por los valles comenzaron a aparecer vehículos no identificados con hombres a los que nunca había visto nadie.

—Los americanos están atacando Afganistán y he oído que tienen agentes de la CIA patrullando por las montañas —dijo Abdul Khaleq.

—Y qué me importan los americanos.

—Ten cuidado, Jordi. Después del 11-S han cambiado mucho las cosas. Los terroristas han salido de las cuevas.

—Pero Chitral continúa en paz, ¿no? —Abdul se encogió de hombros—. Los Chitral Scouts nos han protegido siempre. Tranquilo, Abdul. Éste es un lugar tranquilo, nada que ver con Dir, Swat y todo lo demás alrededor.

—Sí, en eso tienes razón.

LVI

—Lo que está pasando en Swat nos ha dejado sin turistas, pero aquí, ya ve, no hay novedad —dijo Babu Mohamed en el jardín alfombrado de tréboles del hotel Mountain Inn. Ni el notable furúnculo del lado izquierdo de su frente ni la considerable mancha en el centro de la *shalwar-kamize* le restaban atractivo ni elegancia. Tenía una barba no muy larga, pulida, casi completamente cana. El pelo, blanco y más bien corto a sus sesenta y tres años. Babu acababa de enseñarme «la habitación del ordenador». Desde ahí, Jordi envió durante años sus e-mails.

—Espero que le guste el hotel. Lo que no tendrá es compañía, usted es el único huésped. ¿Me permite ver el número que le han dado en el registro?

Le tendí el papel recién sellado en comisaría, un trámite obligatorio al llegar.

—Doscientos treinta y tres. Usted es el visitante doscientos treinta y tres que viene este año a Chitral. Imagínese qué significa eso para una región turística como la nuestra. Pronto empezarán las nieves y ya no vamos a recibir a casi nadie más. Como mucho, vendrán otras veinte personas antes de que termine el año.

Babu me acompañó frente al porche hasta la última de las veintitrés habitaciones del hotel. Se emplazaba al borde de la hondonada por donde segundos antes había gateado un hombre que, al alcanzar el jardín, se arrodilló y empezó a rezar. Ahí seguía. A pocos metros de la fachada se erguía de inmediato la montaña en cuya ladera, a saber cómo, habían grabado WELCOME TO CHITRAL SCOUTS en letras tan descomunales que podían leerse desde la falda. El puesto de los Chitral Scouts quedaba a pocos metros del hotel, en la zona alta del Gran Bazar.

Mi apartamento contaba con una sala de visitas, cuarto de baño y dormitorio, adornado con una foto enmarcada de niñas kalash. La firmaba Hervé Nègre, a quien yo había conocido en la casa lionesa de Esperanza. Hervé viajaba a los valles desde 1976 y se había convertido en kalash del clan Mutimiré. Llevaba treinta años fotografiando a una serie de kalash, siempre los mismos, testimonio de cómo envejecían, pero cuando nos encontramos hacía una buena temporada que no visitaba Chitral. Esperanza le propuso acompañarme. Además de fotógrafo, Hervé es curandero, hace masajes con plantas, practica la magnetoterapia, asegura que sueña «cosas antes de que ocurran». Pidió margen para saber qué le dictaban los sueños. Al cabo de unos días se disculpó diciendo que se le había acumulado el trabajo y en las fechas del viaje no estaría disponible. También es cierto que no nos caímos muy bien. No sé hasta qué punto conectó con Jordi, Esperanza aseguraba que se habían llevado estupendamente, pero no hallé textos en los que le mencionara ni, a la hora de rememorar historias, Hervé pudo contar gran cosa sobre él.

En el jardín, Babu había servido un solo té. Él no iba a beber, era ramadán. Se puso las gafas para repasar las fotografías que traía conmigo. Al identificar a Jordi chasqueó la lengua sonriendo. De la montaña bajaban ráfagas de viento tibio que agitaban las copas de los árboles. Al soltar las fotos, Babu desenfundó un rosario que empezó a remover en la mano.

—En Chitral —dijo— cada año hay diez o quince asesinatos, pero no tienen que ver con extranjeros. Muchos son conyugales, hombres que degüellan a sus mujeres, aunque últimamente también ha habido casos de mujeres que envenenan a sus maridos. Los demás suelen ser por propiedades, discusiones que terminan resolviéndose a tiros. Lo más normal es matar con un disparo. Para matar con cuchillo a otra persona hay que tener mal corazón.

Se presentó un amigo de Babu con un periódico, extrajo un pliego de páginas y el resto se las entregó a mi anfitrión. La foto de portada representaba una de las largas colas que yo había visto los días anteriores en Islamabad y Rawalpindi, donde miles de personas trataban de conseguir sacos de harina y azúcar subvencionados por el Gobierno durante el ramadán.

Babu y su amigo hojeaban sus pedazos de periódico hablándose intermitentemente, poco. De vez en cuando intercambiaban frases que incluían la palabra talibán. El arrullo del viento y los trinos y el frufrú de las hojas en las copas invitarían, en otras condiciones, a dormir. A las viejas sandalias de Babu las cubría una capa de mugre tan negra como el interior de sus uñas. Sonó una página de periódico. Zumbó una abeja. Cláxones en el Gran Bazar.

Salí a recorrer aquella arteria paralela al río, que descendía gris de tierra y lodo. Hombres empotrados en sus tienduchas me observaron abiertamente mientras fumaban narguiles, meneaban rosarios. No vi mujeres en aquel nido de suníes. Vestía la *shalwar-kamize* de Andrés, estaba tan flaco como la mayoría, mi barba ya había espesado, pero me sentí más extraño que en cualquier otro lugar.

Un grupo de jóvenes encabezado por un adulto con chiva de muecín entró en la única tienda kalash de la ciudad, las kamizes tiznadas de sudor seco. Sermonearon al dependiente para que acudiera a la mezquita. El hombre los escuchó en tensión, alegó que tenía que atender a sus clientes. Los predicadores sonrieron beatíficamente al unísono y se retiraron de forma maquinal. Aquella actitud gélidamente agradable, su intentona de empatía propia de un manual robótico, me estremeció.

—¿Es usted kalash? —pregunté al tendero.

—No. Y no me llevo bien con los kalash.

Por la noche, en la última habitación del Mountain Inn, el viento ululó golpeando las ventanas protegidas por mosquiteras. He dormido otras veces en montañas. Pero nunca en ésta, pensé. Quien lo mató lo quería matar, pensé. Pero ¿por qué no acabaron antes con él? ¿El asesino dejó pasar el tiempo por ver si alguien lo salvaba? ¿O esperaba que su víctima se rindiera, se marchara a cualquier otro lugar? Quizá murió porque no había más remedio. Quizás el propio Jordi clamaba por la hora del sacrificio, el fin lógico e inconfesablemente previsto de su aventura, aunque, siendo un pagano sincero, jamás se habría contemplado mártir. El triunfo, la divinidad, debía llegarle en vida. ¿Cómo entenderle? ¿Cómo entenderte?

«La historia del hombre que se fue a buscar al yeti es una de esas que no se olvidan. Toda la gente con la que hablé asegura que fue un crimen pasional», me había dicho en Islamabad la corresponsal de prensa Ethel Bonet, recién llegada al país.

Me costó dormir. Escrutaba cada ruido, cada oscilación de la luz. Algunos niños gritaron. Se supone que la voz de los niños en la noche tranquiliza y trae calma, como si con ellos nada malo pudiera ocurrir. En esta historia no. Los niños forman parte del terror, de alguna forma.

Abdul Khaleq, el viejo amigo kalash de Jordi, el dueño de la Sharakat House, pasó temprano a buscarme. Se mostró cordial pero adusto en la primera conversación. No sabía dónde apoyar la mirada y sólo se relajó al subir al jeep que nos conduciría a Bumburet. Antes, nos detuvimos en la fábrica de mármol a las afueras de Chitral. Las cuchillas seccionaban pedazos de piedra levantando nubes de polvo que flotaban por encima del valle cuando el responsable nos enseñó sus planchas. Decidí con Abdul, no fue complicado.

—Sí —dijo Abdul—. Ésta. Medio blanco, medio oscuro.

Elegimos un rectángulo de prístino mármol jaspeado por una cadena de sombras zigzagueantes como relámpagos. Escribí en un papel la inscripción deseada por la familia Magraner, pagué con mi dinero —¡tan barata! Ay, Esperanza, por qué nos preocupamos— y el encargado aseguró que en pocos días podríamos recoger la lápida.

LVII

> Yo contra mi hermano,
> yo y mi hermano contra nuestro primo,
> yo, mi hermano y nuestro primo contra los vecinos,
> todos nosotros contra el forastero.
>
> Proverbio beduino

De entrada [escribiría el reportero] me pareció un aventurero un punto excéntrico, sentimental, de temperamento visceral. Un carácter fuerte, locuaz, y quizá sombrío. Al conocerle mejor me di cuenta de que también era hipersensible, muy hospitalario y generoso, simple y espontáneo. Aprecié mucho su franqueza, sus relaciones directas, su carácter tan íntegro.

Franck Charton recaló en Chitral en 2002 con el objetivo de fotografiar las fiestas de primavera kalash y entrevistar al famoso cazabarmanus. Por lo visto, la etiqueta continuaba funcionando en el exterior. Charton también concluyó que la gente apreciaba a Jordi, le consideraban un verdadero kalash, y aunque percibió que necesitaba dinero, no pensó que esto le agobiara.

Se equivocaba.

A finales de mayo, Jordi volvió a encontrarse repasando uno a uno los ingresos en su cuenta corriente. El B21 y las asociaciones habían cumplido con su parte y, aun así, rozaba la bancarrota. Cómo arreglaba aquello. A ver: debía mantener a Wazir, a los sirvientes Mohamed Din y Asif, la casa, los caballos y seguía financiando a los Narradores de la Tradición, además de costear los vehículos necesarios para viajar por las montañas.

Y todo lo consideraba imprescindible, a nada quería renunciar, por vanidad, pero también por no defraudar a quienes habían confiado en él.

Revisó la agenda. Le tentaba recurrir a Andrés... No, no podía, no debía. ¿Entonces? Tampoco disponía de tanta gente dispuesta a confiar. Rogó un préstamo urgente a su querida cuarterona Marie-Louise Marie France, que le ingresó 457,35 euros el día 28 de ese mes.

Con parte del dinero compró, además de comida y utensilios básicos, lápices para los alumnos de los Narradores. No los iba a olvidar. Él era uno de los suyos, se debía a la comunidad. Por poco que tuviera, lo compartiría con su gente. Poco después de regresar a la Sharakat House, recibió la visita de Mir Azam Khan, jefe de policía de Ayun.

—Han venido a quejarse de ti.

—¿Quién?

—Dicen que has llevado lápices a los niños de Birir y que no puede ser que sólo ayudes a los kalash, que los musulmanes también tienen derecho a tus ayudas.

—Yo le doy lápices a quien me da la gana. No creo que los niños kalash tengan muchas más ventajas que los musulmanes. ¡Pero esto qué es! ¿Vienes a recriminarme que lleve lápices a niños?

—Sabes que la gente lo está pasando mal en los valles, no hay dinero, falta comida. La gente tiene que buscarse la vida como puede y te ven repartiendo regalos por ahí...

—¡Pero qué estás diciendo! ¿Estamos todos locos?

—Y no es sólo eso, Jordi..., estaría bien que salieras de los valles una temporada. Las cosas se están complicando, tú eres extranjero...

—¿Qué sabes?

—Es por tu seguridad.

—¿Qué te han dicho? ¿Cómo sabes tú si estoy seguro o no?

—Hazme caso. Vete.

—¿Y para qué sirve la policía? ¿Para qué estás tú?

—Sólo unos meses. Y cuando la situación mejore, vuelves.

Jordi enfebreció de rabia. De impotencia. No podían echarle de allí después de tanto tiempo. Él era uno de ellos, aquélla era su casa. ¿No lo entendían? Su casa. El lugar donde había volcado los deseos haciendo tantos realidad. ¿No lo entendían? *Pero me la juego. Está insinuando que me quieren matar*.

De vuelta a la Sharakat, al cerrar la puerta se descubrió temblando. El miedo quedaba atrás, nunca nada le intimidó como para sacudirle de aquella manera. Era la furia lo que sublevaba sus nervios y le empujaba al descontrol. Joder. Joder. Desgraciados. Cabronazos de mierda. Maldijo cuanto pudo, a gritos, lanzando puñetazos al aire, deteniéndose varias veces para respirar hondo hasta que cogió papel y bolígrafo y, a ritmo entrecortado por los insultos y las inspiraciones profundas, redactó una carta dirigida a tres de sus colaboradores:

> Hoy he recibido una interesante visita del jefe de policía de Ayun [...] los musulmanes de los tres valles se quejan de mí [...] Quizá quieren que pague a los mulás [...] Os informo de que detengo todas mis acciones a favor de los kalash. Desde hoy, 13 de junio del año 2002, todo se para. Por favor, comunicad a los otros profesores que no podré pagar ningún salario más.

Lo siguiente fue escribir el informe que anualmente redactaba para GESCH. Hizo del informe número 4, publicado el 23 de junio, un monográfico sobre los ataques a los kalash. Ya con escritura frenética, denunció que las autoridades estaban reclamando dinero a las ONG en teoría para ayudar a los kalash, pero sólo en teoría. Sin detenerse, las palabras brotando a borbotones, explicó las presiones que recibía Abdul Khaleq por haberle alquilado la casa, y cómo aumentaba la indignación entre los paganos. «¿Por qué no pueden alquilar sus casas? ¿Somos una subclase de hombres?», escribió.

«Somos.»

Y añadió que el DCO había promulgado una orden por la que se prohibía hablar con las chicas kalash a los jóvenes extranjeros que visitaran los valles.

> Creemos, esperamos, que no son órdenes del Gobierno central sino un arranque de abuso de poder del DCO [...] Todo está orientado a la conversión. (Carta informativa de GESCH.)

Atosigados por la impotencia, el miedo y la falta de alternativas, los kalash se lanzaron a sacrificar chivos y bueyes con la esperanza de que los dioses los protegieran. Los hermanos Khalil y Shamsur aseguraron al DCO que ellos velarían por la seguridad de Jordi, a qué tanta alarma, si en el valle nunca pasaba nada.

Al principio, Jordi intentó abstraerse. El periodista Éric Chrétien seguía con la idea de ampliar su investigación sobre el cazabarmanus, qué oportuno. El barmanu reaparecía justo a tiempo para capear el desasosiego, qué bien le venía contar con un aliado con el que refugiarse en su sempiterna, entrañable quimera. Se reharía en torno al barmanu. Una vez más, se reharía.

—Éric, ¿me puedes hacer un favor? —preguntó al reportero.

—Claro.

Le habló de sus necesidades como investigador, el propio Éric había sido testigo de la precariedad de los medios con los que se movía.

—Así que si no te importa —concluyó—, me gustaría que des un recado a una antigua colaboradora mía. Le pido algún instrumental importante y querría asegurarme de que le llega el mensaje sin problemas.

A través de Éric, Jordi pidió a Cat que le enviara unas gafas infrarrojas del ejército Thomson TRT Défense y anestésicos capaces de abatir pesos equivalentes a un gorila con su fusil de inyección.

—¡Que le envíe gafas! Es increíble —dijo Valicourt en voz alta al leer la solicitud.

Aún intercambiaban correos de tanto en tanto, pero su relación se había descafeinado, había que echarle rostro para reaparecer así: pidiendo. Aparte de que a quién se le ocurría siquiera especular con adentrarse en aquellos bosques plagados de talibanes. Desde luego que no le iba a mandar las gafas. ¡Qué hombre tan inconsciente!

—Señor, ya se lo he dicho: no le puedo dar sólo ciento cincuenta euros. La cantidad mínima exigida por el banco para cobrar cheques es de trescientos.

—Y yo le repito que no tengo esa cantidad pero quiero sacar el dinero que queda en la cuenta. Ese dinero es mío, usted tiene la obligación de dármelo. ¡Es mío!

—Lo siento, señor.

No había nada que hacer. Sin despedirse, rompió el cheque ante el director de la sucursal, tiró los trozos al suelo y se dirigió al ordenador del Mountain Inn para rogar un último esfuerzo a su hermano Andrés. Al enviar el mensaje, en la barra de tareas del ordenador leyó: 2 de julio.

—Sí, ya lo sé —dijo.

Babu le miró extrañado.

—¿Cómo?

—Nada, nada. Hasta luego.

Sí, ya lo sabía, era 2 de julio, cómo no darse cuenta con aquel maldito calor. En cuanto llegó a casa, se quitó la camisa y se acurrucó en el rincón más fresco del despacho. Quieto. Cuántas horas habría permanecido así, las neuronas disparándose con el sudor y, junto a ellas, unas fantasías que tampoco resolvían nada. Al final le quedaba la realidad de siempre, los apoyos de toda la vida. Andrés, Andrés, Andrés. ¿A quién iba a recurrir sino a su hermano? Después de tantos conocidos y presuntos amigos y científicos que decían respaldarle..., ¿qué había cambiado desde los inicios?

Empapado a la sombra, intentó concienciarse de que debía abandonar aquel país a la deriva. Al cabo de un tiempo incierto halló fuerzas para acercarse al escritorio, tomó un lápiz y escribió: «Me ahogo. Creo que después de esta misión me voy de aquí, a Europa o a Afganistán, porque en Pakistán es imposible». Rogó a su hermano un esfuerzo más, *por favor, estoy a punto de acabar.*

Andrés le envió un puñado de euros que aliviaron levemente las urgencias. Luego, telefoneó y escribió a amigos y suscriptores de sus asociaciones solicitando ayuda económica o protección de algún tipo, incluso uno de sus colegas europeos intentó que un general destacado en Afganistán intercediera por él. Sin resultado. A la vez, emprendió una ronda de visitas. Fue a saludar a Athanasious Lerounis. Al griego le sorprendió la cordialidad de la charla después de sus innumerables rifirrafes. También visitó a Bibi, una kalash occidentalizada que pretendía levantar el turismo en la zona y viajaba a menudo a Suiza, habían hecho buenas migas. Más de uno tuvo la impresión de que se estaba despidiendo.

A la vista de que nadie podría ayudarle y de que su situación empeoraba a diario, el 13 de julio se sentó a redactar una carta moralmente destrozado. Cada línea tenía algo de suplicio, de infinita decepción. Estaba acreditando su derrota y, ya entregado a asumirla, ¿por qué escatimar? «¡Me encuentro en la mierda!», escribió.

Le quedaban nueve mil rupias, pero debía reparar el coche por ciento diez mil y llegar a finales de septiembre. *¡Quiero llegar a septiembre! ¿Quiero hacerlo?* Pese a todo, se resistía a renunciar.

Sudaba, cada día sudaba bestialmente. Gotas de sudor caían sobre el escritorio. Había alcanzado un estadio en el que debía ofrecerse al caos o al heroísmo.

—Cambia el enfoque —se dijo apretando los anillos contra la palma de la mano—. Lo has perdido todo. Estás muerto. Has dejado de existir. No tienes futuro. Así, si de pronto remontas, será la mayor victoria. Ganarás una vida nueva.

Pidió trescientos euros a Esperanza y que localizara a un socio de GESCH, *monsieur* Dupont. «Si es preciso, búscalo en su lugar de vacaciones, dile que es para su amigo de Pakistán, que se encuentra en grandes dificultades.» Luego, pasó a las mayúsculas, esperaba que los empleados del correo o los policías que leyeran aquella carta —algo que daba por supuesto— entendieran que les estaba implorando que permitieran acelerar el trámite.

CREO QUE EL CORREO PUEDE COMPRENDER LA SITUACIÓN, NO PUEDEN DEJAR DE ASISTIR A UNA PERSONA EN PELIGRO EN UN PAÍS EXTRANJERO COMO PAKISTÁN.

Después de enviar la maldita carta, un problema en el cableado dejó a la Sharakat House sin electricidad, de modo que ni siquiera pudo trabajar esos días. Tan sólo quedaba esperar. Esquivar a los recaudadores y esperar.

Le llegó otra transferencia de la familia, Abdul le prestó lo que pudo y juntó suficientes rupias para escaparse a Peshawar, donde deseaba atar asuntos que facilitaran las cosas en el futuro. Antes de salir, explicó el problema con el tendido eléctrico a Khalil y le pidió que lo arreglara durante su ausencia.

—Pues claro que te voy a pagar —respondió Jordi a la humillante pregunta de un Khalil por fin al corriente de su debacle.

—No te enfades —dijo Khalil—. Yo también necesito dinero, como casi todo el mundo en el valle. El 11-S nos ha machacado a todos.

Camino de Peshawar, Jordi se detuvo en el Hindu Kush Heights. Llevaba más de una década sin visitar el hotel de Siraj Ulmulk, los lazos que le unían al millonario continuaban siendo casi nulos, la familia de Ulmulk había oprimido históricamente a los kalash y el resto de la región. Pero Jordi estaba desesperado.

—Necesito tu ayuda. La administración de Chitral y la policía me han recomendado que deje Bumburet.

—¿Por qué?

—No sé. Me gustaría que me ayudaras.

Siraj Ulmulk guardaba con cariño la imagen de Jordi rodeado de perros. La última vez que le vio le molestó descubrirle tan integrado a esos infieles de los kalash, pero aún simpatizaba con su peculiar forma de vivir y perseguir sus objetivos, así que de acuerdo, le echaría una mano. Ulmulk consultó a algunos de sus amigos con importantes cargos en el Gobierno y uno de ellos le confirmó que la vida de Jordi estaba en peligro.

—¿Quién le quiere matar? —preguntó el hotelero.

—Tenemos información, debería marcharse.

Ulmulk decidió no creer al confidente. Jordi parecía feliz, Chitral era un lugar pacífico y Ulmulk sabía que la exageración se cultivaba como un bien nacional, matar no significaba necesariamente matar... El caso es que no aclaró nada a Jordi.

Luego, llamó a todas las puertas posibles de Peshawar. Intentaba conseguir préstamos, pero ¿a quién pedírselos? No conocía esos rostros. Su agenda era un borrón de teléfonos tachados y en aquel momento no quedaban expatriados de su confianza en la ciudad. También buscaba un comprador para vender su coche, y los candidatos tampoco acababan de aparecer.

Lo que no esperaba era cruzarse con Shamsur. Se encontraron en la calle a pocos metros del umbral de una ONG.

—¿Qué estás haciendo aquí? —le preguntó el nuristaní—. ¿Has encontrado trabajo?

—No. ¿Y tú qué haces?

—He venido a visitar a unos amigos. Pero qué raro verte por aquí. ¡Y con el calor que hace! ¿Qué interés tienes en venirte ahora a Peshawar?

¿Qué insinuaba Shamsur? ¿Quién se pensaba que era aquel crío? Él todavía lo consideraba un mocoso, él lo había educado, le había enseñado París. ¿Quién pensaba que era para hablarle de aquel modo? Le agarró por la pechera y le empujó rabiosamente contra el suelo. Shamsur se incorporó, abalanzándose sobre Jordi. Fue una de las peleas más tristes.

—¡Me voy! ¡No quiero saber nada de ti! ¡No quiero volverte a ver! ¡Se acabó! —dijo Shamsur cuando se cansaron de pegarse.

—Eso, lárgate de una vez. ¡Y no vuelvas! ¡No vuelvas! —respondió Jordi.

¿Despedido? Ja. Le había despedido otras veces, y dos o tres horas después aparecía pidiendo perdón. Envalentonado, Shamsur se aplanó la ropa y dijo:

—Vale, he terminado contigo. Dame mi dinero y desaparezco.

Jordi le entregó dos mil rupias. Luego se quedó solo en mitad de la calle. Sin dinero. Sin Shamsur. En un lugar donde ya no le quedaban amigos. Las dos horas siguientes fueron un preámbulo del infierno. Deambuló desnortado por la ciudad de repente intangible, gaseosa, donde todo resultaba volátil e inconsistente. ¿Flotaba? Varias veces se sentó en la acera, arrancó pedazos de hierba de algún suelo que después no recordaría. Lloró a escondidas. Se maldijo por su impotencia, por su incapacidad para aguantar lejos de aquel desagradecido al que deseaba expulsar de su interior, no volver a verle, realmente, no volver..., pero no soportaba la idea. A las dos horas, Jordi regresó en busca de su querido Shamsur. Se asomó por los locales de dos ONG, por restaurantes que Shamsur conocía. Lo encontró observando una partida de *backgammon* en la tienda de comestibles de un amigo.

—Perdona, Shamsur, perdóname. Estoy muy cansado, no duermo. Hace mucho calor. Estoy aquí porque en Bumburet no hay electricidad y necesito trabajar, le he pedido a tu hermano que me arregle la luz. Pregúntale. Volveré en unos días. No te enfades, por favor, no te enfades.

—Vale, vale. Ya hablaremos cuando vuelvas a Bumburet.

Quedaba claro que Shamsur no iba a prolongar la charla. Jordi ansiaba seguir hablando, explicarse mejor, pero no quería acosarle ni parecer pesado, ni despertarle aún más rechazo del que notaba que sentía hacia él. *Retírate, retírate,* se repitió, *vete ya*. Se fue.

Y entonces ¿adónde se dirigía? Qué distante se mostraba Peshawar ahora que tan sólo necesitaba consuelo, cobijo, una sensación familiar. Buscó una cabina de teléfono y llamó a Gyuri.

El domingo 28 de julio, Gyuri, Iris y su hijo Imre cenaron con Jordi en un antiguo restaurante del casco viejo de Peshawar. Los holandeses encontraron a su amigo inusualmente deprimido.

—¿Estás bien? —escuchó que le preguntaban.

He ido demasiado lejos solo, habría respondido, algo así, algo artístico, hasta genial. En aquel derrumbe anidaba una fuerza grandiosamente artística, a veces podía verse desde fuera, magnífico en la caída. No respondió ni sus amigos insistieron.

Después se dirigieron a la casa del matrimonio, donde Jordi explicó a Gyuri que había sido invitado a abandonar los valles. Que había recibido amenazas de muerte. Que la policía no podía garantizar su seguridad.

—Estoy pensando en buscar un trabajo como guardia nocturno en Francia, no importa dónde, la cuestión es ganar suficiente dinero para seguir escribiendo los libros en los que estoy metido.

—¿Libros?

—Sí. Sobre los kalash y los nuristaníes.

—¿Te vas a ir?

¿Me voy a ir? Nada resultaría más fácil, disponía del billete de vuelta gratis costeado por B21. Pero desde luego que no había hecho una sola maleta. En la Sharakat House todo continuaba en su lugar. Y, pese a las diferencias con Éric Chrétien, había diseñado una incursión junto al reportero a las cotas altas de montaña, donde desde septiembre y durante seis meses aguardarían al barmanu disfrazados de pastores pertrechados con cámara de vídeo, telescopio y jeringas hipodérmicas. Por eso quería más dinero: necesitaba comprar un rebaño de cabras. Por eso había pedido las gafas infrarrojas a Valicourt. Durante la cena sonrió ante los derroteros de su imaginación. De su insensatez. *¿Me voy a ir?*

—De momento debo pagar los salarios a mis empleados —respondió—. Luego, si la situación no cambia..., no sé, Gyuri. Es tan difícil.

Paraíso perdido

Rechazados de este modo, nuestra última esperanza
es el craso desespero: hay que exasperar
al Víctor Todopoderoso, que gaste su ira toda
y ello no termine: eso nuestra cura,
no ser más.

¡Miseria mía! ¿Cómo entonces esquivar
la cólera infinita, la infinita desesperación?
Cualquier camino es el Infierno; el Infierno yo;
y en el pozo más profundo un pozo aún mayor
se abre vasto todavía y amenaza devorarme,
haciendo que parezca Cielo el Infierno que padezco ya.

... Más quebrados que esto,
¿qué sería sino muerte y extinción?
¿Qué temer entonces? ¿Dónde cabe duda?

LVIII

Abdul abrió la imponente puerta de madera de la Sharakat House, deshabitada desde la muerte de Jordi. La empleaba como despensa ocasional y para acumular haces de hierba y trigo. En orden, me fue mostrando las caballerizas; la viña que Jordi había traído de un viaje a Quetta, en Baluchistán, y que aún resistía con vida; el cuarto que había ocupado Asif; la dependencia para huéspedes de techo bajo y suelo irregular que incorporaba tuberías para alimentar una arcaica estufa.

Cuando subimos las escaleras hasta la terraza, las montañas afganas aparecieron espléndidas pese a las amenazantes nubes. A un lado, el Zinor. Al otro, el Shawal. Los temibles y legendarios corredores hasta el país vecino. A sus pies, amortizando un soberbio saliente rocoso, se levantaba en vertical el racimo de casas más emblemático de Shekhanandeh, como un fortín de otra era, como una fantasía de Tolkien. Jordi tenía una terraza con vistas preciosas a las casas y las montañas de donde descenderían los hombres que le iban a matar.

Se escuchaba el rumor del río más allá de los maizales y los campos de guisantes. Abdul introdujo la llave en la puerta del que fue despacho de Jordi. En el húmedo interior sólo había una silla de hierro de cara a la ventana cerrada.

—Ahí le mataron —dijo Abdul—. Aunque no en esa silla. La silla la tengo yo. Khalil y Shamsur se llevaron todo menos la silla, porque estaba llena de sangre.

Caminamos por el cuarto vacío, me enseñó la puerta que daba al lavabo y conectaba el despacho con el dormitorio donde dormían Jordi y Wazir.

—Después te cambias de ropa —dijo Abdul—. Esto está lleno de pulgas. Hacía mucho que no entraba nadie.

Cerró la puerta y nos sentamos en un banco de la terraza.

—Jordi tenía posesiones por veinte millones de rupias —dijo Abdul desplegando una pequeña navaja cuyo filo comenzó a pasarse por el cogote de manera distraída—. La gente de los valles es pobre y aquellos días fueron especialmente malos..., aunque, bueno, aquí siempre hay problemas con eso, con el dinero. Yo tuve que vender el frigorífico y el generador para conseguir un préstamo del banco y aún lo estoy devolviendo con las nueces y los guisantes que recoge mi familia. Incluso vendí el kaláshnikov.

—Pero ayudaste a Jordi. Te debía dinero, ¿no?
Los dos nos rascamos una pierna a la vez.

—Sí. Creo que le habían ofrecido algo en la ONU y estaba pensando aceptar. Decía que le pagarían bien y podría devolverme el dinero. No llegó a tiempo.

El resto de la jornada, Abdul me mostró su pueblo, Krakal, manteniendo esporádicas conversaciones con paisanos. Así supimos que el día anterior habían atentado contra el ministro de Asuntos Religiosos en Islamabad. Y que un vecino había sido ejecutado por los talibanes al otro lado de las montañas.

—¿No decías que aquí nunca pasa nada?

—Eso ha pasado en Afganistán —Abdul cabeceó hacia las montañas— y es porque ese hombre habrá hecho algo mal. Si no, no le matan.

Al atardecer, visitamos el cementerio kalash. Tras cruzar un recio puente de madera sostenido por cables de acero, accedimos al bosquecillo donde está enterrado Jordi. Todos los ataúdes habían sido profanados, menos el suyo. Los huesos humanos se desparramaban entre maderas partidas. Era el espeluznante resumen del horror al que está sometida aquella comunidad.

—Siempre hemos despedido a nuestra gente con las cosas que en vida fueron importantes para ellos dejando los ataúdes a la vista, sobre la tierra. Pero hace unos veinte años, los musulmanes empezaron a saquear nuestras tumbas y ahora enterramos a los muertos bajo tierra. Estamos caminando sobre ellos.

Como los kalash no identifican los lugares de sepelio, en cuanto la tierra y las hojas cubren la marca de las palas, el rastro se pierde. Es cierto que algunas culturas prefieren entregar los cuerpos de sus muertos a la naturaleza sin más. Los mongoles, por ejemplo, permiten que los lobos devoren a los suyos. Pero eso son ritos ancestrales acordados, actos voluntarios naturales, mientras que a los kalash se los obligaba a pervertir su tradición.

—¿Cómo permitís que os hagan esto?

—Ya lo denunciamos.

—¿Y no se puede hacer nada?

—¿Qué vamos a hacer?

Días antes, el hotelero Siraj Ulmulk había reflexionado exactamente sobre esa cuestión:

> ¿Por qué los kalash se permiten tener ese cementerio? —se había preguntado—. Yo protejo mi hotel. ¿Ellos no pueden poner un guarda que cuide de sus tumbas? Y si no, el griego ese. Si quiere ayudar a los kalash, ¿por qué en lugar de un museo que le ha costado una fortuna no invierte en el cementerio? Los muertos son mucho más importantes para una cultura que esos edificios bonitos. ¿Por qué debe preocuparse el Gobierno? Los lugares son de las personas y son ellas las que deben velar por ellos.

—¿Por qué no ponéis un guarda? —pregunté a Abdul.

—¿Con qué dinero?

La tumba de Jordi estaba al final del cementerio, enfrentada a la montaña. Por prevenir el vandalismo, la habían protegido con una serie de endebles travesaños y, aunque uno de ellos estaba roto, el sarcófago continuaba aparentemente bajo tierra, un perfecto rectángulo cubierto de hojas.

Abdul me reservó la habitación más lujosa de su hotel: una cabaña con lavabo separada por un tramo de césped del edificio principal. Construida a base de madera, se situaba a escasos metros del río, con su ineludible rumor de fondo. Cenamos juntos en un cuarto anexo a la cabaña. Uno de los hijos de Abdul nos sirvió arroz, guiso de verduras, pan recién hecho, agua envasada y licor de albaricoque. Mientras bebía el alcohol, despacio pero a buen ritmo, Abdul fue contando historias de Jordi, del valle.

—Los musulmanes dicen que soy kalash y que no debería estar aquí. Yo me los saco de encima con buenas palabras. ¿Cómo si no? Ni luchando ni en los despachos tendría posibilidades.

Algunos tragos le distorsionaban el semblante. De vez en cuando lanzaba repentinos vistazos a la puerta, a la ventana. El rumor del río siempre al fondo. Me asusté cuando algo golpeó la cabaña por la parte de atrás, la que daba al cauce. Abdul se incorporó, abrió la puerta, escupió, gritó:

—Uh, uh.

Volvió a cerrar la puerta.

—Perros —dijo—. Han olido la comida y vienen a ver si pillan algo. ¿Tienes miedo? —supongo que se me notaba—. Es normal. Pero no pasa nada. Los talibanes no tienen nada contra los kalash. Creen que somos inocentes.

—¿Cómo lo sabes?

—Porque vinieron unos de vacaciones al hotel y me lo dijeron. Me dijeron que ellos estaban en Dir y en Swat pero que no tenían nada contra nosotros —Abdul comió una cucharada de arroz—. Ellos también beben y fuman, ¿sabes? Creo que Estados Unidos debería intervenir y sacarlos de una vez.

Las siguientes noches repetimos las cenas en el anexo de la cabaña. Creo que, junto al griego, esos días fui el único occidental en Bumburet. Y no dejaba de hacer preguntas. Preguntas que en minutos se expandirían como el eco por el valle, alcanzando a demasiados oídos. Eso era lo que pensaba, y con el paso de las horas me fui sugestionando. Vivía en tensión.

Tres relámpagos preludiaron la primera lluvia tras muchos meses. Antes de que oscureciera empezó a caer agua.

—El verano se acaba —dijo Abdul con el vaso de licor en la mano. La lluvia ametrallaba la cabaña—. Lástima. Yo prefiero el calor —chasqueó la lengua, se tocó el *pakhol* hacia atrás descubriendo aún más su frente—. La investigación sobre el asesinato de Jordi ha sido lamentable. No ha existido. Mira, antes de Jordi, sólo recuerdo otro asesinato de extranjeros. Fue en 1982. Mataron a una pareja de suizos en Birir, parece que por dinero, pero ahí sí que hubo una buena investigación: la policía encontró a los cuatro asesinos, cuatro guías musulmanes. Los ahorcaron. A los cuatro. ¿Tú crees que este valle es tan grande como para no saber lo que pasó con Jordi?

Esta vez el rostro se le demudó sin necesidad de beber. Permanecimos callados.

—Si tanto corren las noticias, alguien sabrá dónde está Bin Laden —dije.

La lluvia se imponía al fragor del río.

—Parece que está muerto. Tenía un problema de riñón, hace cinco años fue a un doctor de por aquí... Si te fijas, desde entonces sólo se divulgan casetes y vídeos anteriores a aquella visita. Estoy seguro de que ha muerto. Estaba muy enfermo. Lo sé por algunos afganos...

El repiqueteo en el tejado se aceleró. Necesité —necesité— hacerle una pregunta.

—¿Por qué me has dado esta habitación separada del resto si no hay más huéspedes en el hotel?

—Es la única que tiene lavabo —sonrió—. No te preocupes. Vendí el kaláshnikov pero aún conservo un revólver. Y, además, por las noches un vigilante patrulla el hotel. También lleva revólver, uno bueno, y tiene órdenes de disparar si ve a alguien. *Antes de preguntar, dispara,* ésa es mi orden.

Diluviaba, o en eso hacía pensar el estrépito del agua contra las tablas.

—¿Jordi tenía vigilantes?

—Cuando las cosas se complicaron le ofrecí uno, pero no lo quiso. Él tenía a su gente, los perros... Siempre se cerraba el cuarto por dentro.

Nos despedimos deprisa, Abdul corrió encogido hacia su cuarto en el otro extremo de la hierba. Seguí el rastro de su linterna hasta que desapareció en la casa.

—Yo duermo tranquilo, hazlo tú también —había dicho.

No pude. ¿Cómo dormiría Jordi? ¿Qué presiones le agobiaron durante los meses finales? ¿Se sintió solo? ¿Hasta qué punto solo? ¿No estaba rodeado de amigos?

La lluvia amainó al cabo de una hora. Volvió el río. Algunos perros aullaban.

Habían sido demasiados meses acumulando miedo como para ahora no abrigarlo en su forma más severa, retorcida, sobresaltándome ante cualquier estridencia, ante un cambio en el fluir de las aguas del río o al intuir pasos afuera. Durante horas, traté de adivinar si alguien se acercaba a la cabaña. Los golpes contra las traviesas, supuse que de perros, me causaban espasmos de pavor. En algún momento escribí estas líneas: «Como Jordi buscaba al yeti, busco a Jordi. Somos una cadena de sueños y esperanzas. ¿Dónde acabaremos?».

Dormí a ráfagas, entre intermitentes interrupciones del sueño. A las 4.47 consulté por última vez la hora en el teléfono móvil antes de caer rendido.

Volví con el canto de los gallos. Al despertar sentí el alivio de haberlo hecho. Como en la infancia, los miedos nocturnos quedaban reducidos a fantasías. Me invadió el sincero deseo de dar gracias por ver de nuevo el sol.

LIX

Semejantes a los dioses; aspirando a serlo,
prueban, mueren.

John Milton, *Paraíso perdido*

Libre quien cayó.

John Milton, *Paraíso perdido*

Pulsó el interruptor una, dos, tres veces. La luz no se encendió. No lo podía creer. Con lo que había insistido a Khalil que necesitaba la electricidad para cuando regresara...

—Ahora vengo —le dijo al pequeño Wazir, al que había recogido días antes en casa de sus padres—. Sigue haciendo los deberes.

Descendió el sendero a Krakal con los puños cerrados, echando vistazos a los árboles, escrutando la espesura por ver si localizaba a Khalil. Lo encontró jugando a las cartas en la hierba con Shamsur y dos amigos.

—¡Qué pasa con mi luz! ¿No te dije que la quería para cuando volviera? ¡Te he pagado diecisiete mil rupias por tus últimas chapuzas y sigo sin poder trabajar! ¡Siempre me haces lo mismo! ¡Siempre igual, Khalil, siempre igual!

Cómo has cambiado, Jordi, pensó Khalil. *Hablas rápido, sin control.*

Khalil se incorporó con su sobriedad característica.

—No he podido arreglarlo. Ha habido problemas. Lo haré otro día.

—¿Cómo que otro día? Quiero que lo arregles ahora mismo.

—Va, va. Tranquilo, que estás nervioso.

—¡Khalil!

Khalil dio media vuelta y comenzó a alejarse. Jordi no lo podía creer. ¿Tenía que ir a buscarle y partirle la jodida cara? No lo podía creer. Mientras Khalil se retiraba, intervino Shamsur.

—No te enfades, mi hermano ha tenido mucho trabajo estos días.

El tono amable de Shamsur ayudó a aplacar su rabia. Esperaba reconciliarse con él y le sosegó descubrirlo tan dispuesto a hacer las paces. Ay, Shamsur, Shamsur. Al menos, aún le quedaba su amado chico, el hombre que debió ser rey. Convinieron cenar juntos.

—Shamsur, voy a volver unos días a la ciudad. Necesito dinero y allí parece que tengo alguna buena oportunidad de trabajo.

El 30 de julio, Jordi había pagado los salarios de Asif Ali y de Ghulam Sakhi, un ayudante ocasional. Otro de sus eventuales, Rahmat Ullah, cobró su sueldo esa misma mañana. Era 1 de agosto. Jordi quería marcharse sin deudas.

—Mañana dejaré a Wazir con sus padres y luego me voy —añadió—. ¿Quieres acompañarme?

—No puedo. Tengo un hijo enfermo, le van a operar.

—No me habías dicho... Vale, no pasa nada. No pasa nada. Hablaré con Abdul.

Cómo se veía Jordi, descendiendo el sendero en busca de Abdul, de un colega, de alguien de fiar que le sirviera esos días de sostén. Él, siempre tan orgulloso de su autonomía e independencia, ansiaba el calor de alguien cercano. Necesitaba apoyo. Cuando pidió a su amigo kalash que le acompañara, especificó que iría a buscar empleo a las oficinas de AMI.

—Mi mujer está a punto de dar a luz —dijo Abdul—, lo siento. No te preocupes, seguro que encuentras un buen trabajo.

Jordi regresó con Shamsur, compraron dos botellas de vino. Aún clareaba cuando remontaron la cuesta que lleva a la Sharakat House. Los perros salieron a recibirlos. Wazir los saludó desde la terraza y bajó a saltos los escalones hasta el módulo de la cocina, donde Asif trasteaba en la penumbra después de atender a los caballos.

—Seguimos sin luz —dijo Asif.

—Habrá que encender velas —respondió Jordi.

Alumbraron un par de candiles. Jordi descorchó las botellas de vino, se quedó una y entregó la otra a Shamsur, que fue bebiendo mientras asaban dos palomas. Asif no bebió nada. Cenaron Jordi, Wazir y Shamsur, que habló y bebió hasta emborracharse.

—Ya no te gusta el vino o qué —dijo Shamsur a Jordi.

—Tengo trabajo. Si quieres, acábate la mía.

Shamsur se quedó con la botella de Jordi en el dormitorio anexo a la cocina. Jordi y Wazir subieron al despacho. Una vez dentro, encendieron velas.

—Venga, Wazir, a practicar —ordenó Jordi.

El niño colocó sobre la pequeña mesa esquinera una vela y un montón de papeles cuadriculados, cada uno representaba una letra del alfabeto occidental, y comenzó a formar palabras. Shamsur siguió bebiendo solo en el piso inferior. Al cabo de un rato, Jordi bajó para preguntarle si podía ir temprano al día siguiente para traerle unos libros de francés que Shamsur guardaba en casa de su familia, quería que los utilizara Wazir.

—Ya te he dicho que no voy a tener tiempo —respondió Shamsur en tinieblas—. Mi hijo está enfermo y voy a tener que cuidarle los próximos tres días. Si puedo escaparme, me acerco, pero no lo creo, la verdad.

Jordi volvió arriba. «Poco después, me marché», declararía Shamsur a la policía.

En el despacho, Jordi revisó el papel donde había anotado sus planes inminentes. Además de ayudar a un amigo que investigaba sobre una lengua prohibida de Nuristán, Jordi se imponía:

–Salir en busca de testimonios en septiembre 15.
–Buscar dinero.

–Vender jeep.

–Ver a Sher Alam de Birir para preguntar cuándo se harán los exámenes para la clase 5.

–Hervé Nègre: máquina de fotos + magneto.

–Mensaje para buscar trabajo en Francia y España.

–Ver Pir Tariq para quedarnos en Chitral en su casa y trabajar. Habitación para mí y Wazir.

–Vender el caballo blanco.

Inmejorable síntesis de las contradicciones que le asolaban.

Llamaron a la puerta del despacho, identificándose. Jordi abrió, saludó, cerró y, mientras decía cualquier cosa, volvió a sentarse en la silla encarada al ordenador desconectado. Ordenó algunas páginas sueltas del libro que estaba escribiendo y aisló sobre la mesa la hoja que resumía su agenda para los próximos días. En el cristal de la ventana percibió que alguien se colocaba a su espalda y, enseguida, notó que le agarraban del cuello. Levantó la mano izquierda para defenderse. Un cuchillo le hizo un corte en el pulgar antes de clavarse diagonalmente en el cuello, rajándole la tráquea, el esófago y la yugular mientras en un velocísimo movimiento le impulsaban la cabeza hacia delante. Le asestaron una segunda puñalada, que entró recta, fracturándole la segunda vértebra cervical. Los chorros de sangre salpicaron fotos, libros y la hoja con sus planes de futuro.

LX

Shamsur ha declarado que la mañana siguiente sacó un rato para llevarle los libros de francés. Que Jordi no estaba levantado, así que dejó los libros en el jeep para que los viera al salir.

A lo largo de ese día, 2 de agosto, no hubo movimiento en la Sharakat House. Las puertas permanecieron cerradas, excepto la del cuarto de Asif, junto al establo.

Minutos antes de las ocho de la mañana del día 3, Shamsur salió de la casa de sus padres. El sol campeaba en solitario, pero el último aliento fresco de la noche aún no se había evaporado y Shamsur podía moverse sin sudar. Mientras bajaba por el camino del valle se tocó varias veces el pelo rubio bien cortado, en ocasiones ya lo hacía sin querer, cuántas veces le habría indicado Jordi que se peinara, que no podía ir hecho un cafre.

Cuando Shamsur entró en el jardín encontró la casa tan hermética como la mañana anterior. Los perros no ladraron ni salieron a saludarle. Subió a la terraza, vio la ventana del dormitorio entreabierta y se asomó. No había nadie. Shamsur dio cuatro pasos hasta la puerta de la oficina y llamó a Jordi.

—¡Jordi!

Tres veces.

—¡Jordi!

A gritos.

—¡Jordi!

Vio dos fotografías tiradas en el umbral. Eran los retratos de dos hombres con barba y *pakhol.* Sólo pasaban unos minutos de las ocho, el calor no había aumentado especialmente, pero la temperatura corporal de Shamsur se disparó. Con la respiración entrecortada corrió unos veinte metros por el terreno hasta la pieza donde dormía Asif, que tampoco respondió a sus llamadas. Al lado, en la cuadra, los caballos, uno blanco, el otro negro, empezaron a piafar y relinchar con un nerviosismo anómalo. Las axilas de su *shalwar-kamize* comenzaban a empaparse. Saltó el murete, cayó en el camino y continuó el descenso por el sendero, esta vez a toda prisa.

—¿Adónde vas tan rápido? —preguntó Abdul, que empuñaba una bolsa.

—Estoy llamando a Jordi y no responde. No hay nadie en casa. ¡Le han secuestrado! ¡Le han secuestrado!

—¿Cómo que le han secuestrado?

—Voy a buscar a la policía. Ven, ven.

—Tengo que llevar estas medicinas a mi mujer. Ha parido esta noche y se encuentra bastante mal. En cuanto se las dé voy para allí.

De habérselo preguntado, Abdul le habría dicho que el bebé se llamaba Goul Nizar, aunque la verdad es que incluso los pensamientos en torno a su nueva hija y su mujer fueron desplazados por el recuerdo de la imagen furtiva de Mohamed Din, el taciturno sirviente de Jordi a quien Abdul había visto temprano arrancando un jeep sin pasajeros y con más paquetes de lo normal.

Shamsur localizó enseguida a un médico del Hospital Civil y a un oficial de la comisaría de Bumburet. Subieron a la carrera hasta la Sharakat House. Intentaron forzar las puertas, sin éxito. El policía se coló por la ventana entreabierta. Transcurrieron unos segundos durante los que Shamsur escuchó los pasos del oficial en el interior hasta que la puerta se abrió.

Abdul subía las escaleras hasta la terraza en ese momento, había tardado más o menos media hora. Pensó que los otros habían llegado muy rápido. Como los demás, franqueó el umbral del despacho.

Rayos sueltos del espléndido día estival se proyectaron en la penumbra, haciendo visible el polvo. Jordi estaba sentado en la silla forrada con piel de vaca frente a su escritorio, la cabeza inclinada a la derecha. Shamsur pensó que dormía. Se puso a su lado y le vio el rostro. Tenía los ojos abiertos. Todo estaba a media luz. Cuando el médico movió la cabeza de Jordi y Shamsur vio el corte profundo y la sangre...

—Lleva muchas horas muerto —dijo el doctor intentando no pisar el enorme charco de sangre seca que rodeaba la silla.

Shamsur se agarró la cabeza boqueando y salió a la mañana radiante dando tumbos, ciego.

Salió agarrándose la cabeza. Una espesa nube negra lo cubrió todo, a saber cuánto tiempo permaneció así. Años más tarde seguiría sin recordar nada de lo que ocurrió en ese intervalo.

La ejecución había salpicado las paredes, la mesa grande, el ordenador, una fotografía enmarcada donde se veía a Jordi con Shamsur, Claire y su novio Alexandre delante de una noria en París... Como la recién nacida Goul Nizar, esa madrugada Claire celebraba su aniversario: cumplía cincuenta años.

Sobre la pequeña mesa rinconera del cuarto se desparramaba una serie de papelitos, cada uno con una letra del abecedario inscrita, y varios ensangrentados.

—¿Y el chico? —preguntó Abdul—. ¿Dónde está el chico?

Irfan se enteró en Chitral de que su sobrino había desaparecido y de inmediato viajó en jeep a Bumburet. Fue el primer familiar de Wazir en llegar al valle, emprendiendo la búsqueda del niño. Todo el mundo le buscaba, por todas partes. Tras los postes eléctricos, en el río, las grutas... A las pocas horas se sumó el padre, Samsam.

Uno de los más de veinte policías que rodeaban la casa encontró el certificado que acreditaba a Jordi como kalash.

—Este hombre era de los tuyos —dijo un inspector a Abdul—. Y ha muerto en tu casa. Así que deberás hacerte cargo del funeral.

La ley dictaba que así fuera. Abdul también debería alimentar a los policías mientras durase la investigación.

Acabó la jornada sin noticias de Wazir. Irfan acariciaba el cuello de Samsam, que se había recostado contra un árbol para mantener el equilibrio.

—Sabes que siempre intento controlar las emociones... —dijo Samsam—, pero...

Empezó a sollozar. Irfan le dio unos cariñosos golpes en la cara y se alejó unos pasos.

Al día siguiente, treinta horas después del hallazgo del cuerpo de Jordi, la policía encontró a Wazir en la letrina del corredor que unía el dormitorio y el despacho. Lo habían degollado de un modo ritual, casi quirúrgico. Estaba prácticamente decapitado.

—¡Cómo se explica! —le dijo más tarde Abdul a su esposa—. Hay policías por todas partes. Sólo tenían que abrir una puerta, ¡una puerta! ¿Y han tardado dos días en encontrarle?

—No levantes la voz, Abdul, pueden oírte.

—No tiene lógica. Y la sangre estaba fresca. La de Jordi estaba seca pero la del niño..., la del niño estaba fresca.

La policía tumbó el cadáver de Wazir sobre la terraza exponiéndolo a las miradas de los curiosos que se agolpaban en torno a la casa, a la de los niños que corrían por los terraplenes de la Sharakat. Llamaron a su padre, que continuaba buscándolo por el valle. Cuando apareció Samsam, un policía le exhortó:

—Tú, ya puedes llevarte a tu hijo. Está ahí arriba.

Así, a la intemperie, a la vista de todos, así fue como lo encontró.

Mientras, tres agentes recién llegados de Peshawar interrogaban a Shamsur.

—Ha sido Asif—les dijo Shamsur—. Asif. Es como todos los afganos, que sólo quieren dinero.

—Pero no ha robado nada.

—Bueno, Jordi tenía muchas cosas, algo se habrá llevado.

—No, no —respondió un agente—, mira cómo va esto.

Y entonces, ante los ojos de Shamsur, los policías sacaron el ordenador, la cámara de vídeo, la de fotos y varias herramientas y aparatos más, colocaron todo en la casa de Mohamed Din y dijeron:

—Shamsur, ¿ves dónde hemos encontrado estas cosas? ¿Lo ves?

¡Quieren que Mohamed Din sea el culpable! Y yo qué voy a decir. ¿Qué voy a decir? Si el Gobierno quiere liquidarme, me liquida y se acabó. Nadie preguntará por mí.

—Lo veo —respondió Shamsur.

Abdul nunca ha creído en la culpabilidad de Mohamed Din. Lleva siete años intentando encajar piezas, y la de Din es una de las muchas que no cuadran.

—Yo vi a Mohamed Din en Bumburet la mañana que se descubrió todo —me explicó otra noche en la cabaña—. ¿Quién se cree que habría esperado a irse hasta el último momento si él fuera el asesino? No, no. Alguien le recomendó que huyera porque le iban a cargar la culpa de lo que había pasado y eso fue lo que hizo, se esfumó. Ahora, Mohamed Din está muerto. Dicen que alguien le mató a tiros en Afganistán durante una discusión. ¿Que cómo lo sé? Ya te he dicho que aquí todo el mundo tiene un familiar en Afganistán que conoce a un familiar de un familiar... Se sabe casi todo.

—Un militar retirado amigo de mi familia dice que a Jordi le mató un profesional —aportó días más tarde Esperanza—. Lo primero que hizo fue cortarle las cuerdas vocales para que no pudiera gritar. Y ese gesto de tirarle la cabeza hacia delante..., mi amigo está seguro de que fue un profesional.

Cuando el forense analizó el cadáver que la policía había tendido en su sala de autopsias a las 19.45 del 3 de agosto de 2002, dijo:

—Esto no puede hacerlo cualquiera. Ha sido un trabajo de especialistas. Ha sido gente entrenada.

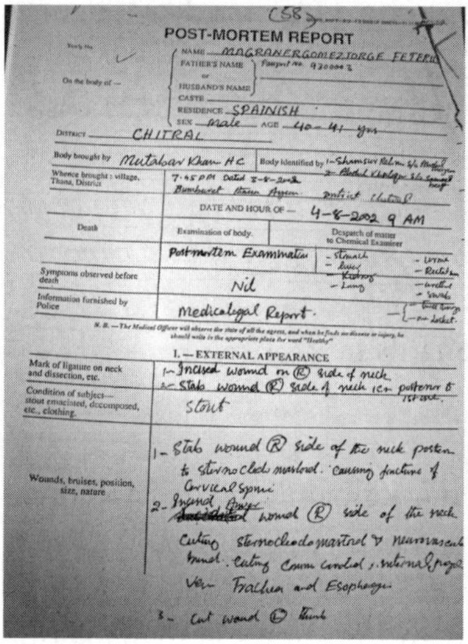
(58)

POST-MORTEM REPORT

On the body of —
NAME MAGRANERGOMEZJORGE FETER
FATHER'S NAME or HUSBAND'S NAME Passport No. 9200002
CASTE
RESIDENCE SPAINISH
SEX Male AGE 40–41 yrs

DISTRICT CHITRAL

Body brought by	Mutabar Khan H.C.	Body identified by	1- Shamsur Rehman
Whence brought: village, Thana, District	7.45 PM Dated 3-8-2002 Bumburet District Chitral		
	DATE AND HOUR OF — 4-8-2002 9 AM		
Death	Examination of body.	Despatch of matter to Chemical Examiner	
	Post-mortem Examination	- Stomach - Liver - Kidney - Lung	
Symptoms observed before death	Nil		
Information furnished by Police	Medicolegal Report.		

N. B. — The Medical Officer will observe the state of all the organs, and when he finds no disease or injury, he should write in the appropriate place the word "Healthy"

I. — EXTERNAL APPEARANCE

Mark of ligature on neck and dissection, etc.	1- Incised wound on (R) side of neck. 2- Stab wound (R) side of neck
Condition of subject— stout emaciated, decomposed, etc., clothing.	Stout
Wounds, bruises, position, size, nature	1- Stab wound (R) side of the neck posterior to sternocleidomastoid. Causing fracture of Cervical Spine. 2- Incised wound (R) side of the neck cutting sternocleidomastoid & neurovascular bundle. Cutting Carotid, internal jugular vein, Trachea and Esophagus. 3- Cut wound (L) thumb

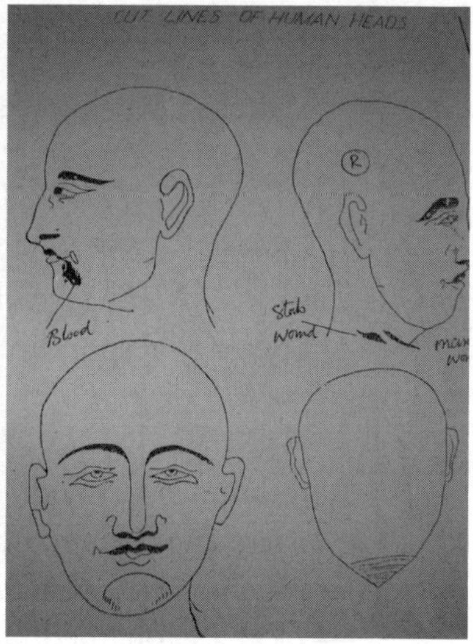

LXI

Hay que estar siempre de parte del muerto.

Gabriel García Márquez,
Crónica de una muerte anunciada

—Jordi no dejaba entrar a nadie extraño en sus habitaciones, así que debía de haber al menos alguien de absoluta confianza con él dentro del despacho. Además, estaba sentado y no hay signos de pelea, y tal y como él era es imposible pensar que hubiera bajado la guardia con un desconocido o que no se resistiera. Jordi era muy fuerte, como mínimo debieron de atacarle dos hombres. La policía encontró dos huellas sobre el charco de sangre junto a la silla. Huellas de pies descalzos. Una pertenece a un pie de talla pequeña. La otra, a uno de talla grande. Shamsur tiene el pie grande...

Abdul apoyaba el vaso de licor en el fino brazo de su silla de hierro. Fruncía el ceño en una abominable arruga. Hasta entonces había insinuado que los hermanos Shamsur y Khalil estaban implicados en el asesinato, pero por primera vez aludía a una pista que podía inculpar a uno de ellos.

—Shamsur dice que estaba borracho —observé—. Un borracho no ejecutaría tan bien los movimientos.

—No digo que fuera él. Puede que a Jordi lo matara un profesional, pero alguien tuvo que abrir la puerta al asesino, alguien de su confianza.

Khalil Rahman: En el despacho sólo entrábamos Shamsur, Abdul y yo, aparte de, a veces, algún miembro del personal de servicio.

ANDRÉS MAGRANER: Olvídate de preguntar nada a la policía. No te ayudarán, sólo perderás el tiempo. En 2004 estuvimos allí intentando hablar con los inspectores y los jueces que habían llevado el caso y no hicimos más que esperar, esperar, esperar. No conseguimos nada. Esa gente no quiere hablar. Olvídate.

—Vale —le dije a Abdul—. Supongamos que Khalil y Shamsur tienen algo que ver. Pero ¿por qué lo hicieron?

JALILI AINULLAH: Mucha gente me preguntó por qué lo habían matado y yo no tenía respuestas. Creo que los servicios de inteligencia intervinieron en el asunto. Desde el principio, al Gobierno pakistaní no le gustó que Jordi estuviera en Chitral, ni esperaban que permaneciera allí tanto tiempo. Si no, ¿por qué la policía recomendó a Jordi que se fuera? ¿Por qué se vieron coches con ventanillas ahumadas por el valle poco antes de su muerte? Ahí hay algo que incumbe al Gobierno. Pero nadie te dará información porque la policía ha advertido a la gente.

YVES BOURNY: En Bumburet probablemente saben lo que pasó, pero nadie hablará.

CAT VALICOURT: No sorprendió a nadie saber que había sido asesinado. Pero ¿qué provocó para que lo degollaran? Es un peligro querer comprender. Era la CIA la que manejaba este asunto. Un «asunto reservado». Se me aconsejó no intentar comprender. Nunca he temido tanto por mi vida.

GABI MARTÍNEZ: ¿Quién se lo aconsejó?

CAT VALICOURT: Se me confiaron personal y confidencialmente ciertas informaciones, me inquieté por mi propia seguridad... Tuve mucho miedo. Jordi conocía los pasos y las vías para el tráfico de armas y drogas.

Gabi Martínez: ¿Quién le confió esas informaciones?

Cat Valicourt: Sea prudente.

Erik l'Homme: Allí, si tienes un problema, detrás de ti hay un clan, una familia. Jordi estaba solo. Matarlo no implicaba complicaciones y muchos se iban a alegrar con su desaparición. Por eso el DCO encubrió el asesinato. Jordi molestaba a demasiada gente.

Kurt Vonnegut (escritor): Hay que saber escoger a las personas a las que se puede linchar. ¿Quiénes son? Las personas que no están bien relacionadas. Eso es.

Gyuri Fritsche: Tengo tres teorías: la más controvertida es que lo mató Khalil o alguien contratado por él. ¿Shamsur era el amante de Jordi? La segunda: fue alguien con negocios en el valle a los que Jordi se oponía. O: fueron extremistas musulmanes ayudados por las autoridades locales.

Siraj Ulmulk: El embajador español me dijo que la policía había encontrado algún material en el ordenador de Jordi sobre sus actividades... homosexuales. El antiguo jefe de policía me aseguró que él mismo había visto esas pruebas. Se llama Zahïd Khan, superintendente de la policía de Chitral.

Gabi Martínez: Zahïd. El hombre obsesionado con Jordi. El que le impulsó a jugarse la vida en Jalalabad.

Gyuri Fritsche: A los que no les gustaba Jordi dicen que fue un crimen pasional. Los que simpatizaban con él creen que lo mataron los talibanes. Sea como sea, creo que al menos Shamsur y Khalil saben quién lo hizo.

Abdul frunció la abominable arruga. Bebió licor.

—¿Eh? —insistí—. ¿Por qué lo iban a hacer Shamsur o Khalil? ¿Por qué uno de sus amigos iba a abrir la puerta para que le asesinaran?

—La gente es pobre —respondió.

LXII

Escampó y las nubes dieron paso a jornadas rutilantes, y una de ellas ascendí el sendero hasta Shekhanandeh. Mi guía, Malik Sha, era el mayor de los diez hijos de Abdul. Más alto y robusto que la media kalash, vestía completamente de blanco, alpargatas y una gorra de béisbol rosa. Bien afeitado, los rasgos de la cara se le marcaban marcialmente, como tallados por un escultor épico.

—Jordi quería llevarle a Francia para que aprendiera a hacer buen vino... Luego intenté enviarle a Grecia pero no conseguimos el visado y ahora está sin empleo, vagabundeando —me había dicho su padre—. Sabe inglés y es un buen chico, él te acompañará.

Nos cruzamos con algún vecino y con pastores a los que Malik Sha no siempre saludó. En los campos de los márgenes, mujeres kalash segaban matojos y hierba con azadas y azuelas. Superamos la Sharakat House y aún caminamos siete u ocho minutos hasta aquel pueblo de fábula, al menos desde la distancia, porque aproximarse a las casas procuró una inesperada revelación.

Los deslumbrantes edificios de madera grabados con motivos legendarios eran la fachada que ocultaba interiores infames pasto de la suciedad, la carcoma y el óxido. La podredumbre se pegaba a los rostros de la gente, mancillados por llagas y manchas fruto de la desnutrición y la ruina. Al contrario del proverbio musulmán, en Shekhanandeh la belleza no se encuentra en el interior.

Preguntamos el paradero de Shamsur en una cochambrosa tiendecita atendida por un niño, que nos envió a los maizales situados bajo el peñón donde se levanta buena parte del pueblo. Buscamos entre las cañas altas sorprendiendo a las mujeres, que al descubrirnos se tapaban la cara dando la espalda deprisa.

Un hombre se prestó a avisar a Shamsur.

—Dígale que le esperamos en su casa —pidió Malik Sha.

Poco después apareció un hombre rubio de aspecto juvenil, con demasiadas estrías faciales para sus veinticuatro o veinticinco años pero, también por eso, singularmente atractivo. De ojos verdes, piel clara aunque aureolada por el sol y gruesos labios, Shamsur saludó arrugando la frente sin saber muy bien dónde mirar. Le acababan de decir que un extranjero quería hablar con él sobre Jordi. Empleando las palabras justas nos invitó a subir al primer piso de la bonita casa de piedra y travesaños de madera cincelados que compartía con sus padres. La terraza dominaba Bumburet, un mirador privilegiado.

Sirvió té agarrando la tetera con la mano izquierda y más tarde anotó en una libreta su nombre y señas con la derecha. Sus ojos no se detenían, contagiaba la ansiedad. Hablamos en inglés de su vida junto a Jordi.

—Yo quería vivir en Francia pero no fue posible conseguir una visa —dijo—. Si ahora pudiera, volvería. Para vivir solo.

—Aquí tienes a tu familia, ¿no?

Shamsur cabeceó muy rápido, afirmativamente.

—Aquí estoy bien, tengo tierra. Es una vida lenta, natural. Aquí crecí con mis ancestros. Mi abuelo leía libros en inglés, tomaba café. Su nombre kafir era A Zar. El musulmán, Abdul Khan. Aquel tiempo fue bueno en Bumburet. Ahora es malo. No tenemos tierra, vivimos como animales —en segundos, había cambiado radicalmente su versión—. Sólo hay maíz y algunas hortalizas pero todo está seco y en invierno sobrevivimos a base de frutos secos y té. Hace cuarenta o cincuenta años que estamos así.

—Podías haber estudiado. Tuviste la oportunidad.

—Aquí a la gente no le gusta estudiar.

—¿Cuántos hijos tienes?

—Cuatro.

—¿Van al colegio?

—Sí, el de siete años va al colegio. Y me gustaría que fuera a la universidad. *Inshallah.*

¿En qué tipo de confusión vivía Shamsur?

Por la tarde, Khalil y Shamsur acudieron al jardín de Abdul para proseguir la conversación. Khalil mantenía la barbilla alta al hablar sonriendo hipócritamente. Contó anécdotas, sobre todo referidas al mal carácter de Jordi y a lo poco que se preocupaba por los demás.

—Como aquella vez que me dijo que me pasara por su casa para cenar en ramadán. Llegué hambriento y resulta que no tenía comida para mí. «Perdona, me olvidé», dijo. Pero yo me enfadé de verdad.

Khalil forzaba tanto las sonrisas que cuando las terminaba los músculos parecían rebotar hacia su lobreguez original.

—¿Por qué os ofrecisteis a protegerle ante el DCO?

—¿Protegerle? ¿A quién íbamos a proteger? La policía recomendó a Jordi que se fuera y si nosotros dijimos al DCO que no había nada que temer, fue porque creíamos que estaba seguro. ¿Por qué iban a matarle?

Hice otras preguntas que obviamente no agradaron a Khalil. Al rato dijo que tenía que marcharse y que en los próximos días no podríamos coincidir.

—Me gustaría que estuvieras cuando pongamos la lápida en la tumba de Jordi —dije.

—Tengo cosas que hacer, lo siento.

Se fue.

Avanzaba el crepúsculo acentuando el helor, pero el sol aún resistía. Shamsur se enrolló en un mantón pardo. Abdul sirvió una sola copa de té humeante, para mí, y se retiró. Me violentó que mostrara su rechazo a Shamsur de una forma tan cruel.

Más o menos, reconstruimos los sucesos de la última noche hasta el momento en el que Shamsur salió de la Sharakat House. Insistió en que el día que descubrieron el crimen, él había encontrado fotos de hombres con barba larga y *pakhol* en el suelo frente a la puerta del despacho. No era un procedimiento habitual de los talibanes, así que Shamsur dijo:

—Se les debieron de caer del bolsillo.

Nada más y nada menos.

«Se les debieron de caer del bolsillo.»

Él mismo enseñó a los policías las fotos que decía haber encontrado.

Después, le pregunté:

—¿Tuviste relaciones sexuales con Jordi?

—Nunca —no se inmutó, parecía familiarizado con el tema—. Jordi nunca me pidió nada de eso ni sé que se lo pidiera a nadie.

—¿Por qué crees que los perros no ladraron la noche del asesinato?

—Esos perros eran malos, no hacían su trabajo. Asif se aprovechó, pudo avisar sin problemas a los que esperaban fuera para entrar en la casa.

Abdul aseguraba que Jordi siempre intentaba rodearse de lo mejor. Los mejores caballos, las mejores gafas, el mejor rifle, los mejores perros... Sin embargo, aquellos perros durmieron durante tres días seguidos. Abdul opinaba que alguien los drogó.

—Pobre Jordi... —añadió Shamsur—. Por lo menos no sufrió. Después del golpe en la cabeza ya se quedó medio muerto.

En algún momento anterior, Shamsur también había aludido a un impacto en la cabeza, si bien en aquella ocasión lo pasé por alto achacándolo a un desarreglo lingüístico. El informe post mórtem no registraba lesiones craneales.

—¿Cómo le dieron el golpe? —pregunté.

—No han encontrado el objeto, parece que fue lo primero que hicieron, darle por detrás con un martillo o algo así.

Costaba no confrontar estas afirmaciones con las de Abdul. Según el kalash, la cabeza no tenía heridas externas, al menos él no se las vio, así que el informe post mórtem era correcto. E insistía en el detalle de la sangre fresca de Wazir.

—La sangre estaba fresca. Estaba fresca —repetía, convencido de la existencia de un complot que probablemente implicaba a altas esferas.

Tras el asesinato, Shamsur fue considerado sospechoso por la policía, pero la falta de pruebas le libró de la cárcel. Pasó los tres años siguientes bajando cada dos semanas a la comisaría de Chitral, a dos horas en automóvil, para constatar que continuaba en los valles.

—Varias veces fui a pie porque no tenía dinero. Yo no tengo dinero ni trabajo, cazo pájaros. Una vez hice el camino hasta Chitral con una rupia en el bolsillo. Encima, los detectives me llevaban a todas partes, me machacaban a preguntas. Un día no pude más, cogí un cuchillo y me lo puse en el estómago. Quería quitarme de en medio. Pero no, no, cómo lo voy a hacer, me dije, si estoy limpio, yo no he hecho nada. Y aquí sigo. Ya no tengo miedo.

Shamsur se arrebujó en la manta. Empezábamos a disolvernos en la oscuridad.

—Bueno, se acerca la hora de comer —dijo, y cuando miró el vaso de té solitario recordé que estábamos en ramadán. Por eso Abdul no le había servido una taza. Qué fácil equivocarse al juzgar culturas ajenas. Qué difícil interpretar lo que se estaba diciendo, lo que estaba ocurriendo a mi alrededor.

—Hay que atrapar a Asif —añadió Shamsur—. Está en Kabul.

Desde el porche, Abdul debía de atisbar dos sombras muy quietas. Permanecimos callados medio minuto, quizás. Entonces le pregunté:

—¿Es verdad que Khalil te pegó una paliza para que te casaras con la viuda de tu hermano?

Me miró fijamente. Costaba distinguir el blanco de unos ojos que parecían al fin domesticados. Mantuvo silencio varios segundos. Bajó la cabeza y, en esa posición, con los ojos ya perdidos a mi vista, respondió:

—Hay dos cosas de mi vida que no entiendo. Por qué me casé. Y por qué viví tanto tiempo con Jordi.

Esa noche pedí a Abdul un cambio de habitación. Sumaba varios días husmeando en los valles y Shamsur y Khalil se habían mostrado lo bastante nerviosos y ariscos como para espolear aún más mis intuiciones sobre los riesgos alrededor. Faltaban hechos concretos que sustentaran los temores, pero percibía la atmósfera adensándose, me abrumaba la sensación casi tangible de que algo se estaba desatando. Las miradas, las formas de responder de los habitantes de los valles, las revelaciones y conjeturas cada vez más comprometidas de Abdul...

—Noor Mohamed declaró ante la policía que en la madrugada del crimen había visto a Shamsur entrando y saliendo con maletas de la casa de Jordi —había dicho mi anfitrión durante la cena.

—¿Y qué hizo la policía?

—Nada.

—Lo consideraron sospechoso, ¿no?

—Nada —repitió.

—¿Quién es Noor Mohamed?

—El vecino que vive enfrente de la Sharakat House.

—¿El vecino? ¿Puedo hablar con él?

—A lo mejor. Mañana intento que os veáis a primera hora, antes de que se vaya a trabajar.

Los nervios me agarrotaron el resto de la noche. Pensé en las fotos de los hombres con *pakhol* que Shamsur decía haber visto en el umbral de la casa el día en que descubrieron el cuerpo. ¡Fotos de los presuntos asesinos! Parecía una broma, no podía ser que los verdugos fueran tan torpes. Y si, como insinuaba Shamsur, los servicios de inteligencia pakistaníes tenían algo que ver, ¿realmente pensaban que ese truco tan burdo bastaría para desviar la atención hacia los talibanes? ¿No se daban cuenta de que las inverosímiles fotos más bien sugerían que alguien estaba intentando que la investigación apuntara hacia unos sospechosos determinados?

Sin embargo, mi propia experiencia demostraba que la posibilidad de la simple torpeza no debía descartarse. Los malos guiones forman una gran parte de lo real.

Durante la velada, Abdul también había mencionado varias veces a los servicios secretos como cómplices, si no artífices, del asesinato, y yo no dejaba de preguntarme si habría micrófonos en la maldita cabaña. Fue entonces cuando pedí mudarme al cuerpo grande del hotel.

Me instalé en un cuarto del piso de arriba. Mientras me rascaba las picaduras de pulgas decidí que, sin duda, quienes le mataron le querían matar. No iban a permitir que se marchara de Bumburet, aunque fuera para no volver nunca. De hecho, los últimos dos meses casi no se le había visto en el valle y Jordi planeaba partir de nuevo a Peshawar el día después de su asesinato.

Qué importaba: querían matarle.

En uno de los libros que preparaba, Jordi había escrito que entre los nuristaníes se contempla la pena de muerte. No suelen recurrir a ella «pero a veces el rencor supera a la sensatez», escribió también.

LXIII

Una muerte individual puede producir un agujero momentáneo, como una piedra lanzada sobre el agua. Pero desde allí se extienden ondas de dolor.

T. E. Lawrence

El domingo 4 de agosto Dolores Magraner continuaba dormida a las ocho de la mañana. A Rosa le extrañó, su madre siempre se levantaba la primera, pero no le dio más importancia. Preparó la cafetera, tostó pan, se bebió un zumo de naranja e hizo tiempo para desayunar juntas, como acostumbraban. Intentó organizar esa jornada de vacaciones. Había venido de Valencia para pasar unos días con Dolores y quería exprimirlos lo mejor posible.

A las nueve, su madre seguía en la cama. Qué raro. Los últimos días Dolores se había mostrado preocupada por la falta de noticias de Jordi y había tenido pesadillas. Luego, estaba la maldita tos, el martirio de todas las noches. El cansancio debía de haber hecho mella, seguro que el cuerpo le pedía un ratito más de sueño..., el caso es que no era normal. Rosa entró en el dormitorio.

—Mamá... —dijo tocando suave el cuerpo inerte—. Mamá, ¿estás bien?

—¿Qué... qué pasa? ¿Qué hora es?

—Tranquila, mamá..., quería ver si estabas bien. Sigue acostada si quieres.

—No..., no..., pero ¿qué hora es? Me he quedado dormida —miró su reloj—. ¡Huy! ¡Las nueve y pico!

—No pasa nada, mamá, no tenemos prisa. El desayuno está listo, si te apetece...

—Gracias, hija, me levanto. Qué raro lo que me ha pasado.

Después de desayunar, Rosa se metió en la ducha. Estaba a punto de salir del baño cuando escuchó el teléfono.

—*Allo!* —dijo Dolores.

—*Allo.* Soy Shamsur.

—¡Shamsur! ¿Qué pasa?

Shamsur no sabía qué decir, Dolores no le iba a entender en inglés y su francés era malo, así que intentó hablar lo indispensable.

—Tengo una mala noticia: Jordi ha muerto. ¿Dónde está Andrés?

Lo soltó como un puñetazo. Dolores sintió algo difícil de expresar, como si dejara de sentir. Los ojos estaban secos mientras una pena desconocida se abría paso en algún lugar, quizás el vientre, se abría paso arrasándolo todo hasta agolparse en el centro del pecho, donde la tristeza parecía enquistarse, y ahí crecía, crecía, como un gran suspiro que no sale.

¿Por qué no habla la abuela?, se preguntó Shamsur.

—¿Mamá? —dijo el chico.

Dolores no podía hablar. Tampoco llorar. Sólo escuchaba el vacío eléctrico de los cables y, de vez en cuando, un «¿Mamá?».

Al menos no le he dicho que lo han asesinado, sólo que está muerto, siguió razonando Shamsur mientras por el auricular oía algo que debía de ser la respiración, ¿o eran sollozos?, de Dolores. No, sollozos no eran, Shamsur. Dolores no ha vuelto a llorar desde entonces.

No hablaron mucho más. Dolores colgó y dio unos pasos tan vacilantes que Rosa se aprestó a sujetarla mientras su madre lanzaba un grito desgarrador. Poco después, Rosa llamaba a Andrés.

—Han matado a Jordi, a Jordi, a Jordi.

Jordi, pensó Andrés. *Mi hermano. Jordi.* La noche anterior había estado hablando con Rosita sobre él. Andrés había dicho que Jordi le tenía harto, que no iba a pedir a más bancos que le ayudaran, que todo ese trabajo no daba frutos, no tenía futuro. *Mi hermano.*

Andrés contactó con Shamsur.

—Jordi está muerto y hace mucho calor —informó el nuristaní—. ¿Qué hacemos?

Andrés titubeó. *Mi hermano ha muerto. Ha muerto.* Mientras hablaban, Andrés lloraba.

—Que se ocupen de momento los kalash. Diles que mantengan el cuerpo mientras arreglamos los papeles aquí.

Esperanza oyó la melodía de su móvil en el Algarve portugués, donde pasaba las vacaciones. Era su hija Marie.

—¿Mamá?... ¿Mamá?

Horas antes el teléfono de Esperanza había caído al agua y, aunque oía a Marie, su hija no recibía señales de ella. Marie volvió a llamar. Al observar que descolgaban el teléfono pero no recibía respuesta, dijo:

—Mamá, si me oyes, hay algo importante que tengo que decirte. Por favor, llama a este número.

Esperanza compró una tarjeta telefónica y tecleó el número de su hija desde una cabina.

—Mamá, han matado a Jordi.

Esperanza perdió la noción de realidad. No escuchó más de lo que dijo Marie.

—Voy.

Corrió la noticia.

Andrés llamó a Claire, que estaba de vacaciones. *Le han matado el día de mi cincuenta cumpleaños,* pensó. Poco después, recibió un correo de Jordi en el que le pedía dinero.

El *staff* de AMI comunicó la muerte a Ainullah. La tristeza inicial se transformó pronto en una rabia furibunda, en un odio visceral contra las bestias que recorrían las montañas. Ainullah se notó superado por el rencor, estuvo fuera de sí durante unas horas. Descolgó el teléfono, necesitaba certificar la noticia llamando a Andrés, quien le dijo que sí, que le habían matado.

A Cat Valicourt le sobrevino un ataque de pánico. Temía que los e-mails que Jordi le había mandado a lo largo de los años hubieran sido interceptados y alguien malinterpretara sus peticiones. En sus mensajes hablaba de capturar al barmanu, el peludo, pero ¿y si alguien deducía que ésa podía ser una clave para hablar de los barbudos? ¿Y si pensaban que lo que quería Jordi era capturar barbudos... y ella le ayudaba?

La agencia de noticias France Press definió el asesinato como un «crimen político» motivado por el afán proselitista de Jordi, que intentaba ganar adeptos al cristianismo. La prensa pakistaní le acusó de haber mantenido contactos con la Alianza del Norte, describiéndolo como un marginal perseguidor de una fantasía tan alocada como el barmanu.

El día de su asesinato, la revista *Grands Reportages* acababa de lanzar al mercado la entrevista a Jordi firmada por Franck Charton, el reportero que le había considerado «excéntrico y sentimental». Incluía un despiece donde el paleontólogo Yves Coppens, el científico al que Jordi siempre consideró enemigo por ningunear sus investigaciones, el viejo Coppens admitía la posibilidad de que algún día pudiera hallarse «un tipo de ser humano arcaico» en el Hindu Kush. Otro texto publicado en esas fechas aseguraba que en el último siglo no había habido crímenes entre los kalash.

El 5 de agosto, los kalash envolvieron el cuerpo de Jordi en el Mantón del Saber dejando sólo su cabeza al descubierto. Emplazaron el ataúd de madera en medio del salón central del Templo de los Ancestros, una construcción kalash algo más grande que las habituales, de techo no muy alto, un espacio que Occidente asociaría más a un pequeño almacén que a lugares sagrados. Había varias bolsas con hielo sobre el cuerpo. El calor apretaba y el cadáver llevaba varios días descomponiéndose.

Centenares de kalash venidos de los tres valles se congregaron en el templo, aunque su limitada capacidad dispersó a la mayoría por la ladera más poblada de Krakal. Comenzaron a sonar los tambores, las mujeres a cantar, se bailó giróvagamente con los brazos en alto, se sacudieron ramos, se agitaron banderas y la gente lloraba. Lloraba.

Shamsur y Khalil pasaron la mayor parte del rito en el porche. Akiko, la japonesa que residía en los valles casada con un kalash y que había conocido a Jordi, filmó el funeral. En la cinta se ve a varias decenas de kalash que se abrazan formando un gran corro en torno al ataúd y, cantando, dan vueltas alrededor. En el centro, sólo Jordi, acompañado por una o dos niñas que sacuden ramas de roble verde para purificar el cuerpo y espantar los enjambres de moscas que se ciernen sobre el cadáver.

Fieles a la tradición, Abdul y su familia alimentaron a los asistentes. En el vídeo se los ve comer un espeso caldo de carne de cabra y harina en el que mojan pan. Abdul también pronuncia palabras de despedida. Su barba había empezado a crecer, así guardan luto los kalash. No se la volvería a afeitar hasta diciembre. Un entierro kalash suele durar tres meses, pero con Jordi continuó viniendo gente de los valles a dar el pésame durante seis.

Tras la ceremonia, la comitiva se dirigió al patético cementerio de Krakal. Enterraron el cuerpo al fondo de la necrópolis. Desde la tumba, basta con saltar un murete de piedras para abandonar el fúnebre bosquecillo y emprender la ascensión a la montaña.

Gyuri Fritsche llegó a Bumburet la tarde del martes 6 con escolta policial y en compañía de uno de los muchos ex empleados de Jordi, Sultán. Necesitaba saber más sobre la muerte de su amigo, desconfiaba de la policía. Empezó a hacer fotos, a preguntar. Los agentes continuaban en la Sharakat House, por donde los niños correteaban sin control. No había cordón de seguridad, el escenario del crimen podía ser violentado por cualquiera en aquella investigación catalogada con el código criminal 302 que capitaneaba Mir Azam Khan, el hombre que había aconsejado a Jordi esfumarse.

Cuando Gyuri escuchó cómo habían degollado a Wazir, dedujo un móvil religioso... o que al menos los asesinos pretendían hacer pensar en él. Alguien le habló de homosexualidad y de una venganza sentimental. Gyuri recordó a su hijo cabalgando en la pierna de su amigo.

—Joder —masculló. Necesitaba más datos, detalles, alguna explicación. De sus averiguaciones también extrajo que Jordi no sufrió. Que fue distinto para el chico kalash, al que primero debieron atrapar y después decapitaron de una forma demasiado lenta.

Cuando encontró a Khalil, le percibió extremadamente nervioso. Shamsur también se comportaba extraño, eludía preguntas o las contestaba sin demasiada coherencia. Gyuri concluyó que como mínimo Khalil y Shamsur sabían algo. Después, fue a la tumba de su amigo y lloró.

Un funcionario de correos de la delegación de Fontbarlettes regaló una esponjita a Dolores para que pudiera sellar más fácilmente las cartas de agradecimiento que enviaría a los centenares de personas que le habían expresado condolencias. Mientras, los hermanos Magraner intentaban solventar la repatriación del cuerpo después de haber autorizado el entierro. Los advirtieron de que ya era muy tarde para repatriar el cadáver porque estaba muy descompuesto. En esa zona de Pakistán no disponen de cámaras frigoríficas.

Shamsur pidió a Andrés que fuera a Pakistán para ocuparse del cuerpo, pero la embajada española les desaconsejó viajar advirtiendo que cualquier miembro de la familia que se desplazara a la zona correría mucho peligro, aún más tratándose de un asunto turbio como aquél. Tenían que responder rápido, así que los Magraner obedecieron a la embajada y, fieles a sus instrucciones, enviaron un fax ordenando que Shamsur y su familia se hicieran cargo del cuerpo y los enseres de Jordi.

Pero ¿cuándo iban a reclamar el cadáver?

Dudaban.

Por una parte, la embajada española y la francesa no contribuirían a costear la repatriación, que la empresa Walji's

Adventure estimó en 5.850 dólares, incluyendo el transporte a Valence y la posterior inhumación. Era una cifra exigente, si bien la familia haría el esfuerzo, claro que lo haría..., aunque, por otra parte... Abdul había sacrificado más de veinte cabras para el funeral y continuaba avituallando a los policías instalados en la Sharakat House. Fue una ruina. Todo aquello le costó trescientas mil rupias, tuvo que cerrar el hotel. Un golpe muy duro para su economía. ¿Y si Abdul no quería que se llevaran a Jordi?

«Le enterraron con honores de gran jefe.» «Era muy respetado.» «Fue un baluarte.» «Un embajador.» Es algo de lo que se dijo después. «Los kalash consideraban al científico casi como un dios», escribió el periódico *El Mundo* en España.

La cuestión era ¿qué habría deseado Jordi? ¿Dónde preferiría yacer? El instinto de la familia topaba con la biografía del buscador de barmanus, el protector de kalash. Jordi había disfrutado y sufrido como nunca en Chitral, donde aguantó casi invocando a la muerte. Su vida adulta había discurrido en aquellas montañas. Él mismo era kalash.

Los Magraner asumieron que los restos de Jordi debían permanecer al menos una temporada en los valles. Por respeto hacia la que fue su gente. Y hacia él.

LXIV

Lo matamos a conciencia pero somos inocentes.

Gabriel García Márquez,
Crónica de una muerte anunciada

Noor Mohamed apareció con un amigo y Abdul muy temprano. La salida del sol evaporaba las aguas del río formando una ligerísima bruma que revistió de un aire fantasmal a la pareja que atravesaba el jardín. Noor Mohamed llevaba un chaleco tejano sobre la azulina *shalwar-kamize.* Caóticos rizos le bailaban por la frente subrayando su aire adormilado.

—Ha tenido que convencerle su mujer —dijo Abdul—. Le ha dicho que habías venido de muy lejos para verle, que tenía el deber de hablar contigo.

Noor Mohamed estaba claramente a disgusto. No hablábamos idiomas comunes, el suyo era el quetta, así que me dirigí a Abdul.

—Dile que le agradezco que haya venido y...

Noor Mohamed me agarró del brazo, me arrastró jardín adentro y a una distancia imprudente dijo:

—Abdul no. Abdul no. Abdul no.

Abdul no nos siguió. Sin duda había oído al musulmán. ¿Cómo que Abdul no? ¿Por qué?

—Abdul, *muyirim*. Abdul, *muyirim*.

Caminamos hasta las sillas de hierro.

—No te entiendo —dije—. ¿Qué significa *muyirim*? ¿Cómo vamos a entendernos sin Abdul?

—¡Abdul no! —miró furtivamente hacia el porche del hotel, donde Abdul se había sentado.

Pensé que Noor Mohamed no debía hacer eso. No debía mirar a Abdul cuando hablara de él. Joder. De repente hacía más calor. Lo que sugería Noor Mohamed resultaba demasiado inquietante. No quería, no me convenía creerlo.

—Shamsur, Khalil, Asif, Abdul, *muyirim* —dijo—. Shamsur, Khalil, Asif, Abdul, *muyirim*.

Y así una y otra vez, alternando las enumeraciones con esquinados vistazos al porche. Su indiscreción me desquiciaba. Cuando comprendió que no podríamos avanzar en la charla, mandó a su amigo en busca de alguien. Pronto, llegó un joven afeitado que se presentó como kalash. Él nos traduciría.

—¿Qué significa *muyirim*? —pregunté.

—Criminal.

Me traspasó un escalofrío anunciado. Logré no mirar hacia el porche.

—Dile que repita lo que me ha estado diciendo hasta ahora, por favor.

Noor Mohamed volvió a dar su lista de *muyirim,* pero no me hizo falta traducción para observar que esta vez no había nombrado a Abdul. Refrescarle la memoria se antojaba una imperdonable imprudencia. Nuestro traductor era kalash. Por mucho que conociera a mi confidente, ante todo era kalash, y cualquier fleco de aquella conversación llegaría probablemente a oídos de Abdul. Si de verdad Abdul estaba implicado, incluirlo entre los sospechosos podría poner en peligro tanto a Noor Mohamed como a mí.

—Asif, Shamsur y Khalil estaban siempre con Jordi —dijo—. Yo traía maderas para ellos, las dejaba fuera, pero nunca me permitían entrar en la casa.

El traductor comenzó a temblar. Hacía bastante frío, los tres hablábamos encogidos en las gélidas y húmedas sillas, pero su temblor aumentó muy deprisa, hasta hacerse desmesurado.

—Perdón —pidió—. Hace mucho frío.

Apretaba los dientes para que no le castañetearan.

—¿Qué viste aquella noche? —pregunté a Noor Mohamed.

—Hacia las dos de la madrugada me levanté a orinar y vi a Shamsur con dos maletas. Al descubrirme hizo el gesto de ir a esconderse, pero le pregunté qué hacía, adónde llevaba esas cosas. Me dijo que estaba estudiando inglés y que llevaba libros para estudiar.

—¿Inglés o francés?

—No sé. A lo mejor era francés.

—¿Y?

—Cuando supe que habían matado a Jordi y la policía empezó a hacer preguntas, se lo conté a los detectives. Jordi era un buen vecino, siempre me regalaba cosas y a veces me daba algún dinero, cuando las cosas estaban difíciles.

—¿Qué dijiste a la policía?

—Pues eso, lo que vi. Apuntaron mucho en libretas pero no hicieron nada. Se lo repetí varias veces, pero nada. Entonces, un día Shamsur y Khalil vinieron a buscarme para decirme que si no me callaba, me iban a matar.

El traductor temblaba como un poseído. Abdul conversaba en el porche con Goul Nizar, la niña nacida aquella inolvidable madrugada. Tenía siete años y se preparaba para ir al colegio.

No mucho después del testimonio ante la policía, Noor Mohamed fue acusado de tenencia de droga. Pasó una temporada en prisión antes de emigrar durante un año a Nuristán.

—Estaba muy asustado y me marché. Allí le conté la historia a una comandante americana, pero tampoco hizo nada. Cuando volví, Khalil vino otra vez y me dijo que había pagado mucho dinero a la policía y que mejor que me callara la boca.

—Y ahora, ¿tienes miedo?

Noor Mohamed despegó los grandes y caídos párpados enfocándome con sus fatigados ojos marrón claro.

—Tengo mucho miedo, sobre todo por la noche. Somos una familia de seis, trabajo en el campo. No podría hacer nada...

—¿Por qué me cuentas esto?

Estuve a punto de añadir: «Te juegas la vida».

—Porque la justicia es necesaria.

Es probable que todos miráramos la hierba, yo lo hice. Hubo silencio. Notaba al traductor estremecerse. No dejaba de pensar en Abdul. Cómo deseaba pronunciar su nombre, preguntar a Noor Mohamed por qué lo consideraba *muyirim,* por qué silenciaba su nombre ante nuestro traductor. Pronunciarlo, ¿hasta dónde me acercaría a la muerte?

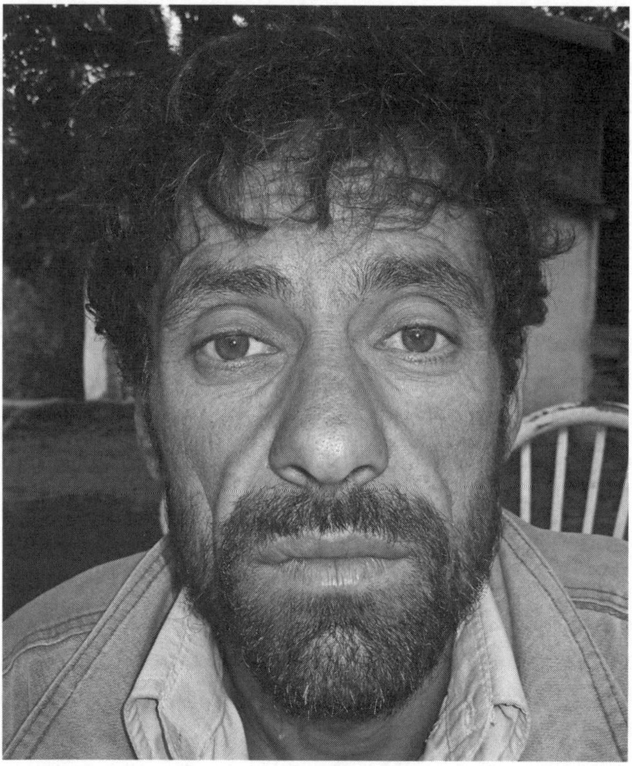

—¿Quién más sabe esta historia en Chitral? —pregunté.

—Pues eso, la policía. Y Athanasious Lerounis, el griego. Creí que él podría ayudar, no sé quién más podría ayudarme aquí. Le pedí que cazara al criminal. Tampoco ha hecho nada, pero me fue dando dinero para poder presentarme en la comisaría de Chitral, tenía que ir a fichar cada pocas semanas y los viajes cuestan dinero.

—¿Lo sabe alguien más?

—Nadie más.

—O sea: la policía, Lerounis —miré a la cara del traductor— y ahora tú —el chico afirmó rápido con la cabeza—. Te pido que no le digas a nadie lo que has escuchado aquí. ¿De acuerdo? A nadie, por favor.

Ahora que he vuelto y estoy vivo puedo frivolizar y sonreír sobre las palabras que dirigí a Abdul tras despedir a mi informador:

—No sé por qué no quería que escucharas. No me ha dicho nada que no supiera.

Abdul empuñaba su pequeña navaja, plegada.

—No importa —respondió—. Le metieron seis meses en la cárcel por tener hachís y desconfía de todo el mundo. Es normal.

LXV

El diccionario define como «monstruoso» todo aquello que está «contra el orden de la naturaleza», incluyendo «cualquier criatura fantástica o legendaria». En el top monstruoso de la cultura popular destacan el engendro del lago Ness, el Minotauro, Medusa, el Chupacabras y el Yeti.

De todas formas, el término también sirve para identificar a personas que realizan «acciones monstruosas de gran envergadura». El poeta tibetano Jetsun Milarepa creyó que, en realidad, ésta es la única acepción de esa palabra, de ahí que escribiera:

> Eso que parece monstruoso,
> eso que todos llaman monstruoso,
> eso que todos reconocen como monstruoso,
> viene del propio hombre.

LXVI

No se combate para regresar coronados de flores, en una mañana de sol, entre sonrisas de mujeres jóvenes. No hay nadie que mire, nadie que le llame valiente.

DINO BUZZATI, *El desierto de los tártaros*

Si se analiza la gloria de los hombres, se verá que consiste en nueve décimas partes de viento, quizás en noventa y nueve centésimas partes de viento.

CHARLES GORDON, *Diario*

Ángel, Esperanza y Andrés Magraner viajaron a Chitral en mayo de 2004 por primera vez desde la muerte de su hermano. Casi dos años después. «¿Por qué habéis tardado tanto?», les preguntaron.

A los pocos días de aterrizar en Pakistán, una nueva bomba mató a ochenta personas en una mezquita de Karachi.

«¿Eh? ¿Por qué habéis tardado tanto?» Los Magraner no respondieron «Por miedo», quizá la respuesta más franca. El caso es que estaban ahí.

Compartieron dos semanas de recuerdos e impotencia peregrinando por juzgados pakistaníes y oficinas de embajadas. Francia se desentendió del caso. España alegó carecer de infraestructura. Los Magraner malgastaron la mayoría del tiempo en pasillos y salas de espera. Al menos pudieron ver a los padres de Wazir.

Cada noche concluía de manera similar: «Hemos arreglado el mundo y nos hemos ido a dormir», escribía Andrés en su diario. A menudo les costaba conciliar el sueño y aun entonces continuaban alerta. La plegaria de madrugada despertaba al pequeño de los Magraner, que se removía en la cama, un hatajo de rabia y odio, la voz del muecín ocupando la noche como una tortura. «¡Es un horror!» (Diario de Andrés.)

Escucharon variopintas y en ocasiones ignominiosas teorías sobre las razones del asesinato. Shamsur les aseguró que Mohamed Din le había escrito poco antes de morir reconociéndose culpable.

Esa carta no la ha visto nadie.

Shamsur ha explicado tantas versiones a personas distintas o incluso a la misma que es lícito cuestionarse su salud mental. O su inteligencia. Un día, ante Andrés, comenzó a golpearse la cabeza farfullando «putos musulmanes, putos musulmanes». *¿A quién creer?*, se preguntó Andrés mientras Shamsur se golpeaba la cabeza delante de él. *Si todos dicen que los otros mienten.*

En Francia, Andrés continuó enviando súplicas para que alguien se implicara en la investigación. Al escribir al Tribunal Internacional de Justicia de La Haya, sin saber ya qué decir para estimular a sus interlocutores, se dejó llevar:

> Era más que un hermano. Era también mi profesor, fue a veces como mi padre, perdido en 1975, cuando yo tenía menos de doce años. Yo solía jugar todo el tiempo con él, con nuestros juguetes, de niños.

Sin resultado.

Escribió a la oficina francesa de víctimas del terrorismo, donde respondieron que no estaba claro que Jordi fuera una víctima del terrorismo y que sólo las personas con nacionalidad francesa tenían derecho a alguna indemnización; escribió al Ministerio de Justicia francés; al ministro de Asuntos Exteriores Dominique de Villepin, que le remitió a los servicios consulares pakistaníes; a la base en Lyon de Interpol, y hubo muchas más cartas, cartas durante tres años, aguardando novedades de tres abogados: Jacques Vergès les recomendó que contactaran con un abogado español; Bertrand Madignier desistió tras dos años infructuosos; y Collard, el más famoso, ni siquiera movió un dedo. Claro, qué tonto había sido recurriendo a él, cómo le iba a interesar ese caso, si al fin y al cabo Collard había conseguido su fama defendiendo a moros.

Decidió que si alguien podía, si alguien tenía que interceder por Jordi, era la embajada de su país y, pese al rechazo inicial, Andrés reclamó de nuevo ayuda al embajador Antonio Segura Morís, el mismo hombre que había dicho en un cóctel que se trataba de un crimen pasional, y cuyos empleados de la embajada secundaban la versión asunto-de-celos-homosexuales.

De todos modos, ¿en qué basaban su teoría del crimen pasional? En 2010, Segura Morís ejercía como cónsul de España en Shanghái. Allí envié un e-mail preguntando sobre el asesinato de Jordi. El ex embajador respondió pronto:

> El hecho de que yo haya tenido conocimiento de este triste suceso en mi calidad de embajador de España hace que, por razones de secreto profesional, no me sea lícito hablar sobre el asunto, lo que espero que usted comprenda. Jordi Magraner había nacido en el entonces protectorado español de Marruecos, donde residía su familia, con la que luego se trasladó a Francia —Valence—. Que yo sepa no fue un asesinato sino un homicidio —que, como usted sabe, no es lo mismo: hace falta que concurran ciertas cir-

cunstancias agravantes para convertir el homicidio en asesinato—, y en el momento de su fallecimiento Jordi Magraner tenía —creo recordar— la nacionalidad francesa.

Volví a escribirle.

> Agradezco mucho su respuesta. A propósito de la misma, comentarle que tras mi investigación en Pakistán no comparto la calificación de «homicidio» que usted da a la muerte de Magraner. Todo indica que fue un asesinato, ejecutado además por varias personas, por supuesto que con premeditación, y de ahí que me interese singularmente su versión de los hechos. Comprendo la dificultad para abordar ciertos temas, pero supongo que no será comprometido explicar al menos cuáles fueron los pasos seguidos por la embajada tras conocer la muerte de Magraner. Y, si es posible, su opinión al respecto. Le agradecería mucho su colaboración.
>
> Por otra parte, la familia Magraner asegura que Jordi tenía la nacionalidad española.

Supongo que Segura Morís se sintió atrapado. Esta vez tardó más días en responder. Cuando lo hizo, no describió las acciones de la embajada posteriores al crimen ni aludió a la nacionalidad de Jordi, centrándose en los aspectos técnicos de la investigación para concluir que:

> En un caso como éste —homicidio o asesinato— sólo es asesinato si el juez decide que lo es. Lamento no poder ser de más utilidad y aprovecho esta oportunidad para enviarle un cordial saludo.

Como hizo con Andrés, Segura Morís resolvió remitiéndome a la justicia pakistaní, el camino que todos los que conocen aquel magma insisten en evitar, por insolvente y corrupto. Los Magraner ya habían fracasado en su intento de averiguar más a través de la policía y los jueces. Sólo consiguieron aumentar su desesperación y su rabia detectando, eso sí, algo significativo: los cuerpos de seguridad, los jueces, los políticos y todos aquellos vinculados a esferas de poder aceptaban que se trataba de un crimen pasional, uno más. Los habitantes de los valles, caravaneros, pastores o miembros de ONG que conocían a Jordi y su contexto solían coincidir en señalar como ejecutores a los talibanes e incluso, alguno, a los servicios secretos. Pero entonces ¿por qué se sospechaba de Shamsur, Khalil y de un refugiado afgano? Algunos vecinos piensan que los hermanos Rahman fueron utilizados. «Tenían hambre y, si no lo mataron, abrieron la puerta al asesino. ¿No es eso matar?» Eso piensan los vecinos.

La imposibilidad de obtener respuestas ni ayuda después de tres años de sostenidos esfuerzos terminó por reventar a Andrés. Estaba agotado de rellenar formularios, de hacer llamadas, de la burocracia infinita, muy cansado por la enorme pérdida de Jordi. Se sentía un tanque vacío. No había nada más que se creyera capaz de hacer, no podía seguir soportando aquel peso.

Tras 2004, cesó la reivindicación de la figura de su hermano, mientras su madre, poco a poco, renacía. Después de tres años casi sin hablar ni escuchar música, hundida en el sofá, Dolores comenzó a volver. El 11 de abril de 2006, día de su ochenta cumpleaños, una *limousine* fue a buscarla a casa para conducirla al restaurante donde, sin ella saberlo, la esperaba toda su familia. Y alguien más.

—Hola —le dijo Erik l'Homme—. He venido en el lugar de Jordi. Quiero que sienta que él también está aquí.

«Eso sí que fue emocionante. Sí que lo fue, ya lo creo. Sí que lo fue», dice Dolores cada vez que recuerda aquel día.

A principios de 2008, Esperanza encontró la fuerza para entrar en el antiguo cuarto de Jordi en Valence, abrir las maletas de hierro y empezar a clasificar sus apuntes y diarios. Enfermó, pero en verano volvió a la carga. Empapeló la habitación, ordenó los libros. Hasta entonces, al entrar ahí la había embargado la pena, angustiada por la impresión de que tocaba las cosas de su hermano sin permiso.

Ante el ímpetu de Esperanza, Andrés pareció reactivarse, y aunque todavía permanece en reposo, tiene planes:

> Voy a defender la creación de un museo o algo que le recuerde. Si olvidan sus investigaciones, le matarán por segunda vez.

Los hermanos, eso sí, saben que ningún pasado es espléndido. Recuperar la memoria de Jordi puede implicar revelaciones para las que creen estar preparados.

LXVII

Mis días en Chitral volaban ante tanta diferencia, tanta novedad. Pensaba que el peligro debería ralentizar el tiempo, pero no fue del todo así. Sólo eternizaba las noches, que, al amanecer, parecían no haber existido. Luz y oscuridad marcaban una frontera tajante entre los mundos del temor y el sosiego. Por la mañana, las expectativas de cada jornada obligaban a centrarse en el siguiente acto, que de nuevo requeriría toda la atención, sin excusas de cansancio ni miedo, sin siquiera sentirlos, en realidad. Toda la atención.

Abdul me acompañaba siempre, traduciendo cuando era necesario. Que Noor Mohamed le hubiera acusado de una forma tan rotunda le incluía entre los sospechosos, pero después de su acogida y las charlas y su forma de expresarse y de beber, con el rostro torcido por el dolor, me costaba aceptar que fuera uno de ellos.

Aparte de los hermanos Shamsur y Khalil Rahman, sólo Abdul frecuentaba el despacho de Jordi, y decidí creer que Noor Mohamed lo había asociado automáticamente al grupo de asesinos exponiendo lo que no era más que una intuición como si se tratara de una verdad. En Pakistán, yo había topado otras veces con afirmaciones categóricas que se terminaban revelando falsas.

Abdul continuó tan predispuesto y amable como de costumbre, no hubo cambio en nuestro trato. Visitamos a gente que conoció a Jordi, vimos el tirachinas que regaló al hijo del príncipe Hilal y bebimos té en el valle asolado por el cólera con los padres de Wazir. El día anterior yo había preguntado a Shamsur qué haría con el culpable si lo capturaran.

—Le cortaría el cuello, como él le hizo a mi amigo —respondió.

Repetí la pregunta a Samsam, el padre del niño muerto.

—Supongo que deberían castigarle de acuerdo con la ley —respondió.

—¿Cree que el hecho de ser kalash le perjudicó?

—No creo que ser kalash empeorara nada.

En el jeep de regreso a Bumburet, Abdul dijo:

—Lo cierto es que era kalash. El primero con el que vivía Jordi.

Ascendiendo el sendero del valle, nos detuvimos frente al enorme museo dedicado a los kalash que financiaba el Gobierno griego y dirigía Athanasious Lerounis. Una suntuosa construcción de piedra y madera notoriamente anómala en aquel cañón austero y miserable. Lerounis no nos pudo recibir, dijeron que estaba reunido. Escribí una nota señalando que me interesaba hablar con él, podríamos encontrarnos esa misma tarde en el hotel de Abdul. Pese a la longitud del valle, la gente se localiza fácilmente, basta con dar la voz. Y del museo al hotel no hay ni quince minutos.

En el jardín del hotel, Abdul ordenó a su hija Asmat Goul que nos sirviera té. La joven tenía coletas y el rostro tiznado de hollín, que contrastaba con su sonrisa radiante. También trajo tres libros, leche de cabra recién ordeñada en un cazo y un tarro de miel, aunque sólo yo la probé. Durante el día, Abdul no ingería más que té, al menos delante de mí. Casi respetaba el ramadán pese a su credo pagano.

—Mira, éstos son los libros que presto a mis huéspedes —dijo Abdul.

Dos eran novelas sentimentales y el otro, un ensayo que publicó *The New York Times* titulado *The politics of rich and poor*. Abdul intentaba que los demás entendieran el porqué de su situación. ¿Cómo te sacudes el sentimiento de pobreza cuando sabes que lo eres y no tienes ninguna posibilidad, ninguna, de cambiar la situación? Hablamos de eso, de ricos y pobres, de cárceles con otro nombre.

—En invierno, aquí se llega a veinte bajo cero —dijo Abdul—. Entonces, yo me marcho dos meses a Peshawar o a Lahore y trabajo como *manager* nocturno de hotel o, si no hay nada más, como botones. Enseño habitaciones. ¿Y sabes por qué lo hago? Para no morirme de pena en el valle.

Abdul se fue inflamando.

—Excepto a los de su religión, los musulmanes tratan al resto como animales, nos miran como si fuéramos de segunda clase. No somos esclavos ni limpiamos retretes, de acuerdo, tenemos nuestro propio retrete. Pero no somos iguales. Ya te dije qué es lo único que conservo de Jordi: la silla donde murió. Murió en mi casa pero se lo llevaron todo. Shamsur y Khalil se llevaron todo lo que no se quedó la policía.

—Entonces, la silla está aquí...

—La tengo en la parte de atrás —señaló al anexo de la cabaña donde dormí las primeras noches.

—¿Puedo verla?

Abdul ordenó traerla a otro de sus hijos.

—¿Por qué Shamsur iba a inventarse lo del golpe en la cabeza? —pregunté mientras tanto.

Abdul alzó un hombro.

—Hay personas que inventan cosas y de tanto repetirlas terminan por creérselas de verdad. Luego te las intentan hacer creer a ti, para que no les digas que están locos. Y algunos consiguen que los crean. En realidad, cada vez hay más que lo consiguen —respondió.

El niño plantó la silla en la hierba. Proyectaba una sombra larga. Era una pieza artesanal de madera. Los ratones habían empezado a devorar las esquinas del asiento forrado con piel de vaca y carecía de uno de los apoyabrazos, el derecho. Los maderos de ese lado estaban claramente impregnados por añejos chorros de sangre que oscurecían aún más las castigadas patas.

—¡Hola!

Shamsur saludaba desde el borde del jardín envuelto en su mantón. El sol ya era blando.

Casi al unísono, un jeep aparcó a las puertas del hotel.

—Malik Sha —dijo Abdul.

Apareció su hijo junto a otro hombre. Transportaban la lápida.

A las 17.56 el griego Lerounis aún no había aparecido, así que partimos hacia el cementerio. Pastiret, el kalash que cargaba la losa al hombro, recordó que había trabajado dieciséis días cuidando los caballos de Jordi. A su lado, Malik Sha empujaba la carretilla con la saca de cemento. Shamsur caminaba a la par. Y entonces, como si formara parte de un plan, los altavoces de Bumburet proyectaron la voz del almuédano emprendiendo la plegaria, su canto apoderándose del valle.

En el puente, una comitiva de cinco niños se unió al grupo y nos acompañó jugueteando hasta la tumba. Poco después llegó Abdul, que envió a un chaval a por agua. Pastiret despejó el rectángulo de grava y hojas mientras Shamsur ayudaba a adensar la mezcla. Cuando el cemento estuvo listo, Pastiret empezó a extenderlo sobre la superficie.

—No te pelees —le dijo Shamsur a un niño que había pegado a otro.

Fue necesario añadir un poco más de mezcla.

—¿Es el hermano de Jordi? —preguntó un niño señalándome.

Tuve ganas de llorar.

Por Esperanza.

Por Andrés.

Por Dolores.

Por cada uno de los Magraner.

Por todos a los que no nos basta soñar.

Tendimos la lápida sobre el cemento y adornamos el contorno con piedras bien escogidas. No hubo discursos. Permanecimos dos, quizá tres minutos en silencio frente a la tumba. A las 18.59 abandonábamos la necrópolis.

Las inscripciones de la leyenda miran hoy a la montaña. No hay más letras que ésas, en el bosque donde moran los ancestros de los kalash.

Jordi Federico Magraner.

Único nombre en el cementerio anónimo.

Un nombre.

El privilegio que el Hindu Kush reserva a los más altos, a los más grandes, a los que se elevan simplemente un poco por encima de tantas formidables alturas. Un nombre. Esa corona sólo para gigantes.

LXVIII

Reconozcamos la llama del poder o la gloria, y una llama correspondiente surgirá en nosotros mismos. Rindamos homenaje y fidelidad a un héroe, y seremos también heroicos.

D. H. Lawrence, *Apocalipsis*

En las historias que contamos de nosotros mismos, no éramos esos locos radicales e indigentes que ve usted en la televisión, sino más bien santos, poetas y, sí, reyes victoriosos.

Mohsin Hamid, *El fundamentalista reticente*

Ser poeta no consiste en escribir un poema, sino en encontrar una nueva manera de vivir.

Paul la Cour

Epílogo

Tras colocar la lápida, cené con Abdul y Shamsur en el anexo de la cabaña. Fue un banquete digno del acontecimiento. Dulces fritos, espalda de cordero con patatas y arroz, ensalada de tomate y cebolla, manzanas de postre, además del indispensable licor de albaricoque, que desapareció mientras yo fumaba junto a un Shamsur sonriente, divertido y capaz de rescatar anécdotas de una época mejor.

Disfrutamos el espejismo de la abundancia para fijar no tan dañinamente aquella fecha en la memoria.

En algún momento Abdul rió, rememoró cuántas noches había rodado borracho por el sendero al volver de la Sharakat House. Quizá por segundos logró olvidar.

Al salir de la cabaña, los tres algo bebidos, Shamsur dijo:

—Te ha venido a ver Noor Mohamed, ¿no?

No llegué a contestar. Una linterna se movió a los pies de la escalera que conducía a mis habitaciones y reconocí a Khalil. ¿Cuánto tiempo llevaba esperando fuera?

—Hola. Sólo vengo a despedirme. Sé que querías verme otra vez, pero mañana salgo temprano para Chitral y ya no podremos hablar, lo siento.

No sé qué más dijimos, los nervios me atenazaron. Abdul escuchaba a mi lado. ¿Quién era quién? ¿Qué estaban dispuestos a hacer? La atmósfera se había ido espesando aquellos días, la sensación de peligro aumentaba a cada pregunta que formulaba, pero en territorio extraño cuesta ser consciente de los límites que traspasas, de las dagas que se ciernen. Quizá todo incumbiera a mi fantasía. Como Jordi deseó creerse intocable, yo me supuse una víctima inmediata, todo alrededor me acechaba. Pero no. No debía descontrolarme, calma. Calma. De todas formas, la amenaza era demasiado intangible, un cúmulo de historias acopiadas que quizá yo estuviera exagerando, yo y mi tendencia a la paranoia... Pero entonces ¿qué era aquella torturadora opresión, aquella asfixia? ¿De dónde venía?

Subí a mi habitación al borde del pánico. Como había tres camas, coloqué un colchón contra la puerta a modo de contrafuerte y usé otro para bloquear una ventana rota. Intenté dormir empuñando la navaja, sabiendo que si algo ocurría, no iba a tener opción. Sólo al alba me rendí dos horas.

Hacia las nueve de la mañana, me asomé por el museo en busca del griego Lerounis. Tampoco fue posible encontrarle. A punto de dejar Bumburet, topé con Khalil en el sendero. Por algún motivo no había madrugado. Intentó esquivarme, siguió valle abajo. Al cabo de unos minutos regresó. No quedaban vehículos para viajar a Chitral y preguntó si podíamos llevarle.

El azar continuaba disponiendo situaciones así de inverosímiles.

Nos sentamos juntos en la parte trasera del jeep, hombro con hombro. Al arrancar, emprendí un interrogatorio al que no me habría atrevido de no saber que esa noche no dormiría en Bumburet. Le pregunté cómo habían matado a Jordi, y lo hice de la forma más agresiva, casi dando por hecho que Khalil estuvo presente en la ejecución. Pregunté por qué Shamsur y él no le habían protegido después de prometer que lo harían. Por qué, tras su muerte, él y su hermano se habían llevado el jeep y mucho más de la Sharakat House.

—¿El jeep? —dijo—. No valía gran cosa.

Descendíamos la carretera infame y por primera vez no temía despeñarme, sólo quería preguntar, provocar, desahogarme. Recurrí a trucos malos intentando que Khalil se delatara.

—¿Encontraron la piedra con la que le golpearon?

—No le mataron con una piedra —respondió—, fue algo plano lo que le aplastó el cráneo. Le mató un profesional, quizás un comando. La cuchillada en el cuello es perfecta, eso no lo hace cualquiera.

De nuevo el golpe en la cabeza. ¿El cráneo aplastado? ¿De dónde sacaban él y su hermano eso? ¿Lo habían visto? ¿Se lo habían contado? ¿Habían construido ellos mismos una historia en la que por su bien ya sólo podían creer? Y si era así, ¿qué protegían? ¿Su salud mental? ¿Su libertad? ¿Sus vidas?

—Lo que está claro es que los que le mataron le querían matar —dije—. El día después se iba de viaje, pero no iban a dejar que se marchara.

Khalil calló. Miraba a los abismos enfrente.

—Y lo que menos entiendo —continué— es el encarnizamiento con el niño. Eso no lo haría un profesional. Ahí hay algo más. Quizá fuera algún tipo de venganza.

Khalil ofrecía su perfil más estático y esbelto.

—¿Quién podría querer vengarse? —insistí—. ¿Por qué?

—La clave es Asif —respondió—. Si le atrapan, todo se pondrá en su lugar, como el agua y la leche.

—¿Por qué no llamas a Ainullah? Está en Afganistán, tiene contactos en el ejército. Si, como dicen, Asif es ahora militar, Ainullah podría ayudarte a encontrarle.

—Hace cinco años que no sé nada de Ainullah. ¿Por qué iba a llamarle ahora?

—Antes Ainullah no estaba en condiciones de ayudar. Ahora sí. Además, encontrando a Asif la policía os dejaría tranquilos, ¿no? ¿No vale la pena intentarlo sólo por eso?

Pese a mi impertinencia, Khalil no hizo ni una mueca de disgusto, como si asumiera que debía defenderse. Como si tolerara su papel de sospechoso.

—El caso se reabrió dos veces —dijo—. ¿Sabes qué me dijo la policía? Que fuera a Kabul a buscar a Asif. ¿Con qué dinero? ¿Y soy yo quien lo debe detener? ¿Qué ayuda tengo para hacer eso?

—Ahora, la de Ainullah.

—No voy a llamar a Ainullah. Ni a la familia de Jordi. Envíales mis saludos, diles que estoy muy triste, pero no los voy a llamar. Yo arriesgué mi vida yendo con Jordi a Jalalabad en busca del barmanu. ¡Del barmanu! Lo hice por amistad. Y luego la familia ni se ha preocupado por mí. Hace cinco años que no tengo noticias de ellos. Estoy cansado de repetir todos estos años siempre lo mismo. Quiero olvidar.

—Puede, pero la familia de Jordi no quiere hacerlo. Ellos sólo piensan en detener al asesino y van a actuar dentro de poco —mentí—. Hasta ahora han estado bloqueados, tenían demasiada tristeza, pero han empezado a contratar abogados, asesores. Además, Erik l'Homme, ¿te acuerdas?, Erik va a publicar un libro sobre Chitral y el mundo entero se interesará por lo que pasó aquí. Pronto vendrán policías extranjeros a investigar y esto no va a parar hasta que encuentren a los asesinos.

No sabía qué inventar, pero deseaba que si Khalil y Shamsur estaban de verdad involucrados, su infierno no terminara.

—¿Y los vecinos? —se me ocurrió—. Asif vivía al lado. ¿Nadie vio ni escuchó nada?

—¿Qué iban a ver los vecinos? Era de noche, cada uno estaba en su casa.

—Pero ¿ninguno vio nada?

—Asif, Asif. Asif es la clave de todo.

La imaginación

¿Adónde alcanza la imaginación?
¿Hasta dónde debemos confiar en ella?
¿Cuánto hay de real en las intuiciones?
El día en que llegué a Barcelona, había recibido un e-mail del hotelero Siraj Ulmulk. El *subject* rezaba: «Triste».

> Querido Gabi:
> Supongo que ya tendrá noticias sobre el terrible secuestro del griego del museo de Bumburet y del asesinato de su vigilante. Ocurrió el día en que usted abandonó Chitral.

Horas después se supo que un grupo de entre doce y veinte hombres se había llevado a Lerounis de madrugada rumbo a las montañas de Afganistán. Pedían dos millones de dólares de rescate y la excarcelación de tres líderes talibanes.

Las jornadas que siguieron, cientos de kalash descendieron de las montañas para manifestarse por primera vez en su historia ante la sede del Gobierno en Chitral. Exigieron la liberación del griego, su última ventana al exterior. Sin él, se sentían vendidos. Pidieron que el Gobierno enviara al ejército a los valles. ¿Qué ocurrirá si los hombres salvajes los invaden?

Poco antes de entregar este libro a la imprenta, Ainullah me ha escrito desde Kabul. Está asustado. Hace unos meses se prestó a intentar descubrir la localización de Asif en Afganistán y se ha enterado de que ahora es Asif quien le busca a él. Teme por su vida. Me pregunta qué puedo hacer, pide ayuda. Estoy intentando que el Ministerio de Defensa español intervenga, al fin y al cabo Ainullah aspira a resolver el crimen de un español por el que España no ha hecho nada. El ministerio ha respondido que lo tiene en cuenta. Ainullah ha escrito:

> Por favor, mantente en contacto conmigo. Corro peligro porque no quieren que te ayude, ni a la familia de Jordi. Si me pasa algo, ha sido Asif.

Se nace hombre, pero se deviene humano.

Dicho kalash

Un matiz

Existe una primera versión de este libro en la que todo lo narrado ocurrió literalmente así. En la que acabas de leer, preferí cambiar algún nombre para no herir susceptibilidades y, en lo posible, proteger a los implicados. En alguna ocasión también recreé cómo se desarrollaba un episodio que tan sólo me había sido enunciado. Le puse los detalles, la atmósfera, el suspense, los colores... sin pervertir jamás el sentido último del mensaje que me había sido transmitido. Esas mínimas recreaciones son las que convierten a este texto en una novela de no ficción.

He dedicado casi tres años a una historia en la que, como has visto, llegué a arriesgar mi vida. Ninguna de mis «intervenciones» literarias desvirtúa la verdad última de todo lo escrito aquí. Sería el primer estúpido si pusiera en peligro tanto esfuerzo, tanta realidad.

Agradecimientos

Además de a todas las personas que con su nombre verdadero o ficticio aparecen en la historia, este libro debe calor, fuerza o impulso a Raquel Abad, Uzma Aslam Khan, Mabel Beltrán, Sandra Bruna, Pilar Caballero, Manuel Calderón, Robert-Joan Cantavella, Carlos Cazalis, Daniel Centeno, Anne Dambricourt-Malassé, Gérard Dupon, Amaya Elezcano, Mathias Énard, Camila Enrich, Jordi Esteva, Gulhamad Farooqi, Jean-Michel Faton, Jean-Pierre Frachon, Josep Garcia, Sikandar Gulam Khan, Bernardo Gutiérrez, Wolfgang Herbinger, Daniel Hernández, Javed Ilyas, Tahira Javed, Junaid Khan, Joan Marcet, Cristina Martínez, Carles Mercader, Mariana Montoya, Marie Morvan, Mohammad Mustafa Mastoor, Nabaig, Kayhan Natiq, Iván Niño, Marina Penalva, Ahmed Rashid, Pilar Reyes, Jean Rivollier, Ana Gabriela Rojas, Jordi Rourera, Thomas Schaef, Mario Torrecillas, Clara Usón, Agustín Villaronga.

A Ella Sher, la amiga que al escuchar «montañas de Pakistán», «yeti» y *«Hacia rutas salvajes»* pensó en mí.

A Ilse Font, que regala libros sobre los que escribir nuevas historias.

Y, bueno, aunque ya aparezcas un momentito en estas páginas, muchas gracias, Gerardo, por tu apoyo constante, por tu optimismo.

Elsa es mucho más que gigante.

Sin Esperanza y Dolores esto hoy no existiría.

Sin mi familia, nada.

Este libro
se terminó de imprimir
en los Talleres Gráficos
de Orymu Artes Gráficas, S. A.,
Pinto, Madrid (España)
en el mes de septiembre de 2011

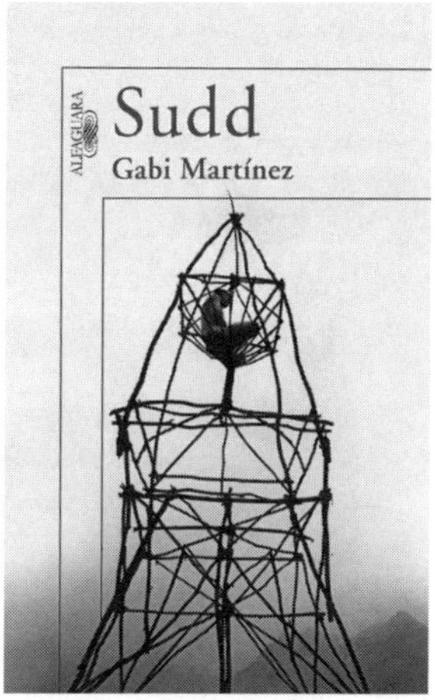

SUDD

Gabi Martínez

Casi nunca nada es tan peligroso como te cuentan.

Tras más de veinte años de conflicto en el corazón de África, la considerada guerra más larga y cruenta del mundo alcanza una tregua. Buscando poner un sello simbólico a la paz, una cosmopolita expedición que reúne a empresarios, políticos y representantes de las tribus enfrentadas se embarca en una travesía que remontará el Nilo Blanco, hacia el sur del país. En el camino se encuentra una zona pantanosa de enormes proporciones y fisonomía mutante. Un terreno que no se deja descubrir. Una geografía hostil y devoradora. El Sudd. Comienza una odisea en la que la civilización se va alejando hasta adquirir el perfil de un sueño, y los tripulantes no tendrán más opción que aliarse, como en una pequeña Babel, o vagar por los pantanos hasta la muerte. A la deriva, quienes dominen más lenguas dispondrán de un insólito poder.

Con perfecta tensión dramática y admirable manejo del suspense, Gabi Martínez nos embarca en este laberinto de tierra y agua, haciéndonos participar de angustias e incertidumbres pero también de la luz y los olores del África profunda. *Sudd* resulta ser así una magnífica novela de aventuras a la vez que una parábola de la civilización.

«*Sudd* no solo es la confirmación de un autor, es además un libro sin parangón en la actualidad, y por consiguiente, necesario.»

El Periódico de Catalunya

LOS MARES DE WANG

Gabi Martínez

«¿Y por qué viene de tan lejos a ver nuestros mares?»

Gabi Martínez narra el viaje que hizo por la costa china junto a su traductor Wang, un veinteañero del interior que jamás había visto el mar, y nos conduce en su periplo hasta las orillas de una realidad aparentemente remota, pero inevitablemente inmediata. Nos asoma a lo inminente a través de Wang, un chico educado en los valores comunistas que descubre una China tan inesperada que le perturba devastadoramente. Desde la frontera con Corea del Sur hasta Vietnam, *Los mares de Wang* nos muestra la vida en la región China que está cambiando el mundo. Del legado alemán en la olímpica Qingdao a la desbritanización de Hong Kong; de los casinos de Macao a los canales de Suzhou; de los rascacielos de Shanghai a las playas de la Isla de los Mares del Sur.

Más allá de la mera observación, Gabi Martínez se acerca a la gente, se sumerge en los ambientes, acepta la compañía de los sujetos más extravagantes, alterna los más variados medios de transporte, frecuenta casinos y playas, para ofrecer un libro sincero, inteligente y profundo que nos aboca a una intensa reflexión sobre los aspectos más sustanciales de nuestra vida individual y colectiva. Un viaje que explica dos Chinas. O cómo un país estalló ante Wang.

Alfaguara es un sello editorial del Grupo Santillana

www.alfaguara.com

Argentina
www.alfaguara.com/ar
Av. Leandro N. Alem, 720
C 1001 AAP Buenos Aires
Tel. (54 11) 41 19 50 00
Fax (54 11) 41 19 50 21

Bolivia
www.alfaguara.com/bo
Calacoto, calle 13 nº 8078
La Paz
Tel. (591 2) 279 22 78
Fax (591 2) 277 10 56

Chile
www.alfaguara.com/cl
Dr. Aníbal Ariztía, 1444
Providencia
Santiago de Chile
Tel. (56 2) 384 30 00
Fax (56 2) 384 30 60

Colombia
www.alfaguara.com/co
Calle 80, nº 9 - 69
Bogotá
Tel. y fax (57 1) 639 60 00

Costa Rica
www.alfaguara.com/cas
La Uruca
Del Edificio de Aviación Civil 200 metros Oeste
San José de Costa Rica
Tel. (506) 22 20 42 42 y 25 20 05 05
Fax (506) 22 20 13 20

Ecuador
www.alfaguara.com/ec
Avda. Eloy Alfaro, N 33-347 y Avda. 6 de Diciembre
Quito
Tel. (593 2) 244 66 56
Fax (593 2) 244 87 91

El Salvador
www.alfaguara.com/can
Siemens, 51
Zona Industrial Santa Elena
Antiguo Cuscatlán - La Libertad
Tel. (503) 2 505 89 y 2 289 89 20
Fax (503) 2 278 60 66

España
www.alfaguara.com/es
Torrelaguna, 60
28043 Madrid
Tel. (34 91) 744 90 60
Fax (34 91) 744 92 24

Estados Unidos
www.alfaguara.com/us
2023 N.W. 84th Avenue
Miami, FL 33122
Tel. (1 305) 591 95 22 y 591 22 32
Fax (1 305) 591 91 45

Guatemala
www.alfaguara.com/can
26 avenida 2-20
Zona nº 14
Guatemala CA
Tel. (502) 24 29 43 00
Fax (502) 24 29 43 03

Honduras
www.alfaguara.com/can
Colonia Tepeyac Contigua a Banco Cuscatlán
Frente Iglesia Adventista del Séptimo Día, Casa 1626
Boulevard Juan Pablo Segundo
Tegucigalpa, M. D. C.
Tel. (504) 239 98 84

México
www.alfaguara.com/mx
Avda. Río Mixcoac, 274
Colonia Acacias, C.P. 03240
Benito Juárez, México D.F.
Tel. (52 5) 554 20 75 30
Fax (52 5) 556 01 10 67

Panamá
www.alfaguara.com/cas
Vía Transísmica, Urb. Industrial Orillac,
Calle segunda, local 9
Ciudad de Panamá
Tel. (507) 261 29 95

Paraguay
www.alfaguara.com/py
Avda. Venezuela, 276,
entre Mariscal López y España
Asunción
Tel./fax (595 21) 213 294 y 214 983

Perú
www.alfaguara.com/pe
Avda. Primavera 2160
Santiago de Surco
Lima 33
Tel. (51 1) 313 40 00
Fax (51 1) 313 40 01

Puerto Rico
www.alfaguara.com/mx
Avda. Roosevelt, 1506
Guaynabo 00968
Tel. (1 787) 781 98 00
Fax (1 787) 783 12 62

República Dominicana
www.alfaguara.com/do
Juan Sánchez Ramírez, 9
Gazcue
Santo Domingo R.D.
Tel. (1809) 682 13 82
Fax (1809) 689 10 22

Uruguay
www.alfaguara.com/uy
Juan Manuel Blanes 1132
11200 Montevideo
Tel. (598 2) 410 73 42
Fax (598 2) 410 86 83

Venezuela
www.alfaguara.com/ve
Avda. Rómulo Gallegos
Edificio Zulia, 1º
Boleita Norte
Caracas
Tel. (58 212) 235 30 33
Fax (58 212) 239 10 51